ASPECTS DU DISCOURS FANTASTIQUE QUÉBÉCOIS

LES CAHIERS DU CENTRE DE RECHERCHE
EN LITTÉRATURE QUÉBÉCOISE DE L'UNIVERSITÉ LAVAL
SÉRIE « ÉTUDES »

LES CAHIERS DU CENTRE DE RECHERCHE
EN LITTÉRATURE QUÉBÉCOISE DE L'UNIVERSITÉ LAVAL
SONT DIRIGÉS PAR
MARIE-ANDRÉE BEAUDET, ROBERT DION ET ANDRÉE MERCIER

DU MÊME AUTEUR

Anthologie de la science-fiction québécoise contemporaine, Montréal, BQ, 1988. (Introduction et choix des textes.)

En quête du roman gothique québécois (1837-1860). Tradition littéraire et imaginaire romanesque, Québec, Nuit blanche éditeur, 1994.

OUVRAGES EN COLLABORATION

L'institution littéraire, Québec, IQRC et CRELIQ, 1986. (Sous la direction de Maurice Lemire, avec la collaboration de Michel Lord.)

Le poids des politiques : livres, lecture et littérature, Québec, IQRC, 1987. (Sous la direction de Maurice Lemire, avec la collaboration de Michel Lord et Pierrette Dionne.)

Bibliographie analytique de la science-fiction et du fantastique québécois (1960-1985), Québec, Nuit blanche éditeur, 1992. (Sous la direction d'Aurélien Boivin, Maurice Émond et Michel Lord.)

Les ailleurs imaginaires. Les rapports entre le fantastique et la science-fiction, Québec, Nuit blanche éditeur, 1993. (Sous la direction d'Aurélien Boivin, Maurice Émond et Michel Lord.)

MICHEL LORD

LA LOGIQUE DE L'IMPOSSIBLE

ASPECTS DU DISCOURS FANTASTIQUE QUÉBÉCOIS

NUIT BLANCHE ÉDITEUR

Nuit blanche éditeur reçoit annuellement du Conseil des arts du Canada et du ministère de la Culture et des Communications du Québec des subventions pour l'ensemble de son programme de publication.

L'auteur a reçu une bourse du Fonds pour la formation de chercheurs et l'aide à la recherche (FCAR) du Québec et du Conseil de recherches en sciences humaines (CRSH) du Canada pour la rédaction de ce texte.

Diffusion pour le Canada :
DMR Distribution inc.
3700A, boulevard Saint-Laurent, Montréal (Qc), H2X 2V4
Téléphone : (514) 499-0072 Télécopieur : (514) 499-0851

Diffusion pour la Suisse :
Le Parnasse Diffusion
20, rue des Eaux-Vives, Genève, Suisse
Téléphone : 41.22.736.27.26 Télécopieur : 41.22.736.27.53

Révision du manuscrit et correction des épreuves : Linda Fortin
Composition : Isabelle Tousignant
Conception graphique : Anne-Marie Guérineau

Nuit blanche éditeur
1026, rue Saint-Jean, bureau 405, Québec (Qc), G1R 1R7

Dépôt légal, 4e trimestre 1995

Bibliothèque nationale du Canada
Bibliothèque nationale du Québec

ISBN 2-921053-47-0

INTRODUCTION

PREMIÈRE PARTIE

HISTORIQUE

SITUATION GÉNÉRALE
ET HISTORIQUE DU RÉCIT FANTASTIQUE

Depuis maintenant plus de deux siècles, le récit fantastique fait partie intégrante de l'histoire littéraire occidentale. Pour des raisons diverses, qui tiennent aux fluctuations de la mode, de la politique ou de l'histoire, tantôt il s'inscrit dans la mouvance culturelle et sociale, tantôt il s'en éclipse. Apparu à la fin du XVIIIe siècle, à quelques années d'intervalle en Angleterre et en France[1], à mi-chemin entre la philosophie des Lumières et le mysticisme des illuministes[2], le fantastique s'est rapidement imposé comme un genre de discours bien distinct dans l'ensemble du champ littéraire. En faisant le pont entre le roman sentimental du milieu du XVIIIe siècle (Richardson, Rousseau, etc.) et le roman réaliste du XIXe siècle (Balzac, Dickens, etc.), il se trouve à créer, au cours de sa phase historique du moins (1764-1820 environ), dans sa configuration discursive, un alliage de ces deux esthétiques auxquelles il ajoute le *topos* qui le qualifie dans son essence en tant que texte fantastique : l'inscription de ce qui, au

---

1. Les spécialistes s'entendent pour dire que les œuvres fondatrices sont le roman gothique de Horace Walpole, *The Castle of Otranto (Le château d'Otrante)*, publié en Angleterre en 1764, et le roman de Jacques Cazotte, *Le diable amoureux*, publié en France en 1772.

2. On consultera à ce sujet Castex (1951).

regard du principe de réalité, est improbable (phénomènes étranges, insolites, incroyables, magiques, maléfiques, préternaturels, surnaturels, etc.).

Problématisant les domaines du rationnel et de l'irrationnel, et débordant les cadres de l'entendement généralement admis comme raisonnable, le discours fantastique a pour fonction de mouler dans une forme artistique des interrogations relatives à la croyance en l'improbable qui circulent dans la pensée individuelle et sociale ainsi que dans les discours qui les actualisent. Quoiqu'elles semblent archaïques, certaines croyances mythiques demeurent présentes de manière obsessionnelle dans la pensée contemporaine et (re)passent dans le discours quotidien et littéraire[3]. Ce sont donc là de véritables mythes au sens le plus fort du terme, c'est-à-dire des structures exemplaires de comportement humain mises en récit, le plus souvent dans un temps très éloigné *(in illo tempore)*, et reprises à travers les âges comme modèle de comportement social. Certes, des transformations travaillent continuellement les mythes, qui gardent toutefois maintes constantes de la structure de base du récit. Le discours littéraire assimile quelques-unes de ces *fixations* et de ces *dérivations* mythiques, et pas seulement dans le récit fantastique, qui les intègre d'une manière formellement différente des autres types de discours.

3. Nous en avons pour preuve les renaissances ponctuelles de groupes mystiques et, parallèlement, la résurgence de courants littéraires en Europe et en Amérique qui traitent sur un mode esthétiquement distancié les problèmes liés à ce que l'on peut convenir d'appeler l'irréel, toujours selon le principe de rationalité ou de réalité. La différence entre les deux « pratiques », l'une sacrée, l'autre profane, tient au fait que, d'un côté, les mystiques adhèrent à la croyance (au récit qu'en fait soit leur secte, soit leur religion) et que, de l'autre, l'écriture littéraire fantastique tend à problématiser les phénomènes qui relèvent de l'improbable. Il est vrai que ce n'est pas toujours exactement le cas ; une des variétés du fantastique moderne, le réalisme magique, s'attache surtout à représenter l'improbable, mais de manière mirobolante ou « mirabilisante » (le merveilleux mélangé à une représentation réaliste : ce qui donne d'ailleurs une des formes de métissage esthétique les plus probantes de la littérature postmoderne).

LES PHASES DE L'ÉVOLUTION DU RÉCIT FANTASTIQUE QUÉBÉCOIS

LES PRÉCURSEURS

Dans l'histoire littéraire du Québec – dont le découpage épouse celui de l'histoire elle-même, du Bas-Canada au Québec proprement dit en passant par le Canada-Uni et le Canada –, il est difficile de ne pas tenir compte du fait que le genre romanesque et l'hypogenre fantastique ont pris naissance exactement au même moment. En effet, le premier roman québécois, *L'influence d'un livre* de Philippe Aubert de Gaspé fils, publié à Québec en 1837, s'inscrit pour une bonne part dans la tradition du roman gothique (Lord, [1985] 1994), avec ses procédés propres à créer des effets d'étrangeté et de terreur dont l'origine est souvent surnaturelle. De courte durée, cette tradition s'éteint vers 1860, soit au moment même où le Mouvement littéraire de Québec, sous la direction de l'abbé Henri-Raymond Casgrain, se donne pour mandat, entre autres choses, de sauver nos vieilles légendes avant que le peuple ne les ait oubliées[4]. On se met donc à écrire et à publier nombre de récits étranges, merveilleux ou fantastiques, où le surnaturel entre « en fonction », si je puis dire. « La Jongleuse » de Casgrain (1861) et maints récits de Louis Fréchette (rassemblés entre autres dans *Contes de Jos Violon,* 1974a ; et *Masques et fantômes et autres contes épars,* 1976), de Joseph-Charles Taché (*Forestiers et voyageurs,* 1946) et de Pamphile Lemay (*Contes vrais,* 1973), parus entre 1860 et 1900, appartiennent à cette catégorie. Mais cette veine folklorique devait elle-même se tarir à l'instar de la veine gothique, car on n'en trouve plus que des traces infimes après 1900.

4. Selon Aurélien Boivin, « [c]hacun veut faire sienne, à ce qu'il semble, la célèbre phrase de Charles Nodier : "Hâtons-nous de raconter les délicieuses histoires du peuple avant qu'il ne les ait oubliées", phrase qui devient, à la suggestion de l'abbé Henri-Raymond Casgrain, le mot d'ordre des *Soirées canadiennes* en 1861 » (Boivin, 1987 : 9).

LA REPRISE

Vers 1960, pour des raisons sociopolitiques et culturelles très complexes qui semblent étroitement liées à la Révolution tranquille, le genre fantastique renaît de ses cendres. Trois phases ponctuent l'évolution de ce corpus récent. La première période fait figure de phase de réapparition ou de reprise du genre : elle va de 1961 à 1973 (avec une période de transition, observable d'un point de vue formel, pendant les années 1971 et 1972). Cette phase se caractérise par un nombre de publications relativement peu élevé (en moyenne, deux livres par année) et par une présence discrète dans la vie littéraire elle-même : on publie peu, et on en parle peu. Pierre Chatillon (1965) et Adrien Thério[5] sont parmi les premiers, dans *Livres et auteurs canadiens,* à souligner le caractère fantastique et la nouveauté des œuvres de ce type de récit dans le corpus québécois. En revanche, il y a déjà une dichotomie typique du champ fantastique (et qui n'existe pas dans beaucoup d'autres pratiques artistiques) entre des auteurs résolus à faire du fantastique et des fantastiqueurs presque malgré eux.

Deux écrivains se distinguent du « groupe » pendant les années 1960. Claude Mathieu, avec un seul recueil de nouvelles fantastiques, *La mort exquise et autres nouvelles* (1965a), où l'on sent déjà certaines affinités avec les écrivains latino-américains, marque le genre et l'époque. Il n'est d'ailleurs pas sans intérêt de remarquer que l'ouvrage est réédité par L'instant même en 1989 et que Gilles Pellerin, l'éditeur et le postfacier, lui-même fantastiqueur des plus modernes, en souligne le caractère anachronique – pris dans le sens de la modernité –, en fait également un précurseur du mouvement nouvellistique qui allait s'affirmer dans les années 1980. Parmi les fantastiqueurs visant essentiellement l'effet fantastique, Michel Tremblay pratique, dans les genres narratifs bref (*Contes pour buveurs*

---

5. Parlant des *Contes pour buveurs attardés* de Michel Tremblay, Thério établit une relation avec l'œuvre d'Edgar Allan Poe et écrit : « Quoi qu'il en soit, voici un livre qui ne se rattache à peu près à aucune tradition au Canada français. Nous avons eu autrefois des contes fantastiques dans lesquels le surnaturel jouait une grande part. Mais de récits fantastiques qui ne doivent rien au surnaturel, nous en avons très peu » (1966 : 54).

attardés, 1966) et long (*La cité dans l'œuf,* 1969), un fantastique largement inspiré d'Howard Phillips Lovecraft et Jean Ray.

Quant au reste du corpus de cette période, il se caractérise par des œuvres d'auteurs venus d'horizons divers, comme Yves Thériault (*Le vendeur d'étoiles et autres contes,* 1961), Jacques Ferron (*Contes du pays incertain,* 1962), Andrée Maillet (*Le lendemain n'est pas sans amour,* 1963), Jean Hamelin (*Nouvelles singulières,* 1964), Jean Tétreau (*Volupté de l'amour et de la mort,* 1968) et Roch Carrier (*Jolis deuils,* 1964), aux tendances fort variées, allant du merveilleux au fantastique en passant par le réalisme magique et le réalisme étrange, le réalisme en tant que tel et la science-fiction. Ces auteurs, contrairement à Mathieu et à Tremblay, ne se hasardent qu'occasionnellement à l'écriture fantastique et semblent moins influencés par la tradition canonique. Néanmoins, leurs recueils contiennent des exemples et des variantes éminemment intéressantes de récits fantastiques.

Remise en train de la pratique fantastique au Québec après un silence relatif de soixante ans, cette période paraît déjà riche en soi. Une douzaine d'auteurs sont enclins à pratiquer le fantastique ; mais notons que ceux qui ont acquis une certaine notoriété par la suite se sont tournés surtout vers le réalisme. Que l'on pense à Tremblay, à Carrier et à Thériault, connus pour leurs fresques romanesques ou leurs pièces de théâtre avant tout réalistes. En revanche, la plupart d'entre eux ont continué de mettre peu ou prou d'insolite et d'étrangeté dans leurs œuvres : le cas le plus patent est celui de Tremblay qui, dans *La grosse femme d'à côté est enceinte* (1978), une décennie seulement après son incursion dans le domaine fantastique proprement dit, met en scène – dans un récit dont le régime dominant est tout à fait réaliste – un chat mort qui se promène encore dans Montréal, et des femmes, véritables Parques visibles/invisibles, qui se bercent sur une galerie du Plateau Mont-Royal.

Quant à la période transitoire (1971 et 1972), elle est notable à cause des œuvres d'André Berthiaume (*Contretemps,* 1971) et de Louis-Philippe Hébert (*Récits des temps ordinaires,* 1972), qui transforment quasi totalement les modes de la diction narrative régnante, y allant de courts récits résolument modernistes et fortement déconstruits. Malgré leur caractère marginal dans la production de l'époque, ils annoncent une liberté encore plus grande dans la pratique scripturaire fantastique que celle de Mathieu.

L'ÉMERGENCE

La deuxième période de production, qui va de 1974 à 1980, peut être qualifiée de phase d'émergence, entre autres raisons parce que la production passe de deux à six titres par année (à cet égard, 1978 est exceptionnel avec une bonne douzaine d'œuvres fantastiques dont huit sous forme de recueils de nouvelles). De plus, une nouvelle génération d'écrivains, résolument tournée vers le fantastique, émerge à la fois à l'intérieur et à l'extérieur du champ général de la littérature québécoise.

Dans le champ général évoluent des auteurs comme Jacques Brossard (*Le métamorfaux,* 1974 ; *Le sang du souvenir,* 1976), Claudette Charbonneau-Tissot[6] (*Contes pour hydrocéphales adultes,* 1974 ; *La contrainte,* 1976a), Marie José Thériault (*La cérémonie,* 1978) et André Carpentier (*L'aigle volera à travers le soleil,* 1978a ; *Rue Saint-Denis,* 1978b), auteurs à l'imagination baroque, et souvent noire, oscillant entre le magique et le maléfique, où foisonnent les problèmes habituels du récit fantastique, mais où l'écriture, moteur de la fantasticité, a un rôle majeur à jouer. Ils continuent sur la lancée des Mathieu, Berthiaume et Hébert, sans nécessairement être influencés par eux[7]. En un certain sens, le romancier Denys Chabot est à ranger dans cette catégorie également – celle du baroque –, même si son œuvre romanesque (*L'Eldorado dans les glaces,* 1978) mériterait à elle seule une étude stylistique et formelle, car l'étrange n'y est pas du tout organisé comme dans les autres œuvres de mon corpus, sans doute à cause du caractère extrêmement foisonnant du discours.

---

6. Qui signe du pseudonyme Aude à partir de 1985.
7. Cette question de l'influence est par trop complexe pour être abordée ici et je ne me place pas de toute manière sur le terrain de l'influence externe ou de l'influence interne, à part l'exemple patent de Tremblay dans ses contes et son roman des années 1960.

Élément d'importance, durant cette période, Carpentier pratique et le roman *(L'aigle volera à travers le soleil)* et la nouvelle *(Rue Saint-Denis)* fantastiques ; contrairement aux fantastiqueurs « d'occasion » de la première période (Tremblay *et alii*), qui sont surtout passés de la nouvelle fantastique au roman et au théâtre réalistes, il se laissera emporter du côté de la nouvelle, presque exclusivement fantastique. Cette trajectoire, plutôt inhabituelle alors, est sans doute déterminée par le fait que le récit bref est plus adapté au fantastique[8] auquel Carpentier voulait s'adonner. Mais l'inverse est le plus souvent la règle : les Yves Thériault, Roch Carrier et Michel Tremblay ont commencé dans le genre bref avant de passer au genre long ; cela tient sans doute un peu au fait que les éditeurs découragent fortement les auteurs de publier des recueils de nouvelles.

Autre phénomène révélateur, mais dans le champ fantastique cette fois, Anne Hébert, déjà légitimée par le champ institutionnel, réapparaît[9] et choisit le roman pour exprimer des visions d'improbables étrangetés dans un couvent de Québec (*Les enfants du sabbat,* 1975) et dans le métro parisien (*Héloïse,* 1980). En revanche, un écrivain comme Chatillon opte, au contraire de tous, pour la tradition du conte merveilleux mâtiné d'une sorte de réalisme magique (*L'île aux fantômes,* 1977 ; *Philédor Beausoleil,* 1978). Berthiaume, pour sa part, publie un nouveau recueil de nouvelles, *Le mot pour vivre* (1978), où se dessine déjà plus clairement son goût de la transgression des limites entre le réel et l'irréel. Louis-Philippe Hébert s'attache toujours, quant à lui, à construire des géométries impossibles, à parodier par la déconstruction stylistique savante un réel aussi inatteignable que l'irréel (*Manuscrit trouvé dans une valise,* 1979).

8. Le genre narratif bref paraît plus propice au fantastique, qui a attiré surtout les nouvelliers, soulignons-le. Or des écrivains importants, citons le spectaculaire Stephen King parmi d'autres, ont produit des romans tout à fait conformes au genre fantastique. Il y aurait là matière à un débat, encore à régler, qui ne le sera pourtant pas dans cet ouvrage, même si le corpus d'analyse n'est composé que de nouvelles.

9. Anne Hébert avait déjà publié une nouvelle, « L'ange de Dominique » (1945), qui se rapproche du réalisme magique.

En plus de la présence – ancienne ou récente – de tous ces auteurs dans le champ général de la littérature, l'arrivée d'auteurs qui se consacrent uniquement à la production et à la promotion d'œuvres fantastiques narratives brèves et, plus rarement, longues rend la fin des années 1970 fascinante. Ce phénomène est en grande partie lié à la revue *Requiem,* fondée par Norbert Spehner en 1974 au Cégep Édouard-Montpetit de Longueuil. La revue, bien distribuée auprès d'un public fin prêt à accueillir la venue d'un tel médium littéraire, finit par regrouper plusieurs amateurs, des *fans* [10], de fantastique (et de science-fiction). C'est d'ailleurs à ce groupe que revient l'idée de la tenue annuelle d'un congrès (nommé Boréal) sur le fantastique et la SF à partir de 1979. La revue sert de tremplin surtout à deux fantastiqueurs, Michel Bélil et Daniel Sernine. Dans l'œuvre du premier (*Le mangeur de livres,* 1978a), s'entremêlent les incidences sociales, psychologiques et les procédés traditionnels du fantastique ; quant à l'écriture du second (*Les contes de l'ombre,* 1978a ; *Légendes du vieux manoir,* 1979), elle est dominée par la tradition fantastique canonique, influence d'ailleurs confirmée par les indications paratextuelles : « Intrusion dans le monde de la peur » (page couverture des *Contes de l'ombre*) ; « Ce sont des légendes de peur et d'angoisse, de surnaturel et de sorcellerie, d'objets maléfiques et de lieux hantés » (quatrième page de couverture des *Légendes du vieux manoir*).

UN DÉBUT DE RECONNAISSANCE…

Leur intérêt pour le fantastique et le réalisme magique amène André Carpentier et Marie José Thériault à diriger le premier collectif québécois de fiction fantastique dans le n° 89 de *La Nouvelle barre du jour* en 1980, publication qui marque une étape importante dans l'évolution de la nouvelle fantastique au Québec. Elle inaugure la troisième période, qui commence en 1980, et que je qualifie de timide début de reconnaissance. Timide

---

10. Mot qui vaut pour « fanatique » et qui n'a rien à voir avec « fantastique » ; d'ailleurs, le mot *fan* est relié surtout au phénomène de l'engouement d'un certain public pour la science-fiction avant toute chose.

parce que le fantastique québécois ne s'affirme pas avec agressivité contrairement à la Nouvelle Écriture qui s'installe au *Devoir,* pour un temps du moins, qui essaie de s'imposer également par le truchement de revues telles que *Les Herbes rouges* et *La Nouvelle barre du jour*. Début de reconnaissance tout de même parce que l'écriture fantastique est perçue, en 1980, comme une forme d'expression moderne. Des manifestations éditoriales et culturelles serviront, au cours des années subséquentes, d'autant de déclencheurs de la spécificité de l'écriture fantastique dans ce sous-champ relativement autonome au sein du champ littéraire général :

1. en 1983, la parution d'un second collectif, *Dix contes et nouvelles fantastiques par dix auteurs québécois,* aux Éditions Quinze, sous la direction de Carpentier ;

2. en 1982, la création d'une chronique régulière sur le fantastique et la science-fiction que je signe dans la revue *Lettres québécoises* ;

3. en 1982, la publication dans la revue *Nuit blanche* d'un « dossier fantastique », signé par Pellerin ;

4. en 1983, la publication dans la revue *Québec français* d'un dossier sur le fantastique, avec, entre autres, des articles de Maurice Émond, qui enseigne la littérature fantastique à l'Université Laval, et de Claude Janelle, qui tient une chronique régulière sur la SF et le fantastique québécois pendant plus d'une décennie dans la revue *Solaris*. Cette initiative couronne l'insertion, dans les programmes de cégeps, de l'enseignement de ce que d'aucuns appellent paralittérature ;

5. en 1983, la fondation, par Spehner, d'une collection intitulée « Chroniques de l'au-delà », aux Éditions Le Préambule, disparues au tournant des années 1990 ;

6. en 1984, la fondation à Hull, par Pierre Djada Lacroix, d'une revue entièrement (et volontairement) consacrée au genre fantastique, *Carfax,* qui privilégie un fantastique assez traditionnel et souvent proche de l'horreur ;

7. en 1984, la mise sur pied par un groupe d'auteurs et de critiques, au terme du sixième congrès Boréal sur le fantastique et la science-fiction, d'un Grand Prix de la science-fiction et du fantastique québécois[11] ;
8. en 1984, la fondation par Jean Pettigrew et Claude Janelle de *L'année de la science-fiction et du fantastique québécois,* un répertoire annuel de toutes les publications (fictionnelles et critiques) ;
9. en 1986, la formation du Groupe de recherche interdisciplinaire sur les littératures fantastiques dans l'imaginaire québécois (GRILFIQ) à l'Université Laval, codirigé par Boivin et Émond, avec ma collaboration[12].

Quant à la production de ces années 1980-1985, elle s'accroît légèrement, passant d'une moyenne de six à une moyenne de sept titres par année. Dès lors, le monde littéraire québécois est doté de ses spécialistes et de ses praticiens du fantastique qui, tels André Carpentier (*Du pain des oiseaux,* 1982), Michel Bélil (*Déménagement,* 1981a ; *Greenwich,* 1981b), Daniel Sernine (*Quand vient la nuit,* 1983), Marie José Thériault (*Les demoiselles de Numidie,* 1984), André Berthiaume (*Incidents de frontière,* 1984) continuent de publier régulièrement des nouvelles, en recueil ou dans les périodiques, et des romans fantastiques. Parmi les nouveaux venus dans le champ fantastique et qui publient des recueils de nouvelles entièrement fantastiques, on compte tout particulièrement Claude Leclerc (*Le maître des ténèbres,* 1981), Pierre Paul Karch (*Nuits blanches,* 1981), Gilles Pellerin (*Les sporadiques aventures de Guillaume Untel,* 1982) et Carmen Marois (*L'amateur d'art,* 1985).

Chez les auteurs du *mainstream,* qui se hasardent à jouer, par moment et de manière très inattendue (baroquisme extrême,

---

11. Les fantastiqueurs Berthiaume et Pellerin ont obtenu le prix en 1984 et en 1988 ; en 1989, Brossard le mérite, mais pour un roman de science-fiction, *L'oiseau de feu.*

12. Pierre de plus dans l'édification de la reconnaissance, la formation du GRILFIQ est à inscrire ici aussi bien que dans la période subséquente, qui serait celle de l'institutionnalisation du fantastique et de la SF au Québec.

humour, décadentisme, etc.) de l'effet fantastique, se rangent François Barcelo (*La tribu,* 1981, *Ville-Dieu,* 1982), Denys Chabot (*La province lunaire,* 1981), Jean-Yves Soucy (*L'étranger au ballon rouge,* 1981), Denys Gagnon (*Haute et profonde la nuit,* 1982), Jean Basile (*Le piano-trompette,* 1983), André Vanasse (*La saga des Lagacé,* 1980), François Gravel (*La note de passage,* 1985), sans oublier Francine Noël et Yves Beauchemin en raison de l'existence du bar Le Diable Vert dans *Myriam première* (1987) et la présence et l'action du mystérieux Ratablavasky dans *Le Matou* (1981) – même si le projet littéraire n'est pas fantastique dans ces deux dernières œuvres.

Ainsi ces œuvres baroquisantes des Basile, Gravel, Barcelo, Tremblay et Beauchemin contribuent à l'élargissement du champ fantastique, si tant est que les œuvres contenant des éléments d'étrangeté mais non organisées de manière strictement fantastique puissent faire partie du genre fantastique. Je reviendrai sur cette question, qui est centrale dans mon essai et dans ma conception du discours fantastique.

Longtemps retenu, le courant littéraire fantastique québécois a lentement repris sa place au cours des trente dernières années dans le champ général de l'activité littéraire au Québec. Grâce surtout à l'activité des écrivains, mais aussi aux travaux de chercheurs, de chroniqueurs spécialisés ou non de l'actualité littéraire, de professeurs, de conférenciers, le terrain commence à être sérieusement exploré. On peut nommer avec assez de précision les figures fondatrices, dominantes et motrices de ce qu'il faut bien appeler un mouvement, bien que non concerté en grande partie, qui a eu pour conséquence la formation d'un sous-champ spécialisé parmi les genres du discours littéraire pratiqués dans le grand champ de la littérature québécoise.

LE CORPUS

Les critères qui ont présidé à l'établissement du corpus des années 1960 à 1985 découlent directement des recherches que j'ai menées seul ou en équipe sur la pratique québécoise (avec Boivin et Émond au GRILFIQ). Au préalable, nous voulions mettre au jour cette production méconnue, et je voulais, pour ma part, mettre en lumière la spécificité *québécoise* du récit fantastique.

Pour ce faire, je croyais possible d'inclure toutes les œuvres des auteurs qui se sont inscrits dans le champ fantastique et la plupart des œuvres que la critique, spécialisée ou non, avait déjà classées comme fantastiques. Parmi les définitions les plus générales, celle de Louis Vax pourrait convenir dans un premier travail de départage entre les œuvres réalistes et non réalistes : « Appartiennent à la catégorie des œuvres étranges au sens fort celles qui ont été voulues telles par leur auteur et qui sont reconnues comme telles par la communauté artistique[13] » ([1965] 1987 : 10).

Or, selon ce critère, le nombre de textes était imposant : en 25 ans, il s'était publié plus de 600 récits brefs et 20 romans fantastiques. Je ne pouvais évidemment pas prendre en compte la totalité de cette production dont l'abondance se prête aussi mal à l'analyse en profondeur que la diversité des sous-catégories auxquelles elle renvoie parmi *les* fantastiques[14] québécois. Ainsi que le souligne Tzvetan Todorov, dans son *Introduction à la littérature fantastique* :

> [U]*n des premiers traits de la démarche scientifique est qu'elle n'exige pas l'observation de toutes les instances d'un phénomène pour le décrire ; elle procède bien plutôt par déduction. On relève, en fait, un nombre relativement limité d'occurrences, on en tire une hypothèse générale, et on la vérifie sur d'autres œuvres, en la corrigeant (ou la rejetant). Quel que soit le nombre des phénomènes étudiés (ici, des œuvres), nous serons toujours aussi peu autorisés à en déduire des lois universelles ; la quantité des observations n'est pas pertinente, mais uniquement la cohérence logique de la théorie* (Todorov, 1970 : 8).

Fort de ce principe, j'ai donc décidé de n'étudier qu'un nombre très limité d'œuvres identifiées au genre fantastique par leur paratexte (précisions génériques telles que « Contes fantastiques ») ou par leur réception critique. En ce sens, le corpus fantastique québé-

13. Je reviendrai sur la distinction à établir entre « étrange » et « fantastique ».

14. Un numéro de la revue *Europe* porte sur « les fantastiques ». Il faudrait faire de même au Québec où, convenons-en, le travail de formalisation commence à peine.

cois, de première préoccupation qu'il était, est devenu une sorte de fonds où puiser mes exemples. Aux prises également avec la variété des types de fantastique, j'opérais un glissement dans ma démarche : en plus de la spécificité québécoise de récit fantastique, je voulais montrer le fonctionnement de ce type de récit en essayant d'aller plus avant dans la formalisation que les théoriciens du genre. Cela pourrait justement permettre de démêler ce que Vax appelle les œuvres étranges.

Dans cette optique, j'ai choisi de me limiter à des textes dont la formalisation correspond le plus possible aux règles de ce que je crois être les fondements mêmes du récit fantastique dans son acception la plus proche de la grande tradition qui va, par exemple, des romanciers gothiques comme Horace Walpole, Ann Radcliffe, M. G. Lewis ou C. R. Maturin, et de E. T. A. Hoffmann à, disons, Clive Barker, Stephen King, Thomas Owen, Daniel Walter ou Jean-Pierre Andrevon, en passant par Edgar Allan Poe, Guy de Maupassant, Philippe de Villiers de l'Isle-Adam, Howard Phillips Lovecraft, Algernon Blackwood, W. H. Hodgson, Henry James et Jean Ray. Les fantastiqueurs latino-américains (Jorge Luis Borges, Julio Cortázar, Gabriel García Márquez) et ceux de la veine kafkaïenne seraient en principe à ranger dans une autre catégorie, soit celle du réalisme magique ou merveilleux ou du réalisme étrange. En fait, je me suis aperçu en cours de recherche que les choses ne sont pas aussi simples en cette ère de métissage généralisé.

Je me suis toutefois imposé cinq règles dans l'établissement de mon échantillon : d'auteur (en sélectionner cinq parmi les principaux acteurs du champ), de temps (embrasser plus de deux décennies), de forme (choisir des textes canoniques et des textes innovateurs), de sexe (représentation homme/femme) et, finalement, de contenu (afin de pouvoir comparer des traitements discursifs forcément différents autour d'une même thématique).

Il va sans dire que le choix des auteurs n'a pas été simple. Dans la mesure du possible, j'ai respecté les choix du champ lui-même. Ainsi, Mathieu paraît, à rebours, l'écrivain fantastique le plus remarquable des années 1960 ; la réédition en 1989 de son recueil *La mort exquise et autres nouvelles* (1965a) corrobore mon jugement. Pour le reste, j'ai retenu trois des figures qui se sont imposées[15] à l'intérieur du champ fantastique québécois (à l'extérieur, Carpentier mis à part, ils sont relativement peu connus dans les années 1970 et 1980) : Carpentier, Bélil et Sernine.

La question de la forme relève d'un jugement préalable délicat, mais c'est le risque qu'il faut prendre, quitte à changer d'avis en cours de recherche. Il me semblait que les œuvres de Sernine et Bélil correspondaient les plus à la forme canonique du récit fantastique, tandis que celles de Carpentier, Mathieu et Charbonneau-Tissot innovaient en rompant certains des codes de la fantasticité. Mon analyse s'attachera à nuancer ces prises de position inaugurales.

Je voulais par ailleurs que mon corpus comporte le texte d'une femme. Or, peu de femmes pratiquaient le fantastique à part Marie José Thériault, Anne Hébert, Anne Dandurand, Claire Dé, Carmen Marois et Claudette Charbonneau-Tissot. Parce que cette dernière me semble avoir donné une nouvelle d'une facture moderne exemplaire, qui met en jeu à la fois l'étrangeté, l'écriture et le rapport de la femme au réel, j'ai choisi « La contrainte » (1976b) dans son recueil du même titre.

Quant au contenu, un pivot thématique, un objet commun de discours s'imposait pour comparer les différentes mises en forme textuelles. J'ai alors pensé que le thème de l'apparition du double ou de la répétition/transformation du même pouvait parfaitement convenir. En effet, d'après mes compilations, le corpus fantastique québécois est majoritairement traversé tantôt par le thème de l'apparition du Même, tantôt par l'apparition de l'Autre et par celui de la transformation, de la métamorphose. Il est intéressant de noter que presque tout le spectre des formes matérielles et immatérielles, naturelles et surnaturelles, possibles et impossibles sont exploitées sous cette configuration thématique : apparition relevant des domaines divin, humain, animal, végétal et minéral, alors que les métamorphoses explorent le va-et-vient entre ces différents règnes. J'ai remarqué également qu'un

15. Dans le champ fantastique québécois, se sont imposés les auteurs que le *fandom* consacrait par des prix, qui publiaient beaucoup et qui participaient activement à la vie littéraire fantastique (congrès Boréal, collaborations à des revues spécialisées, etc.).

texte contient rarement une seule configuration, et que vers le thème du double convergent d'autres thèmes majeurs en littérature fantastique en général, au Québec en particulier, tels que l'apparition de l'autre, les figures de la monstruosité, du transfert spatiotemporel, etc.

Finalement, j'ai constaté, en étudiant le récit fantastique québécois et en lisant les principaux ouvrages théoriques sur le fantastique, que peu d'ouvrages rendaient compte de manière totalement satisfaisante du récit fantastique en tant que texte dans une problématique spécifique de *genre du discours*. C'est pourquoi je propose un ensemble de régulations et de variantes propres au récit fantastique et ce, dans une double perspective narratologique et générique. Avant d'entrer dans la partie analytique, il est donc nécessaire d'examiner les principales positions théoriques sur le fantastique et de proposer un certain modèle théorique préalable et une méthodologie analytique permettant d'en venir à une certaine conceptualisation du fantastique en tant que pratique générique.

DEUXIÈME PARTIE

THÉORIE

SITUATION THÉORIQUE DU RÉCIT FANTASTIQUE

Il existe un grand nombre d'ouvrages théoriques qui ont jalonné l'histoire du récit fantastique depuis deux cents ans[1]. Jacques Finné, dans *La littérature fantastique : essai sur l'organisation surnaturelle,* ne s'en montre pas pour autant impressionné :

> *De Charles Nodier à Irène Bessière, quelle moisson de théoriciens du fantastique ! Quelle disette, aussi ! Ce qui me frappe, c'est la similitude de pensée qui unit les théoriciens français, tellement évidente qu'une synthèse des idées est aisée, de laquelle il suffira d'extraire quelques remarques et quelques noms* (1980 : 21).

Mais après la lecture de la « revue de presse » effectuée par Finné, on constate qu'il passe un peu trop vite sur les différents commentateurs et théoriciens du genre fantastique, les malmenant presque tous. Serait-ce dû au fait que certains de ses postulats sont aussi discutables que ceux qu'il relève chez ses devanciers ? « [J]e pose, dit-il, que merveilleux est synonyme de féerie et surnaturel de fantastique. La mésentente portant sur ces concepts m'autorise à prendre position » (p. 21). Je reviendrai moi-même sur cette question du surnaturel.

---

1. Voir à ce sujet *Écrits sur le fantastique* (Spehner, 1986), dans lequel sont recensés, entre autres, les principaux ouvrages publiés entre 1900 et 1985.

Pour l'heure, il m'importe davantage de m'arrêter à ces auteurs qui me semblent avoir posé des jalons importants dans la réflexion sur le fantastique : Louis Vax qui cristallise la réflexion philosophico-thématique, Tzvetan Todorov qui tente une première approche formelle, et Irène Bessière qui propose une poétique générale du récit fantastique. Ce sont les théoriciens les plus ambitieux, les plus discutés, les plus controversés, dans la francophonie du moins, ceux qui ont apporté, chacun à sa façon et en son temps, un éclairage nouveau sur le phénomène.

L'APPROCHE PHILOSOPHIQUE DE LOUIS VAX

Dans *La séduction de l'étrange* ([1965] 1987), Vax a jeté les bases de sa conception du fantastique, qu'il a élaborée, entre autres, dans *Les chefs-d'œuvre de la littérature fantastique* (1979) et synthétisée dans *L'art et la littérature fantastiques* ([1960] 1974). Ouvrage aux ambitions philosophiques, *La séduction de l'étrange* est construit par fragments de discours dans lesquels Vax – avant que les études littéraires ne prennent le virage « scientifique » (structuralisme, psychanalyse, sociologie, pragmatique, etc.) qui marquera les années 1960-1980 – dévoile déjà, de manière intuitive et embryonnaire, certaines idées clés que la critique spécialisée subséquente exploitera en partie. Ainsi propose-t-il cette idée – fondement paradoxal de sa pensée – de la primauté ou de l'importance capitale de l'œuvre, de sa structure et de la mouvance du « sens » au gré des savoirs individuels et des milieux culturels :

> *Comprendre Dieu, c'est comprendre l'homme dans son effort renouvelé pour se comprendre lui-même à partir de l'idée qu'il se fait de Dieu. Or,* il n'y a pas plus de fantastique ou d'étrange en soi que de Dieu, *de causalité, d'espace ou de temps en soi.* Le fantastique se réalise dans les œuvres, *et les œuvres modifient sans cesse la signification du mot.* Comprendre le fantastique, c'est comprendre du dedans la structure et l'évolution des œuvres fantastiques. [...] *On ne découvrira donc jamais dans les œuvres l'empreinte* immuable *du fantastique en soi, puisque* c'est la notion même du fantastique qui se nuance, s'infléchit, s'élargit, se rétrécit selon les structures des œuvres qu'elle caractérise. *Le sens du mot*

> fantastique, *c'est celui que lui donne, à un moment donné, un homme marqué par sa connaissance des œuvres et par son milieu culturel*[2] ([1965] 1987 : 6-7).

Je retiens d'abord de Vax cette idée qu'il y aurait une structure de l'œuvre fantastique, une structure non immuable, et que, par conséquent, les œuvres modifient sans cesse l'idée que l'on se fait du fantastique par des fluctuations tant scripturaires – d'une œuvre à l'autre – que culturelles – d'un milieu, d'une époque, d'une société, voire d'un auteur ou d'un lecteur à l'autre. Me semble juste aussi cette idée du va-et-vient nécessaire entre la conception et la construction d'un modèle théorique préalable à la constitution d'un corpus donné et à la recherche des fluctuations des formes autour du modèle :

> *Si nous n'avons pas dans l'esprit une idée – ou un sentiment, au sens classique du mot – de ce qu'est le fantastique ou l'étrange, l'enquête devient impossible* [...] *pour qu'on ait pu lui trouver un nom,* le fantastique devait bien posséder quelque structure, *mais comment la définir ?* [...] *Notre définition va se chercher et se perdre sans fin dans l'examen des œuvres que nous qualifions de fantastiques.* [...] *La connaissance du fantastique et de l'étrange est vouée à se chercher et à se retrouver dans l'entre-deux qui sépare l'*a priori *de l'essence de l'*a posteriori *des œuvres. Ce mouvement de va-et-vient entre la fixité du concept et le scintillement des phénomènes, c'est la vie même du savoir* ([1965] 1987 : 7-8).

De toute évidence, Vax inclut dans sa recherche certains éléments de ce qu'on appelle maintenant la pragmatique, c'est-à-dire le rapport – le va-et-vient constant – entre œuvre et lecteur, émetteur et récepteur, destinateur et destinataire, en d'autres mots, la « coopération interprétative » au sens où l'entend Umberto Eco : « [I]l est tout aussi important d'étudier comment le texte (une fois produit) est lu et comment toute description de la structure du texte doit être, en même temps, la description des mouvements de lecture qu'il impose » (1985 : 10). C'est sensiblement un modèle théorique similaire que Vax propose, avant la lettre en quelque sorte :

---

2. À part « fantastique » dans la dernière phrase, les mots soulignés sont de moi.

> *L'œuvre c'est, tout à la fois, et ce corps matériel, et l'ensemble des réflexions et des sentiments qu'il cherche à susciter dans la conscience du spectateur. L'œuvre, comme le vampire du folklore, est un corps mort qui a besoin, pour soutenir son existence, de boire le sang, la vie et la pensée d'un être vivant. Le spectateur, c'est l'homme* [...] ([1965] 1987 : 9).

On comprend que Vax, construisant ce vaste programme, et voulant aborder le fantastique surtout sous l'angle philosophique, ne parvienne pas à totalement articuler une systématique de la pratique de l'écriture fantastique. Bien au contraire, il veut prouver le caractère mouvant du genre en invoquant la préséance de la pratique individuelle sur le modèle général, et il veut démontrer que le fantastique en somme n'est pas cernable de manière précise. Pour Vax, le cœur du problème réside sans doute dans la recherche d'une « essence » fantastique déterminée, là où, je crois, il faut chercher une « forme ». Dans sa conclusion, il soutient sans ambages : « [L]'essence du fantastique s'est dérobée à nos recherches. La recherche de ce demi-échec réside dans sa nature fuyante et paradoxale » (p. 240). Mais une essence peut-elle ne pas être fuyante ? Qu'est-ce au fait qu'une essence dans un texte littéraire, dans un genre, dans un sous-genre ?

On comprend également que, au lieu de rechercher certaines constantes génériques ou textuelles dans le fantastique, Vax met plutôt l'accent sur les fluctuations, parfois fort grandes d'un texte à l'autre il est vrai. Pour lui :

> *le fantastique est* [...] *moment de passage, de crise et de malaise. Le fantastique, c'est moins un autre monde que notre terreur au seuil de ce monde. C'est la présence de ce monde dans l'instant qui le précède, tout comme l'attente est la présence du futur au cœur du présent* (p. 243).

Dès lors, il constate que

> *la notion du fantastique appelle une définition, mais cette définition varie selon les œuvres qui tout à la fois la précisent et la réalisent.* [...] *À vouloir cerner le fond commun à toutes les expériences et à toutes les œuvres fantastiques, on ne mettrait en évidence qu'un élément extrêmement pauvre et fort abstrait. Un élément dont la pauvreté et l'abstraction contredirait*

> *l'expérience charnelle et la richesse de chaque univers fantastique* (p. 240).

En dépit de ce relatif constat d'échec auquel parvient Vax[3], l'ouvrage, parmi les premiers d'importance à être publiés en français, vaut pour le questionnement et les nombreuses pistes esquissées et qui, eussent-elles été explorées, auraient contribué à enrichir et à modifier grandement la thèse de Vax, et l'auraient amené à proposer un modèle du discours fantastique non nécessairement réducteur. Ne fonctionnons-nous pas dans le quotidien selon des règles de comportement sans pour autant être réduits à nous répéter inlassablement, et sans pour autant que notre vie soit réduite à nos seuls modèles de conduite ? Inversement, tout art, si libre soit-il, n'a-t-il pas lui aussi à faire avec un système de régulation ? Pourquoi n'y aurait-il pas une sorte de système du discours fantastique, système qui l'instaure en genre du discours et qui laisse presque toute sa liberté créatrice à l'artiste ? Un système qui, pour reprendre les termes de Vax, serait le centre de ce qu'il appelle une nébuleuse, centre à la fois dur et souple qui permettrait de concevoir le fantastique comme une pratique codifiée, tout en permettant le déploiement d'une très grande variété de textes ? Or, cette idée du système est paradoxalement inscrite au cœur du discours de Vax. Voici quelques-unes de ses idées, que je retiens d'ailleurs moi-même dans ma propre modélisation du récit fantastique :

- « le fantastique ne germe *que* dans un monde *organisé* [4] » (p. 249) ;
- « [c]'est son *contexte* qui fait un revenant attendrissant, comique, effrayant, bravache ou horrible [...] le motif [n'est] que *le centre organisateur* d'un champ perceptif original ; mais ce champ lui-même ne serait

3. Vax n'écrit-il pas à la dernière page, de manière presque autoparodique : « Le lecteur qui aurait bien voulu lire jusqu'ici serait sans doute déçu. Il n'avait entrepris la lecture d'un livre ennuyeux que dans l'espoir d'apprendre ce que c'est "au fond" que le fantastique. Or il n'a rien appris qu'il ne sût déjà. Mais une analyse plus serrée le décevrait tout autant. Nous le savons de reste, que l'analyse tue la vie ! » (p. 249).

4. C'est moi qui souligne.

rien sans le motif qui lui confère cohérence et signification[5] » (p. 246-247) ;

- « le fantastique adhère moins à la *nature* du motif qu'il n'en est une *fonction* » (p. 69) ;
- « [c]'est l'œuvre qui rend le motif fantastique » (p. 69) ;
- « [l]e fantastique ne s'oppose aux évidences rationnelles que parce qu'il s'appuie sur elles » (p. 243) ;
- « [l]'événement fantastique est inexplicable et n'impose sa réalité qu'à la faveur de témoignages irrécusables » (p. 245).

De tout cela ressortent les idées de construction, de contexte et de rationalisation de l'inexplicable. L'étrange refus de la systématisation chez Vax découle d'une pensée orientée en fonction de la question du *sentiment* ou de l'*impression* de l'étrange[6] et non sur celle de sa mise en discours, et cela, en dépit du fait que le sentiment ou l'impression soit rarement une donnée du simple ordre de l'essence, mais plutôt une question de relations multiples entre différentes données du texte (que ce soit dans le para, l'intra, l'extra ou l'intertexte...). D'obédience phénoménologique, pour ainsi dire, il s'intéresse avant tout aux effets diffus d'une production dont il refuse toute systématicité. Malgré tout, nous verrons tout le parti à tirer de ses remarques sur les concepts d'enchaînement des épisodes, d'organisation autour d'un centre et de participation à une situation vécue, dût-elle être fictive.

L'APPROCHE STRUCTURALISTE DE TZVETAN TODOROV

Avec son *Introduction à la littérature fantastique,* Todorov est sans doute le premier théoricien du fantastique à aborder l'étude de cette pratique scripturaire dans une perspective générique et à tenter une approche structuraliste d'envergure. Il va sans dire que quelques-unes de ses remarques sont très précieuses.

---

5. C'est moi qui souligne.
6. « L'unité du fantastique est une unité d'impression » (p. 62).

D'une certaine manière, il se trouve à reprendre la discussion là où Vax l'avait laissée ; d'emblée, il se situe sur le terrain de la généralité et de la généricité :

> *Examiner des œuvres littéraires dans la perspective d'un genre est une entreprise tout à fait particulière. Dans le propos qui est le nôtre, c'est* découvrir une règle qui fonctionne à travers plusieurs textes *et nous fait leur appliquer le nom d'« œuvres fantastiques », non ce que chacun d'eux a de spécifique* [7] (1970 : 7).

Cette règle qui permet de déterminer si tel ou tel texte est un récit fantastique comporte trois conditions :

> *D'abord, il faut que* le texte oblige le lecteur *à considérer le monde des personnages comme un monde de personnes vivantes et* à hésiter entre une explication naturelle et une explication surnaturelle des événements évoqués. *Ensuite,* cette hésitation peut être ressentie également par un personnage ; *ainsi le rôle de lecteur est pour ainsi dire confié à un personnage et dans le même temps l'hésitation se trouve représentée, elle devient un des thèmes de l'œuvre ; dans le cas d'une lecture naïve, le lecteur réel s'identifie avec le personnage. Enfin il importe que* le lecteur adopte une certaine attitude à l'égard du texte *: il refusera aussi bien l'interprétation allégorique que l'interprétation « poétique ». Ces trois exigences n'ont pas une valeur égale. La première et la troisième constituent véritablement le genre ; la seconde peut ne pas être satisfaite. Toutefois, la plupart des exemples remplissent les trois conditions* [8] (p. 37-38).

À l'instar de Vax, Todorov tient compte de la dimension pragmatique (lecteur modèle, lecteur réel, attitude à l'égard du texte), mais, à l'inverse de son prédécesseur, il s'intéresse davantage au discours en tant que tel, à la formalisation interne du récit, à la mise en place d'un univers intratextuel (le monde des personnages). La notion d'hésitation – entre le naturel et le surnaturel, le réel et l'*illusoire,* le réel et l'*imaginaire* (1970 : 41) – paraît capitale dans la formalisation de la fantasticité : il arrive qu'elle prenne plusieurs formes, l'hésitation pouvant provenir du

7. C'est moi qui souligne.
8. C'est moi qui souligne.

narrateur, d'un acteur ou du lecteur, modèle ou réel ; elle est à l'œuvre dans la majorité des textes fantastiques. Todorov est donc tout à fait justifié de dire qu'elle est une des exigences du genre, car il est effectivement difficile d'inclure dans le genre fantastique un récit qui n'inclurait pas cette composante formelle d'une manière ou d'une autre.

Quant à la deuxième condition, elle se trouve incluse pour ainsi dire dans la première : l'hésitation peut être formalisée dans la mise en discours de l'histoire ou dans le processus pragmatique de l'acte de lecture. Représenter l'étrange conduit souvent à ce jeu de va-et-vient entre, d'une part, le savoir posé ou présupposé de l'acteur mis en situation d'étrangeté et, d'autre part, le savoir acquis et partagé à telle ou telle époque par une communauté de lecteurs possibles et explicites qui sont en mesure de lire une histoire et de juger son contenu comme étant plus ou moins étrange. Pourtant, je crois que Todorov n'a raison qu'à demi lorsqu'il ne fait pas de la représentation de l'hésitation par un personnage une condition essentielle à la formalisation fantastique : pour un type de fantastique, le plus canonique et le plus courant, le personnage du récit fantastique réagit toujours assez fortement à l'apparition de l'étrange, et le lecteur construit sa lecture et son interprétation autant à partir du discours de ce personnage que de la narration de phénomènes étranges. Souvent, des récits, qui sont *de type fantastique* [9] parce qu'ils illustrent des événements improbables, omettent cette dimension : cela se voit surtout dans les récits merveilleux, magiques ou, parfois, réalistes magiques, et cela motive peut-être Todorov à incorporer à son corpus une œuvre du plus pur merveilleux, les contes des *Mille et une nuits*.

---

9. Je dis bien « de type fantastique », car, à la limite, le fantastique peut se manifester à des degrés divers : minimal dans le merveilleux et maximal dans le fantastique proprement dit. C'est d'ailleurs un peu pour cette raison que, dans le sigle GRILFIQ, le F désigne non pas un mais plusieurs fantastiques, bien que des distinctions bien nettes aient été établies entre les sous-genres étudiés (voir Boivin, Émond et Lord (1992 : 11-18). Certains auteurs classent tout de même la science-fiction dans le fantastique (Sternberg, 1958). Sur les rapports du fantastique et de la science-fiction, consulter Boivin, Émond et Lord (1993). Consulter également le chapitre 9, « Science-fiction et fantastique », dans Bouchard (1993 : 103-120).

En ce sens, une contradiction flagrante se dessine dans la démarche de Todorov, que je m'explique difficilement :

> *Rappelons les données du problème : dans l'univers évoqué par le texte, se produit un événement – une action – qui relève du surnaturel (ou du faux surnaturel) ; à son tour, celui-ci provoque une réaction chez le lecteur implicite (et généralement chez le héros de l'histoire) : c'est cette réaction que nous qualifions d'« hésitation », et les textes qui la font vivre, de fantastiques* (1970 : 109).

Et il ajoute du même souffle :

> *Lorsqu'on pose la question des thèmes, on met la réaction « fantastique » entre parenthèses, pour ne s'intéresser qu'à la nature des événements qui la provoquent. Autrement dit, de ce point de vue,* la distinction entre fantastique et merveilleux n'a plus d'intérêt, et nous nous occuperons indifféremment d'œuvres appartenant à l'un ou l'autre genre[10] (p. 109).

Pour moi la distinction est claire : le merveilleux et le fantastique ne doivent pas être confondus justement à cause de cette dimension argumentative qui donne forme à un genre (le fantastique) et pas à l'autre. Certes, il existe des récits qui se situent à la frontière des deux genres, car il y a, depuis longtemps d'ailleurs, des textes hybrides dans l'écriture desquels les écrivains latino-américains sont passés maîtres (Gabriel García Márquez, Julio Cortázar, Jorge Luis Borges, Alejo Carpentier, etc.) : le réalisme magique de ces auteurs est un bel exemple de l'étrange qui survient dans un univers non (totalement) mythique comme dans le merveilleux, mais où il ne suscite ni surprise ni questionnement. Retenons de ces remarques de Todorov que les trois conditions sont nécessaires dans la production de la fantasticité, puisque la dernière, toute pragmatique, rappelle que le processus de la lecture doit être régi par les mécanismes mêmes qui président à la lecture de type réaliste, où l'interprétation allégorique ou poétique est exclue *de facto*.

Toujours sur le plan de la pragmatique, en rapport avec l'effet sur le lecteur, Todorov souligne pertinemment que « [l]a

---

10. C'est moi qui souligne.

peur est souvent liée au fantastique mais [qu']elle n'en est pas une condition nécessaire » (p. 40). En effet, la survenance de l'étrange ne provoque pas à tout coup une réaction apeurée de la part du personnage ou du lecteur. Qui plus est, ce sentiment n'est-il pas présent dans le roman réaliste, au théâtre, dans le récit merveilleux, tous sensiblement éloignés du genre fantastique ? Bien plus, la peur affole certains acteurs dans le récit merveilleux, ce qui ne le rapproche pas pour autant du genre fantastique. Toutefois, si la peur est à ranger dans la catégorie des sentiments connus de la plupart des gens, il est des plus évident qu'elle subit un traitement privilégié chez nombre de fantastiqueurs, et parmi les plus conservateurs, dont les anglo-saxons, depuis les écrivains gothiques (Walpole, Radcliffe, Maturin, Lewis, etc.) jusqu'aux Lovecraft, King et Barker, qui ne sont pas des moindres. Ce n'est pas par hasard si le cinéma actuel exploite cette veine par la représentation de la monstruosité, de la malignité surnaturelle (les films basés sur des récits de King, tel *Pet Sematary,* par exemple). La peur y prend différentes formes, plus ou moins dramatiques, y est présentée à plusieurs degrés (crainte, frayeur, terreur, horreur, etc.). En outre, il est difficile de trouver un texte fantastique où le personnage ne ressent pas un sentiment de *trouble* lorsqu'il est mis en situation d'étrangeté, et le lecteur modèle doit tenir compte de cette composante argumentative dans son interprétation.

Dans le chapitre sur « le discours fantastique », Todorov aborde un autre plan, celui de l'expression et, parlant de l'énoncé, il suggère un certain nombre de constantes discursives et stylistiques fort utiles dans l'économie du discours fantastique : les expressions à prendre au pied de la lettre (p. 82), le sens propre d'une expression figurée (p. 84), les formules modalisantes qui sont finalement des équivalences de comparaisons (« semblait », « comme », « avoir l'air de », p. 85-86) ; dans un certain sens, Todorov reprend les remarques de Vax à propos du motif et de la manière de l'organiser :

> *Si le fantastique se sert sans cesse des figures rhétoriques, c'est qu'il y a trouvé son origine. Le surnaturel naît du langage, il en est à la fois la conséquence et la preuve : non seulement le diable et les vampires*

> *n'existent que dans les mots, mais aussi seul le langage permet de concevoir ce qui est toujours absent : le surnaturel* (p. 86-87).

En somme, de Todorov, je retiens l'idée que, dans l'observation d'un *genre* du discours, je dois chercher une série de règles qui fonctionnent dans plusieurs textes d'un même genre. Dans ce processus de régulation, il me faut tenir compte de l'axe de communication qui prévaut entre le texte, le monde des personnages et le lecteur implicite (ou explicite). Et, bien sûr, je rejette son hypothèse sur l'absence, dans son « système », de distinction préalablement établie entre merveilleux et fantastique lorsqu'il aborde la question des thèmes : c'est là la preuve que l'analyse thématique du fantastique, telle que je la conçois, comporte des risques.

LA POÉTIQUE D'IRÈNE BESSIÈRE

Une des dernières à apporter une contribution importante à la théorie du fantastique, Bessière, plutôt que de construire un système proprement dit, propose une réflexion riche et complexe. Dans *Le récit fantastique*, elle avance trois idées fondamentales et complémentaires. D'abord, le fantastique est affaire de représentation et de rapport entre le réel et l'irréel :

> *Pour reprendre les termes de Sartre, le récit merveilleux est non-thétique, c'est-à-dire qu'il ne pose pas la réalité de ce qu'il représente. Le « il était une fois » nous coupe de toute actualité, et nous introduit dans un univers autonome et irréel, explicitement donné pour tel. À l'inverse, le récit fantastique est thétique ; il pose la réalité de ce qu'il représente : condition même de la narration qui fonde le jeu du rien et du trop, du négatif et du positif.* [...] *Le récit fantastique ne semble pas alors « la ligne de partage entre le merveilleux et l'étrange », comme le suggère encore Todorov, mais plutôt, par la fausseté voilée, le lieu de la convergence de la narration thétique (roman des* realia*) et de la narration non-thétique (merveilleux, conte de fées)* (1974 : 36-37).

Puis il est, à travers le jeu réglé (logique narrative) de l'invention et de la formalisation, affaire de métamorphoses et d'enracinements culturels : « Le récit fantastique [...] suppose *une logique narrative* à la fois formelle et thématique *qui* [...] *reflète,* sous l'apparent jeu de l'invention pure, *les métamorphoses culturelles* de la raison et de l'imaginaire communautaire[11] » (p. 10). Enfin, il est « à lui-même son ressort », c'est-à-dire qu'il est « commandé de l'intérieur par une dialectique de constitution de la réalité et de déréalisation propre au projet créateur de l'auteur » (p. 11). Dans son discours, cela se résout de façon complexe :

> *Le récit fantastique utilise des cadres socio-culturels et des formes de l'entendement qui définissent les domaines du naturel et du surnaturel, du banal et de l'étrange, non pour conclure à quelque certitude métaphysique mais pour* organiser la confrontation des éléments *d'une civilisation relatifs aux phénomènes qui échappent à l'économie du réel et du surréel, dont la conception varie selon l'époque. Il correspond à* la mise en forme esthétique des débats intellectuels *d'un moment, relatifs au rapport du sujet au supra-sensible ou au sensible ; il présuppose une perception essentiellement relative des convictions et des idéologies du moment, mises en œuvre par l'auteur.* La fiction fantastique fabrique ainsi un autre monde avec des mots, des pensées et des réalités qui sont de ce monde. Ce nouvel univers *élaboré dans la trame du récit* se lit *entre les lignes et entre les termes,* dans le jeu des images et des croyances, de la logique et des affects, contradictoires et communément reçus[12] (p. 11).

Véritable programme de recherche, ces propositions théoriques me paraissent fondamentales pour la compréhension du récit fantastique. La conception de Bessière tient surtout dans les manipulations discursives fictionnelles régies/perturbées par une sorte d'hétérogénéité généralisée tant dans l'univers de la fiction que dans celui de la réalité :

> [...] *le récit fantastique ne se spécifie pas par le seul invraisemblable, de soi insaisissable et indéfinissable, mais* par la juxtaposition et les contradictions *des divers vraisemblables, autrement dit des hésitations et des*

11. C'est moi qui souligne.
12. C'est moi qui souligne.

> *fractures des conventions communautaires soumises à l'examen* [...] *Le fantastique, dans le récit, naît du dialogue du sujet avec ses propres croyances et leurs inconséquences.* Figure d'un questionnement culturel, il commande des formes de narrations particulières toujours liées aux éléments et à l'argument des discussions – historiquement datées – sur le statut du sujet et du réel. *Il ne contredit pas les lois du réalisme littéraire, mais montre que ces lois deviennent celles d'un irréalisme lorsque l'actualité est tenue pour totalement problématique* [13] (p. 12).

Dans un autre passage capital, Bessière énonce une problématique du fantastique en rapport avec la circulation des langages qui rejoint tout à fait la question du contexte idéologique de production : « Le récit fantastique recueille et cultive les images et les langages qui, dans une aire socio-culturelle, paraissent normaux et nécessaires, pour fabriquer l'absolument original, l'arbitraire » (p. 14).

Bessière note, par ailleurs, que le récit fantastique renverse la problématique propre au récit réaliste, le discours de ce dernier étant orienté vers l'agissement, celui du premier vers l'événement (p. 14-16). Elle relève ainsi le caractère passif du personnage du récit fantastique[14]. En conséquence, elle affirme à propos de la relation sujet-objet dans le récit fantastique :

> [...] *une étude ou une définition du fantastique ne doivent pas initialement privilégier l'examen de la condition du sujet : dans* La métamorphose [de Kafka], *la question posée n'est pas « Que suis-je devenu ? », mais « Que m'est-il arrivé ? ». Il est remarquable que la conscience de soi de l'homme-insecte soit demeurée inchangée et que seule importe l'énigme de l'événement* (p. 15).

Ce qui ne veut pas dire qu'il ne faut pas étudier « la condition du sujet » du récit fantastique. Elle le spécifie bien dans l'emploi de l'adverbe « initialement ». Cette affirmation ne signifie pas non

---

13. C'est moi qui souligne.

14. Elle parle presque toujours de « récit fantastique » et rarement de « fantastique », jamais de « personnage fantastique » mais plutôt de « personnage du récit fantastique », ce qui rejoint mes préoccupations.

plus qu'il est interdit de parler du sujet avant l'événement ; Bessière précise que, dans une conceptualisation de l'esthétique fantastique, l'événement est formellement premier, car c'est lui qui inscrit le premier élément qui autorise à commencer de définir la fantasticité du récit, ensuite viennent les questions du statut du sujet puis de son discours par rapport à l'événement étrange. Todorov n'a-t-il pas écrit avec justesse que

> *l'histoire fantastique peut se caractériser ou non par telle composition, par tel « style » ; mais sans « événements étranges », le fantastique ne peut même pas apparaître. Le fantastique ne consiste pas, certes, dans ces éléments, mais ils sont pour lui une condition nécessaire* (1970 : 98) ?

Le récit fantastique se définit, comme tout récit finalement, par les relations discursives qu'il entretient entre le sujet et l'événement auquel il participe. L'approche de Bessière sous-tend cette conception. Bien plus, en mettant l'accent sur ce qu'est devenu le sujet, elle propose d'étudier et un état et les transformations d'un état donné, tout récit étant, par définition, un processus transformationnel régi par une logique interne.

Par ailleurs, Bessière prolonge la pensée de Todorov et montre bien que c'est sur le questionnement à l'égard de l'étrange, le double renvoi de l'adhésion/résistance à l'improbable, que porte la problématique du récit fantastique :

> Point d'étrange sans interrogation ni étonnement. *Qu'il reste insoluble alors même que la raison l'a circonscrit, et voici le fantastique où la raison, à force de vouloir défaire l'irrationnel, trouve la permanence de la déraison et la rupture irréparable des chaînes de causalité* [15].
> Le scepticisme *qui seul trace l'intimité de la raison et de la déraison* est l'ingrédient obligé de l'inimaginable[16].
> *Le fantastique naît historiquement et culturellement du traitement de faits d'opinion contradictoires* (1974 : 38, 60, 137).

15. C'est moi qui souligne.
16. C'est moi qui souligne.

Bessière insiste beaucoup sur les questions de conflit dans le discours parce que « le récit fantastique exhibe l'arbitraire des signes culturels et des codes cognitifs » (p. 53-54). Elle ajoute que « Todorov voit dans le fantastique un jeu de dualités : nature-surnature, raison-illusion, lucidité-folie, là où il y a neutralisation de toutes ces notions » (p. 58) ; « [I]l semble plus pertinent de lier le fantastique à *une enquête, conduite d'un point de vue rationaliste,* sur les formes de la rationalité[17] » (p. 59).

Du travail de Bessière, je reprends les notions de logique narrative, de confrontation des langages, des discours, de plurilinguisme, d'hétérogénéité, toutes choses marquées et réglées, chacune à leur niveau, par le littéraire, le culturel et le social avec leurs appareils normatifs, leurs règles, leurs interdits, leurs tabous, la rumeur, la doxa. À la différence de Bessière, je vais tenter d'illustrer comment cette logique narrative et ces jeux de langages hétérogènes s'organisent.

MÉTHODOLOGIE

Où situer l'être humain et ce qui le distingue, c'est-à-dire son discours ? Par rapport à qui ? Par rapport à quoi ? Voilà précisément les questions qui me hantent. Et si la fréquentation de l'œuvre de Mikhaïl Bakhtine (*Esthétique et théorie du roman,* [1975] 1984 ; *Esthétique de la création verbale,* [1979], 1984 ; etc.) ne m'a pas donné de réponses à ces questions, elle a fait germer des éléments de méthodologie :

> *L'œuvre, tout comme la réplique du dialogue, vise à la réponse de l'autre (des autres), à une compréhension responsive active, et elle le fait sous toutes sortes de formes : elle cherchera à exercer une influence didactique sur le lecteur, à emporter sa conviction, à susciter son appréhension critique, à influer sur des émules et des continuateurs, etc. L'œuvre prédétermine les positions responsives de l'autre dans les conditions complexes de l'échange verbal d'une sphère culturelle donnée* (Bakhtine, [1979] 1984 : 282).

Pour Bakhtine, les échanges verbaux de tous ordres sont régis par des règles génériques plus ou moins contraignantes selon les

17. C'est moi qui souligne.

pratiques. Le discours fantastique, dans ce contexte, est une forme très particulière d'échange verbal interne (la forme) et externe (la pragmatique). Or, les théoriciens actuels du fantastique, Todorov mis à part, parlent peu du fantastique comme *genre*. Du moins, la plupart ne prennent jamais la question de front. Pourtant, elle est absolument fondamentale pour comprendre les distinctions profondes qui s'établissent dans la structuration[18] de ce genre du discours. Partant du principe qu'un genre est une pratique verbale avec son propre système régulateur, je m'intéresse justement à deux des aspects les plus importants dans la compréhension d'une pratique verbale, soit sa composition ou sa mise en discours (avec son cortège de règles, de procédés, etc.) et la lecture/construction que nous opérons, nous, « lecteur(s) », projeté(s) dans l'implicite textuel. L'une ne va pas sans l'autre, et j'essayerai de montrer – dans une double perspective pragmatique et fonctionnelle – comment le texte fantastique se construit.

HYPOTHÈSE ET MÉTHODE D'ANALYSE

Une constante discursive formelle s'avère indispensable dans la constitution d'un récit fantastique. Ce constat m'a amené à délaisser les approches habituelles du fantastique et à formuler l'hypothèse de travail suivante : il existe un système de croyance et d'incroyance (contenu idéologique, psychologique, culturel, etc.) formalisé esthétiquement dans et par le système narratif (forme du contenu) dans le texte fantastique et ce (double) système explique et structure le texte fantastique en tant précisément que texte fantastique de par le questionnement qu'il instaure – qui s'instaure – dans le récit autour de la question de la croyance ou de l'incroyance dans le phénomène étrange. Cet ancrage de contenu sert de déclencheur de la fantasticité. En d'autres termes, l'esthétisation du questionnement sur l'étrange forme la matière/manière du récit fantastique. Ce serait là la pierre angulaire de la poétique du récit fantastique.

18. Considérant le terme « structure » trop statique, je lui préfère « structuration » qui illustre le caractère dynamique, le procès de construction de la forme et du sens dans ses multiples rapports internes et externes.

Pour rendre compte de ce phénomène de mise en discours, je chercherai à cerner trois composantes fondamentales du récit : les types d'actions (ou les principales fonctions du récit reliées ou non à l'événement étrange), les formes du discours de surface (la représentation par le processus descriptif de l'espace-temps et des acteurs) et les types d'échanges verbaux (dialogiques, argumentatifs) entre les acteurs, leur propre conscience, l'autre individué dans son idiolecte, collectivisé dans son sociolecte, la doxa, etc. Ces questions complexes sont souvent intimement fondues et entremêlées dans le texte, et ce n'est que pour les besoins de l'analyse et de la compréhension théorique que je vais les détacher.

Un des éléments de base du système narratif, le personnage, occupe à lui seul une triple fonction : 1. acteur ou témoin mêlé aux événements racontés ; 2. possesseur d'une série de qualifications psychologiques et sociales ; 3. producteur de la parole ou de la pensée (du discours), en dialogue avec sa propre conscience, avec d'autres, ou en opposition avec l'opinion commune. L'acteur fonctionne ainsi à au moins trois niveaux dans la composition du récit. L'action proprement dite peut se retrouver elle-même aux trois niveaux du récit : dans la chaîne des transformations (logique narrative), dans le processus descriptif (description d'actions), et dans l'argumentatif (dialogisme). Les différentes marques qui définissent le système fictionnel et lui donnent forme se font des signes, établissent des rapports ou créent des ruptures dans l'organisation textuelle. C'est à partir de ces marques que le lecteur modèle construit le texte.

Puisque cette formalisation complexe s'inscrit dans la problématique encore plus vaste de la théorie des genres du discours, avant d'exposer en détail les concepts opératoires de mon analyse, j'expliquerai ma conception du système des genres en montrant comment la hiérarchisation des grands niveaux de pratiques verbales entre dans la détermination des genres du discours[19].

---

19. Pour ce faire, je remonterai au XIXe siècle, car il est souvent utile de remettre la pratique moderne du récit fantastique en rapport avec une pratique plus traditionnelle.

LA QUESTION DES GENRES[20]

J'aimerais au départ établir une distinction entre « genre » et élément de contenu ou « motif », pour la raison précisément que « motif » et unité de discours (apparition d'un monstre, du diable, métamorphose d'un homme, etc.) se rejoignent, à mon avis, et que, même selon Vax, ce n'est pas le motif, ni sa qualification étrange ou surnaturelle qui constitue le fantastique, mais la façon dont il est organisé par le discours. Je fonde ma position sur les commentaires de Greimas et Courtés qui rappellent que « le motif apparaît comme une unité de type figuratif, qui possède donc un sens indépendant de sa signification fonctionnelle par rapport à l'ensemble du récit » (1979 : 239) ; ils soulignent que

> *ces unités figuratives transphrastiques* [sont] *constituées en blocs figés : des sortes d'invariants susceptibles d'émigrer soit dans des récits différents d'un univers culturel donné, soit même au-delà des limites d'une aire culturelle, tout en persistant malgré les changements de contextes et des significations fonctionnelles secondes, que les environnements narratifs peuvent leur conférer* (p. 239).

C'est finalement « le caractère migratoire des motifs » (p. 239) dont ils signalent le rappel.

Or, il arrive parfois que la critique confonde l'unité figurative d'un motif et le genre du discours. Je donnerai un exemple dans le champ fantastique. Lors de la parution de *Conte fantastique québécois au XIXe siècle* d'Aurélien Boivin (1987), la presque totalité des critiques[21] a soutenu que les récits publiés dans cette anthologie ne sont pas fantastiques, mais surnaturels. Ils ont affirmé, plus ou moins explicitement, que ce type de conte, issu de la tradition orale, ne peut être fantastique sous

---

20. Sous une forme différente, cette section a fait l'objet d'un article publié dans *XYZ* (voir Lord, 1989).

21. Voir les articles de Jean Basile, *La Presse,* 27 février 1988, p. J-3 ; Christian Bouchard, *XYZ,* n° 16 (novembre 1988), p. 92-96 ; Maurice Pouliot, *Nuit blanche,* n° 33 (septembre-octobre 1988), p. 11-12 ; Adrien Thério, *Lettres québécoises,* n° 50 (été 1988), p. 33 ; Patricia Willemin, *Solaris,* n° 79 (mai-juin 1988), p. 20.

prétexte qu'y sont représentés des êtres surnaturels nés des superstitions qui avaient cours au XIXe siècle. L'exploitation thématique d'une forme de surnaturel se trouvait de la sorte instituée en genre littéraire – ils parlaient *du* surnaturel –, ce qui fait problème si l'on songe au caractère migratoire des motifs surnaturels d'une aire culturelle à l'autre, d'une pratique verbale à l'autre[22].

Hypergenres, genres et hypogenres

Il importe de démêler certaines notions qui, à l'instar du fantastique et du surnaturel, souvent confondues ou rapidement départagées par la critique[23], n'impliquent pas les mêmes types de pratiques verbales, puisqu'elles ne se situent pas exactement sur le même plan de l'*organisation* discursive et narrative. En premier lieu, je dirai que nouvelle, conte, fantastique, surnaturel ne sont pas de simples lexèmes qui flottent dans l'indifférencié : ces notions répondent au besoin évident en critique littéraire de distinguer des formes verbales fortement interreliées quoique relativement autonomes dans leurs sphères respectives. Ce sont des formes de représentations abstraites d'organisations narratives et discursives. Pour démêler l'écheveau, je propose trois grands niveaux « organisationnels » de la parole en régime littéraire : la catégorie verbale *hypergénérique,* le *genre* proprement dit, le *sous-genre* ou *l'hypogénérique* ; à un autre niveau, on constate la présence d'*éléments de formes et de contenus spécifiques* à la

22. À ce propos, aucun théoricien majeur n'a songé à qualifier le surnaturel de genre. L'ouvrage de Finné, *La littérature fantastique : essai sur l'organisation surnaturelle,* porte un titre qui met évidemment l'accent sur le caractère *organisé* du surnaturel et qui traduit bien ma pensée. Pour Finné, le genre n'est pas ici le surnaturel mais le fantastique, parce que le discours *organise* un contenu de nature surnaturelle.

23. Pragmatiquement ou autrement, chacun construit sa théorie, sauf que les outils qui permettraient d'établir un consensus total sur la question « des » genres fantastiques ne sont pas encore trouvés. Ce flottement théorique demeure fascinant ; sans rejeter les autres positions, toutes aussi valables sans doute que les miennes, j'entends simplement exposer mes propres positions théoriques.

composition de certaines de ces strates du discours hypergénérique, médian ou hypogénérique.

Ces catégories me sont venues à l'esprit après que j'eus réfléchi sur les modes de hiérarchisation textuelle et, bien sûr, après que j'eus lu les théoriciens du genre dans le champ littéraire (Genette, Todorov, Schaeffer, Frye, Bakhtine, etc.). À l'exception de Gérard Genette, aucun n'a conçu un modèle similaire à celui que je propose. Genette, en effet, parle d' « archigenres » dans « Introduction à l'architexte », tout en entretenant un certain esprit critique à l'égard de cette hiérarchisation :

> Archi-, *parce que chacun d'eux* [le lyrique, l'épique et le dramatique] *est censé surplomber et contenir, hiérarchiquement, un certain nombre de genres empiriques, lesquels sont de toute évidence, et quelle que soit leur amplitude, longévité ou capacité de récurrence, des faits de culture et d'histoire ; mais encore (ou déjà)* -genres, *parce que leurs critères de définition comportent toujours* [...] *un élément thématique qui échappe à une description purement formelle ou linguistique. Ce double statut ne leur est pas propre, car un « genre » comme le roman ou la comédie peut aussi se subdiviser en « espèces » plus déterminées – roman de chevalerie, roman picaresque, etc.* [...] *tous les sous-genres, genres ou super-genres sont des classes empiriques, établies par observation du donné historique, ou à la limite par extrapolation à partir de ce donné* (1986 : 142-143).

Puis il souligne : « Les catégories proprement (sub)génériques sont apparemment toujours liées à des spécifications thématiques. Mais il faudrait aller y voir de plus près » (p. 152, note 89). La question demeure ouverte et complexe, d'autant plus que Genette y fait intervenir des problèmes de modalités et de (sub)modalités, ces « attitude[s] fondamentale[s] d'énonciation » (p. 144) : « La différence de statut entre genres et modes est essentiellement là : les genres sont des catégories proprement littéraires, les modes sont des catégories qui relèvent de la linguistique, ou plus exactement de ce que l'on appelle aujourd'hui la *pragmatique* » (p. 142).

Pour moi, la question se règle ainsi : le mode (selon la division bien connue : parole montrée, parole narrée) me semble déterminant dans la mesure où une pratique verbale est régie par une attitude d'énonciation ou par un ensemble d'attitudes (le dialogue domine dans le genre dramatique, tandis que le narratif incorpore à peu près tous les types de discours (montré, narré), bien qu'y domine le mode narré). Dans la grande catégorie hypergénérique ou « super-générique » narrative (ou catégorie du récit en général), entrent les pratiques spécifiquement génériques (médianes), le conte, le roman ou la nouvelle. L'organisation verbale première à laquelle obéissent ces genres est donc de l'ordre de l'hypergénérique narratif[24]. C'est le code narratif proprement dit avec son jeu simple ou complexe d'échanges (ou non) de paroles narrées ou montrées, de descriptif, de discours de pensée (monologue intérieur), d'événements, etc.

Aux genres viennent ensuite se greffer les sous-genres ou les formes hypogénériques, c'est-à-dire les esthétiques très particulières, variées et parfois multiples à l'intérieur d'une seule pratique générique, qui particularisent le discours générique et qui sont devenues presque des genres – d'où une certaine confusion, difficilement évitable parfois[25] – de par leur importance dans l'évolution des formes du langage narratif : le tragique, le réalisme, le satirique, l'humoristique, le merveilleux, le fantastique, la science-fiction, le policier, etc. Quant à lui, l'hypergénérique structure ou, plutôt, régit le genre par le haut, de façon « unique[26] », alors que l'hypogénérique le fait par le bas, de

24. Tout comme l'hypergénérique poétique commanderait les genres que sont le sonnet, l'ode et même la forme poétique libre (non versifiée, non rimée), et que l'hypergénérique dramatique commanderait les formes théâtrales.

25. Je serais déjà porté à nuancer cette classification de la pratique générique mais, pour l'instant, elle a l'avantage d'être claire ; je crois toutefois comme Bakhtine que toute forme un peu particulière de discours est en soi un genre du discours qui a ses lois propres (le discours culinaire, légal, juridique, médical, la conversation quotidienne, etc.). Mais parler de genres du discours dans la vie quotidienne est une chose et parler de genre du discours dans le champ littéraire – à propos de textes où l'auteur incorpore les discours de la quotidienneté, de la science, de l'art, de la culture autant que les discours d'autres pratiques esthétiques du même champ et d'autres champs du savoir – en est une autre. La question est complexe.

26. Au sens où chaque fois qu'on a un récit fantastique, le narratif (par opposition au dramatique ou au poétique), mais avec l'ensemble

manière variée[27]. Et si le haut régit le genre essentiellement en définissant largement le code dominant (le narratif, le dramatique, le poétique), le bas pervertit (investit, transforme) le genre tout en le structurant par l'esthétisation particulière qu'il fait subir au discours générique. Se moquer (comique), représenter une conscience troublée par un crime commis ou un crime à commettre (polar, thriller), une conscience émerveillée (merveilleux), ou encore perturbée par l'apparition de l'étrange (fantastique), est une entreprise de particularisation générique.

Pourtant, c'est ailleurs que dans la hiérarchie générique que se règle la question du surnaturel, soit sur le plan des *éléments* entrant dans la composition du sous-genre. Il appert, de ce point de vue, qu'il est difficile de parler du surnaturel en tant que genre ou sous-genre, tout comme il est abusif, ainsi que le remarque Jean Bellemin-Noël[28], de faire de l'étrange un genre en soi. Assurément, ce serait trop compter sur la capacité organisatrice des éléments étranges ou surnaturels, qui se retrouvent tout aussi bien dans une nouvelle réaliste, un conte merveilleux, une légende, une nouvelle fantastique ou dans un roman policier. Et que dire de la Bible, de l'épopée homérique, de la chanson de geste, de la matière de Bretagne[29] ? La seule présence d'éléments surnaturels (Dieu, diables, fées, sorciers, etc.) ne saurait déterminer la forme sous-générique ; la façon dont les données s'organisent autour du surnaturel dans le discours narratif, oui. L'apparition du démon dans la Bible n'a pas une valeur identique

---

de ses possibilités qui sont grandes, est choisi. Notons que « haut » et « bas » servent uniquement de points de distinction et n'ont aucune connotation méliorative ou péjorative dans le présent contexte.

27. À l'hypogénérique fantastique, réaliste... de la catégorie narrative correspondent (sans que ce soit des équivalences) les hypogenres dramatiques que sont le tragique et le comique et, dans la grande catégorie poétique, les diverses formes lyriques intimistes, circonstancielles, etc.

28. « [É]trange et merveilleux ne sont pas sur le même plan, et, pour tout dire, il n'existe pas de "*genre étrange*", l'étrange n'est pas une catégorie littéraire, n'est même pas une catégorie esthétique » (Bellemin-Noël, 1971 : 107).

29. Voir les *Lais* de Marie de France (XIIe siècle), et *Perceval ou Le conte du Graal* (*circa* 1180) de Chrétien de Troyes.

à celle qui survient dans *Le Moine* de Lewis, la relation entre Dieu et Moïse est radicalement différente de celle qui s'instaure entre Dieu et Patam Strarrick dans « Le double d'Udie » d'André Carpentier (1978b : 115-121).

Dans un récit réaliste, le surnaturel n'a aucune fonction nodale et son inclusion dans le discours narratif n'a aucune influence sur la structure sous-générique : la nouvelle est et demeure réaliste. Potentiellement, le surnaturel s'inscrit dans une fonction majeure du récit réaliste lorsque le personnage principal se pose des questions d'ordre métaphysique sur Dieu, sur le diable, mais cela n'en fait pas un récit fantastique. Dans le récit policier, le surnaturel est expliqué par le narrateur ou par le personnage enquêteur au terme précisément d'une enquête de type policier. Si le surnaturel est inclus momentanément dans le discours de la science-fiction, c'est pour être expliqué scientifiquement ou technologiquement. Son statut est toutefois beaucoup plus problématique dans le merveilleux et dans le fantastique, puisqu'il s'inscrit au cœur de l'organisation de ces types de discours.

Dans un conte merveilleux ou dans une nouvelle fantastique où le surnaturel (ou l'étrange) a une fonction nodale, cardinale, l'objet central du discours et de la narration est précisément l'événement surnaturel ou étrange. Dans le merveilleux, le surnaturel se manifeste lors d'un événement invraisemblable dans ce qu'il est convenu d'appeler la réalité[30] quotidienne, mais cette

30. Je me place ici dans la perspective du sujet énonciataire externe (réel) et dans une perspective référentielle, et non dans la perspective du sujet de l'énonciation interne qui tient le magique pour acquis dans le merveilleux. C'est le sujet énonciataire qui trouve l'événement étrange dans le récit merveilleux, pas le sujet de l'énonciation ni la personne dont parle l'énonciateur. Comme le souligne avec justesse Käte Hamburger, un sujet est toujours en situation d'énoncer de la réalité, sa réalité : « [L]a caractéristique d'un énoncé de réalité n'a pas de fondement dans la réalité de l'objet énoncé [...] C'est bien parce que l'élément décisif n'est pas l'objet de l'énoncé mais le sujet de l'énonciation que même un “énoncé irréel” est en toutes circonstances un énoncé de réalité » ([1977] 1986 : 55-56). Tout ce qu'un sujet dit peut être considéré comme un énoncé de réalité, en regard de sa propre perception des choses ; mais si ce qu'il dit correspond au vraisemblable ou au possible, c'est une autre affaire.

survenance ne provoque aucune résistance rationnelle de la part des narrateurs ou des acteurs du récit. Rappelons que le surnaturel paraît invraisemblable uniquement aux yeux du lecteur réel et externe, pas aux yeux du lecteur implicite. Bien plus, ce qui est donné pour « réel » dans le récit merveilleux n'est le plus souvent qu'une représentation mythique d'un réel stylisé (« Il était une fois dans une forêt enchantée… »). Bien que la fonction de l'événement surnaturel soit centrale (un gros méchant loup *qui parle* tend un piège à un petit chaperon rouge), jamais le discours interne ne problématise le fait que l'improbable (cette *parole* animale) survient précisément parce que cet acte de parole est perçu comme allant de soi, comme faisant partie des possibles dans l'univers mis en place dans le récit merveilleux.

Au contraire, lorsque dans un récit – où l'apparition du surnaturel est relatée, appuyée et marquée par le discours convaincu d'au moins une voix –, s'inscrit un discours dissident ou une résistance à ce qui se révèle improbable, il y a fort à parier qu'il s'agit d'un récit fantastique. Dans ce contexte, il importe d'abord de tenir compte de l'organisation interne du discours, de formaliser son contenu et, ensuite, de mettre cette représentation en rapport avec le contexte social et les idéologies sur la croyance qui ont entouré la parution du récit. Il y a un va-et-vient capital entre le discours social représenté dans le texte et la circulation du texte dans le social. À ce titre, l'on devrait peut-être départager l'organisation du surnaturel *par* le discours religieux et son organisation/esthétisation *dans* le discours littéraire.

C'est une chose que de parler du surnaturel dans une forme non fictionnelle, c'en est une autre de parler de l'écriture proprement fictionnelle, même si, à la rigueur, les deux types de discours sont des constructions de l'esprit : le discours théologique, par exemple, ne se prend pas pour une fiction, mais pour la réalité ; il sert de fondement à – il fonde littéralement – une croyance qui s'ancre fortement dans la conscience de *personnes* en chair et en os adhérant à ce système de croyances dans le monde réel. Dans le cas de la fiction, dans la narration d'une histoire vraisemblable ou non, le surnaturel peut servir de

---

Je peux dire que je vois *réellement* un fantôme ; je peux aussi passer pour fou à cause de cet énoncé.

prétexte à la problématisation de l'attitude de croyance ou de scepticisme. Le surnaturel fixé selon le droit canon par Thomas d'Aquin dans *La somme théologique* n'a certes pas la même fonction que l'apparition du surnaturel dans « Le Horla » de Guy de Maupassant, *Le tour d'écrou* de Henry James, « L'homme de Labrador » de Philippe Aubert de Gaspé fils, *Le vendeur d'étoiles et autres contes* d'Yves Thériault, *L'aigle volera à travers le soleil* ou encore « Le vol de Ti-Oiseau » d'André Carpentier. Par ailleurs, gardons à l'esprit que les représentations du surnaturel dans le texte littéraire, correspondent parfois d'assez près aux représentations religieuses ou socioculturelles d'une époque donnée ; à l'inverse, miroir ou repoussoir, elles servent souvent de contre-modèle.

Les contes et légendes du XIXe siècle québécois sont pour la plupart des contes merveilleux où le surnaturel est admis autant par les acteurs que par les narrateurs du récit, aussi facilement qu'il était accepté par la société très croyante dans laquelle ils émergèrent. Néanmoins, je crois qu'il serait plus juste de parler non pas de contes surnaturels, mais de récits *merveilleux* ou de merveilleux chrétien, c'est-à-dire d'un genre qui intègre à son discours *fictionnel* un ensemble de croyances dogmatisées par l'Église catholique et reçues telles quelles par le personnel du récit[31]. Il est hasardeux toutefois de soutenir que tous les récits brefs de cette période contenant des éléments de surnaturel qui reprennent ce qui se contait le soir au coin du feu[32], pour se distraire, s'émerveiller ou se faire des peurs, sont des contes surnaturels, tout comme, en replaçant les concepts de genre et de contenu générique à leur place, il serait hasardeux de tout ranger dans la catégorie du merveilleux. Ces récits empruntent certes aux formes de l'oralité, en représentant un ensemble d'événements et de discours qui laisse croire que l'écrit n'est que la transcription de l'oral, c'est-à-dire n'établit aucune distance entre la croyance populaire et sa prise en charge par l'écrit. En réalité, les choses

---

31. J'emprunte cette notion à Hamon (1983).

32. Un bel exemple de cette mise en situation sociale de la croyance (au diable) se trouve dans le chapitre 9, intitulé « L'homme de Labrador », de *L'influence d'un livre* d'Aubert de Gaspé fils (1837).

sont plus nuancées : les contes des frères Grimm sont certainement assez proches de la méthode de *transcription* [33], encore que ces derniers aient certainement dû transformer le contenu de ce qu'ils avaient entendu raconter dans la campagne allemande en fonction de leurs propres inclinations idéologiques. Les contes de Perrault paraissent déjà appartenir un peu plus à l'ordre de l'écrit : ils récupèrent et *transforment* l'imagerie populaire pour la rendre conforme à l'idéologie dominante[34]. Leur formalisation n'en demeure pas moins mirabilisante, merveilleuse.

La plupart des écrivains québécois du XIXe siècle ont, quant à eux, *transformé* ce qui apparaît au premier abord comme des transcriptions de légendes merveilleuses contenant des éléments surnaturels auxquels le peuple ajoutait foi. Certes, les conteurs s'en servaient à des fins morales ; malgré cela, dans de nombreux récits, on observe la présence marquée de discours de protestation contre ce qui est perçu comme improbable, ce qu'on ne trouve jamais dans le merveilleux. Ainsi, dans « Histoire de mon oncle » (1845), d'Alphonse Poitras, le narrateur, qui raconte son histoire de fantôme et de feu qui ne brûle pas, vit dans une espèce de conscience mythique ou magique, mais le texte renvoie à une série de narrataires, marqueurs socioculturels de résistance à la survenance au surnaturel : « Mon oncle avait vingt fois raconté ce fait devant sa famille [...] mais autant de fois il l'avait raconté, *autant il avait trouvé d'incrédules* [35] » (Boivin, 1987 : 53). Dans une note infrapaginale du « Débiteur fidèle » (1845), Louis-Auguste Olivier (en tant qu'auteur ou en tant que narrateur ?) inscrit cette remarque lourde de sens pour la détermination sous-générique de son récit, ouverte directement sur un problème de pragmatique : « Le fait sur lequel repose cette histoire m'a été rapporté comme véritable ; l'est-il ? jugera qui lira » (Boivin, 1987 : 55).

---

33. Bien qu'il ne soit pas du tout évident que le travail d'écriture ne soit pas déjà autre chose que de la simple transcription de vieilles légendes. Si traduire, c'est trahir, transcrire est aussi une forme de trahison, puisque la parole n'a plus dans son aspect scripturaire la même fonction que dans l'oralité.

34. La thèse de Marc Soriano, *Les contes de Perrault* (1968), porte précisément sur cette problématique.

35. C'est moi qui souligne.

Une des grandes distinctions entre le récit fantastique contemporain québécois et celui du XIXe siècle réside dans les marques de résistance au surnaturel qui prennent de plus en plus de place dans le discours narratif en cours d'évolution. Cela témoignerait des mutations de la pensée qui s'opèrent dans le social et des mutations sociales dont le discours narratif est souvent porteur. N'oublions pas que le surnaturel fait encore partie, sous diverses formes, du récit fantastique contemporain, la plupart des œuvres du corpus fantastique québécois des années 1960-1985 problématisant cette donnée, mais on remarque une persistance étonnante du récit merveilleux. Les deux phénomènes – contigus – seront continuellement à confronter dans une étude du récit non réaliste.

Le récit fantastique et le discours narratif

Une fois les concepts d'hypergenre, de genre et d'hypogenre mis en rapport avec les motifs surnaturels, il me reste à exposer et à expliciter ma conception du sous-genre fantastique comme pratique spécifique d'écriture et ma conception du discours narratif et de ses composantes formelles et de contenu. Mon hypothèse de base veut que le récit fantastique se définisse ultimement autour d'une problématique du questionnement, instauré dans le texte narratif fictif, à propos de l'avènement de l'étrangeté, surnaturelle ou non, ou de différentes formes d'apparition de l'improbable, affirmé autant que contesté avec force par des marques textuelles dans le récit. D'où la dialectique du discours de croyance et du discours de résistance sceptique, d'où la double importance de la forme du discours et de son contenu. Je désire démontrer que la distribution des contenus narratifs et discursifs s'opère selon des règles variables tantôt proches du code traditionnel, tantôt apparemment totalement libres, mais toujours travaillées par une forme d'imposition[36] de l'étrange et de remise en question tant du

---

36. Dans le cadre de mon analyse, j'utilise le mot « imposition » en lui donnant un statut conceptuel particulier, qui s'éloigne des acceptions usuelles. Il découle toutefois d'un des sens du verbe imposer (commander, prescrire, dicter), lié à une forme de pression, de contrainte morale ou physique. Ainsi, l'« imposition »

réel que de l'irréel. Autrement dit, le récit fantastique s'instaure dans un certain rapport problématique avec la « réalité », qui est multiple et qui prend les formes les plus diverses. En ce sens, représenter l'irréel, c'est aussi illustrer une forme de réalité perçue par un acteur ou un narrateur qui rapporte sa perception ou celle d'autrui dans une cadre narratif. Rien de plus « normal » que, dans ce cadre, s'instaure de la résistance, car le récit fantastique ne cherche pas à poser l'irréel comme allant de soi, il interroge le statut du « réel » et sa contamination potentielle par d'autres formes d'impossibles.

Dans le travail que j'effectue sur des textes narratifs, je cherche à dégager un ensemble de règles de formalisations discursives et de « sens » idéologiques propres au discours narratif fantastique, du moins dans une de ses variantes nationales, la québécoise, prise ici comme un exemple de pratique occidentale. Par « idéologique[37] », j'entends discours (littéraire, politique, social, etc.) de conviction, prise de position dans la société, dans la « réalité » représentée dans le texte, et donc discours d'oppositions conflictuelles entre les parties en présence. Dans le cas du fantastique, le conflit porte sur les prises de position à l'égard de l'improbable mis en discours dans le récit ; c'est en grande partie la problématisation du probable et de l'improbable, sa mise en discours problématique, dans un jeu incessant entre forme et contenu, qui rend le récit fantastique.

Dans un contexte plus large, le fantastique apparaît avant tout comme texte, mais aussi comme système de parole, de discours, plus précisément comme récit littéraire mettant en discours un ensemble de paroles et que, ainsi, il se trouve à dévoiler un certain type de dialectique, qui, tout en étant unique en

---

de l'étrange prend la forme de la manipulation, telle que conceptualisée par la sémiotique greimassienne : il s'agit d'un effet ultime de la manipulation, l'actant manipulé subissant des pressions qui finissent par s'imposer avec force sur son être, dans sa réalité.

37. Selon Colette Moreux, « une idéologie est d'abord un discours [...] le langage idéologique explicite un savoir d'un caractère spécifique [... et] tout langage social est un langage idéologique » (1978 : 9).

son *genre,* est représentative de la chose littéraire elle-même[38]. C'est en ce sens que j'adhère à l'idée d'Étienne Balibar et Pierre Macherey selon laquelle « ce qui produit le texte littéraire, c'est fondamentalement l'efficace d'une ou plusieurs *contradictions idéologiques,* en tant précisément que ces contradictions ne peuvent être réellement résolues *dans l'idéologie* » (1974 : 38).

Or, le récit fantastique, en tant que texte littéraire, est effectivement produit par des tensions discursives porteuses de contradictions idéologiques qui, sans représenter toujours nécessairement des positions de classes, font état de tiraillements, de tensions sociales, reportées, grandement transformées, dans le discours. Dans une société telle que la société québécoise, en perpétuel changement (à la fois chaotique et régulé), il est légitime de se demander sinon pourquoi, du moins comment fonctionne une forme de textualité représentant, avec des régulations précises ou variées, des mutations constantes depuis 1960.

Afin de cerner cette problématique du fantastique comme pratique de discours conflictuels esthétisés autour de la croyance (et du scepticisme) envers l'improbable, je m'inspire, entre autres, d'une idée de Robert Mahieu, fil conducteur de toute mon approche. Mahieu soutient que « ce qui est à lire n'est [...] jamais donné, étalé dans la transparence, mais se joue dans les tensions internes à l'écrit, qui devra donc, obligatoirement, être interrogé dans les contradictions qui le font littéraire » (1987 : 297). Cela signifie que l'intrication des paroles émises dans un texte littéraire et leur démêlement peuvent amener à saisir les différents aspects du texte, que ce soit dans ses marques formelles, descriptives, axiologiques ou idéologiques, marques qui toutes tendent à former un ensemble discursif et une forme qui s'inscrivent dans un genre donné. Car, selon Françoise Gaillard, « l'inscription du texte social dans le texte romanesque [...] ne se

---

38. Todorov insiste avec raison sur cette donnée : « Ainsi s'explique l'impression ambiguë que laisse la littérature fantastique : d'un côté elle représente la quintessence de la littérature, dans la mesure où la mise en question de la limite entre réel et irréel, propre à toute littérature, en est le centre explicite. D'un autre côté cependant, elle n'est qu'une propédeutique à la littérature : en combattant la métaphysique du langage quotidien, elle lui donne vie ; elle doit partir du langage, même si c'est pour le refuser » (1970 : 176).

lit [...] pas dans les énoncés explicitement idéologiques [...] mais dans leur inclusion dans le récit *selon un mode d'insertion* qui en *opère la transformation* [39] » (citée dans Mahieu, 1987 : 300). En prolongeant cette pensée, il appert que le mode d'insertion et le modèle générique forment un tout parce que, dans un type de texte donné, narrateurs et personnages ne disent pas n'importe quoi, et leurs paroles ne sont pas insérées n'importe comment dans le texte. Et surtout, ces paroles obéissent à certains types d'échanges qui en rendent la texture *générique,* la produisent même.

Pour rendre compte du texte ou de la pratique de la parole dans le récit fantastique, j'examinerai les multiples formes d'implication, d'intrication et d'imbrication des discours dans le discours fantastique, afin de voir *comment* le texte fantastique – formant une sorte de nébuleuse de paroles autour du problème central du texte qui est l'apparition d'un événement étrange – *se construit* autour ou à partir de ce cœur narratif, de ce nœud.

PLAN DE L'ESSAI

Différents types d'approche existent pour expliquer le fonctionnement et le sens du récit fantastique (celles de Vax, Todorov et Bessière parmi d'autres). Pour ma part, mon ambition est de chercher à montrer les caractéristiques de l'hypogenre fantastique en analysant de très près et en les comparant des textes de Claude Mathieu, André Carpentier, Michel Bélil, Daniel Sernine et Claudette Charbonneau-Tissot que j'ai sélectionnés en tenant compte d'un ensemble de données textuelles et formelles qui traversent et structurent les récits et qui permettent justement de les classer dans la catégorie du fantastique.

Essentiellement, ma démarche découle de certaines notions propres aux transformations actionnelles et aux dispositifs du descriptif telles que mises au point par les sémioticiens du récit et qui ont été en grande partie synthétisées dans les travaux récents de Jean-Michel Adam. Dans la première partie, j'analyserai les formes et le contenu des macropropositions narratives afin de déterminer où se situe l'inscription de l'étrange et quel en est le

39. C'est moi qui souligne.

fonctionnement précis dans la formalisation du texte fantastique. En effet, il n'est pas de récit sans qu'un ou plusieurs personnages ne soient soumis à une série transformationnelle constituée de faits actionnels ou événementiels. Je montrerai comment dans le récit fantastique ces procédés sont exploités selon une logique formelle et très contraignante, qui n'enlève pourtant rien à l'art du nouvellier fantastiqueur.

Dans la deuxième partie, je montrerai comment les procédés descriptifs participent à la formalisation du texte fantastique et ce, en relation étroite avec les procédés de la focalisation. C'est que la narration est le plus souvent accompagnée de passages proprement descriptifs – apparemment de surface, au niveau de l'expression – où le narrateur cède la place au descripteur-focalisateur ; c'est d'ailleurs souvent le même qui « parle » et qui voit, et qui, changeant de mode de diction, devient descripteur.

Finalement, dans la troisième partie, j'aborderai le phénomène argumentatif du questionnement ou du dialogisme à l'œuvre dans le récit fantastique et qui est peut-être l'un des éléments les plus importants à entrer dans la composition du récit fantastique. Son couronnement, dirait Bakhtine. Dans les interstices du narratif et du descriptif, des paroles spécifiques sont prononcées ou pensées par les acteurs du *drame* fantastique. Il en résulte un questionnement de formes diverses (philosophique, religieux, sociologique, scientifique, individuel, doxologique, axiologique, etc.) où presque toujours sont mises au jour, problématisées, les croyances complexes et les positions idéologiques des personnages en regard de celles qui ont cours soit dans l'univers dépeint, soit dans l'univers de l'auteur (la doxa, l'opinion commune, les *topoï* sociaux, etc.). Nous avons alors affaire à ce que, à la suite de Bakhtine, j'appellerai le dialogisme qui, pour moi, représente une des formes de l'argumentation.

Avant toute chose, je scruterai les récits en m'attachant surtout à des questions de formes et de fonctions, d'enchaînements séquentiels et de logique narrative, mais aussi à des faits de discours de « surface », aux choix lexématiques et prédicatifs effectués en mode descriptif. Il s'agit de dégager, dans l'univers de la fiction narrative non réaliste, les formes d'échanges verbaux, tant dans les discours d'événements, de parole, que dans les discours de pensée, et de montrer que ce sont ces échanges qui déterminent en grande partie le genre auquel appartient tel ou tel texte.

Je chercherai à décrire non pas tant, dans ce sens, des figures de récurrences thématiques ou des motifs qui ont valeur de persistance – bien que cette persistance de la figure demeure capitale à mon propos –, mais plutôt, à l'inverse de la position de Vax et dans le sens où l'entend Michel Foucault, un ensemble verbal qui forme de par sa régularité un « système de dispersion » autour d'un même axe discursif :

> *Dans le cas où on pourrait décrire, entre un certain nombre d'énoncés, un pareil système de dispersion, dans le cas où entre les objets, les types d'énonciation, les concepts, les choix thématiques, on pourrait définir une régularité (un ordre, des corrélations, des positions et des fonctionnements, des transformations), on dira, par convention, qu'on a affaire à une* formation discursive, *– évitant ainsi des mots trop lourds de conditions et de conséquences, inadéquats d'ailleurs pour désigner une pareille dispersion, comme « science » ou « idéologie », ou « théorie », ou « domaine d'objectivité »* (Foucault, 1969 : 53).

Cette idée de formation discursive qui s'applique ordinairement à un champ large de pratique verbale (la médecine, la science, la littérature, etc.), rien n'empêche d'y voir un fractionnement des pratiques faisant figure de micro-formations discursives, et représentant les genres et les hypogenres. Dans les chapitres qui vont suivre, mon but sera de montrer les persistances et les fluctuations fonctionnelles et discursives à travers une série limitée de textes de fantastiqueurs québécois importants dans un champ spécialisé de la formation discursive littéraire[40].

---

40. Comme au-dessus des hypergenres, il y a la littérature, véritable formation discursive constituée d'un nombre limité, mais grand, de formalisations discursives, dont l'hypogenre fantastique, lui-même fractionné en d'autres espèces...

PREMIÈRE PARTIE
LE SYSTÈME NARRATIF

LES DISPOSITIFS DE LA MISE EN RÉCIT DE L'ÉTRANGE : UNE ANALYSE DES FONCTIONS TRANSFORMATIONNELLES

CHAPITRE I

PROBLÉMATIQUE GÉNÉRALE

Le fantastique est un hypogenre qui se réalise d'abord et avant tout dans des genres comme le roman, le conte et la nouvelle, par le recours aux procédés propres à l'hypergenre narratif. Dans ce contexte, il est normal d'examiner l'hypothèse suivante : l'ancrage premier du discours fantastique se trouve dans la *narrativité,* c'est-à-dire dans le *processus* complexe de transformation d'au moins un acteur à travers le déroulement d'une *série d'actions ou d'événements,* provoqués ou subis, axés autour de la représentation d'un phénomène et racontés par un ou plusieurs narrateurs. Or, depuis les travaux de Propp, de Greimas et de Bremond, nous savons que la narrativité opère selon des règles, selon une logique qui procède d'un certain formalisme actionnel, le récit d'événements ayant besoin d'être soutenu par des procédés de narration, dans le fantastique autant – sinon plus – que dans toute autre forme de récit. Dans le récit fantastique, il s'agit de faire croire (ou plutôt de faire *valoir*) que ce qui semble improbable, étrange ou surnaturel est vraisemblable, probable et tout à fait organisé. À l'organisation de la matière, c'est-à-dire la rencontre conflictuelle de deux formes de contenu, l'une réelle, l'autre irréelle, répond l'organisation de la forme. Le récit fantastique est presque toujours fortement normalisé, normé, réglé, consciemment ou inconsciemment, selon des règles discursives et narratives très contraignantes qui, pourtant, laissent toute la place à l'invention[1]. Dans ce sens, la relation très étroite entre récit et histoire, forme et contenu, formalisation et thématisation, pour banale qu'elle puisse paraître, est essentielle à l'analyse du récit fantastique. En effet, il a besoin d'un certain type de formalisation fonctionnelle – pour lui donner précisément forme – et d'un certain type de contenu. Bref, en tant que genre du discours, il nécessite un type très particulier d'*organisation* des éléments de ce contenu de discours narratif.

Par ailleurs, le type de contenu spécifique au fantastique (la représentation et la manifestation de l'étrange), s'il peut se retrouver dans toutes les composantes du récit fantastique, ne s'y retrouve pas toujours au même degré, les contenus le plus souvent différentiels y étant problématisés de manière non uniforme, par vagues pour ainsi dire. Ces composantes, que sont le narratif actionnel ou transformationnel, le descriptif et le dialogisme ou l'argumentatif, n'en forment pas moins un tout qui acquiert sa signification en entrant en relation étroite et nécessaire avec chacune des parties. Mais les composantes narratives actionnelles/transformationnelles, entendre l'enchaînement séquentiel de fonctions déterminant les règles de transformation des contenus, apparaissent comme un processus complexe lié au tout que représente le récit, y compris à ses composantes non strictement actionnelles. C'est la raison pour laquelle d'ailleurs l'analyse globale du récit devrait idéalement intégrer en les formalisant les rapports entre les modalités actionnelles, descriptives et argumentatives. Cependant, par souci de clarté, je m'en tiendrai dans ce chapitre à l'aspect actionnel/transformationnel en soulignant, lorsque cela semblera indispensable dans la formalisation fantastique, les liens qui unissent le descriptif et l'argumentatif.

Je recourrai à certaines opérations de l'analyse narratologique[2] dont on se sert pour décrire les articulations du texte

---

1. À l'instar de la fugue en musique, aux règles strictes et aux possibilités d'invention quasi infinies.

2. Dans le sens qui lui a été donné par l'analyse des transformations actionnelles du récit et plus près des travaux de Propp et de sa postérité, synthétisés par Adam (1985), que de ceux de Genette. Ce qui n'empêche pas de se servir des procédés du discours narratif (mode,

narratif afin de débusquer ce qui inscrit l'étrangeté tant dans la structuration que dans le contenu et qui, par conséquent, *travaille* le texte et lui permet d'être classé dans l'hypogenre fantastique. J'analyserai d'abord, dans cinq nouvelles fantastiques, les modes de construction du récit, en m'inspirant des travaux de Jean-Michel Adam (*Le texte narratif,* 1985, et *Le récit,* 1984) qui synthétise admirablement un ensemble d'approches théoriques, dont celles de Propp, de Bakhtine et de Greimas. Pour les besoins du présent chapitre portant sur l'analyse des fonctions transformationnelles du récit, je crois que le modèle narratif quinaire, repris par Adam, convient tout à fait à mon double objectif d'expliciter le fonctionnement d'un type de récit et de faire ressortir les principaux points d'ancrage de l'étrangeté. Partant d'un modèle simple et opératoire, je cherche à déceler à la fois la simplicité et la complexité du récit fantastique.

À mon avis, Adam a une démarche intéressante, parce qu'il tient compte autant du narratif que du descriptif et du dialogisme, composantes que, pour les besoins de l'analyse, il faut séparer dans la mesure du possible. Dans leur ouvrage sur le descriptif, Adam et Petitjean précisent que « [ç]haque discours règle la mise en ordre de détails jugés pertinents par le descripteur pour le descriptaire (pertinents à l'intérieur de chaque “genre” et de chaque situation d'interaction) » (1989 : 112). Cela vaut évidemment, *mutatis mutandis,* pour toutes les parties constituantes du récit. Dans *Le texte narratif,* Adam soutient pour sa part que :

> [L]*e récit est un type de* hiérarchisation textuelle. *Comportant des (paquets de) propositions ou des séquences de propositions interprétées comme des suites d'événements, comme des actions et des états dans un monde possible, le récit est soumis à des contraintes tant logiques (ordre causal-temporel) que pragmatiques (éveiller ou maintenir l'intérêt d'un auditeur/lecteur)* [3] (1985 : 51-52).

On déduit de ces remarques – inspirées largement de Bakhtine – que les problèmes de la hiérarchisation touchent

---

perspective, etc.) mis en lumière par Genette, notamment dans *Figures III,* et par ses « héritiers ». À ce sujet, voir Hébert (1983).

3. C'est moi qui souligne.

chacune des parties constituantes de ces aspects. Pour m'en tenir à la logique narrative, je souligne qu'Adam, encore dans *Le texte narratif,* en s'inspirant des recherches de Paul Larivaille (1974) et, en général, des travaux de la sémiotique narrative depuis Propp jusqu'à Greimas, isole cinq macropropositions (Pn) minimales et nécessaires pour qu'il y ait récit, c'est-à-dire transformation et signification ou ce qu'il appelle une « dimension configurationnelle » :

> – *Pn1 : Une* orientation *est définie, caractérisant les acteurs, les propriétés du lieu et du temps ainsi que les circonstances.* [...]
>
> – *Pn2 : Une* complication *vient modifier l'état précédent et déclencher le récit.*
>
> – *Pn3 : Une* évaluation *de la situation nouvelle indique les réactions (*mentales – *« évaluation » proprement dite – ou* actionnelles*) de l'agent de l'épisode* [...].
>
> – *Pn4 : Une* résolution *ou nouvel élément modificateur permet de retrouver un état comparable (tout en étant différent) au premier.*
>
> – *Pn5 : Une* morale, *enfin, tire les conséquences de l'histoire pour la situation présente. Cette « morale » a souvent pour fonction d'expliciter la finalité du récit, de faciliter le passage de l'enchaînement événementiel à la dimension configurationnelle, en permettant de saisir une histoire comme un tout qui fait sens. Elle garantit la* lisibilité *et l'*efficacité *pragmatique du récit, en se présentant comme un saut du* faire *des acteurs (passés ou fictifs) à la dimension du* savoir *des sujets engagés dans l'échange* (p. 52).

Poussant plus avant son analyse, Adam précise que

> [l]*a cinquième macroproposition, chronologiquement* la dernière, *est en fait* la première *du point de vue de la rhétorique pratique du discours narratif, puisqu'elle détermine le choix d'une* histoire *toujours réglée en fonction de sa fin.* [...] *au plan de sa rhétorique pratique, le récit est constitué d'une macroproposition* Morale *ou simple* État final *(= Pn5), déterminant l'*Histoire *proprement dite. Cette* Histoire *est elle-même décomposable en une macroproposition* Orientation *(= Pn1-État initial) suivie du* Déroulement *du récit* (p. 149).

Ainsi, la signification et la structuration d'un récit ne prend forme qu'une fois la dernière pierre posée. La finale entre pour ainsi dire autant dans le projet génétique de l'œuvre que dans sa réalisation générique. La détermination du genre ou du sous-genre passe souvent par la finale dans le cas du fantastique surtout mais aussi du tragique – la mort du héros, de l'héroïne – et du comique – le *happy ending*. Rappelons, par exemple, le cas de ces textes où le déroulement paraît fantastique, mais où le narrateur avoue dans la finale qu'il ne s'agissait que d'un rêve. La fantasticité se trouve détruite et le texte déclassé de son statut fantastique.

LES INTRICATIONS DES COMPOSANTES FORMELLES : UNE HIÉRARCHIE DE FONCTIONS

De cette schématisation, j'établis à mon tour trois traits caractéristiques : d'abord, règle générale, la macroproposition « orientation » contient une forte teneur en « description », type de discours qui vise à placer les détails d'ordre indiciel ; toutefois, il est possible qu'elle contienne aussi des éléments de questionnement, d'ordre argumentatif, puisqu'elle pose la problématique du récit. Autrement dit, l'orientation narrative peut comporter d'entrée de jeu, implicitement ou explicitement, une forme d'*évaluation* dans son aspect de réaction mentale à l'action posée ou à l'événement qui survient. La logique de (ou dans) l'*histoire* ne signifie pas que la logique du *récit* s'applique mécaniquement. Tout est affaire d'art, de façon personnelle de jouer et de déjouer les règles du sous-genre, de logique adaptée aux finalités du récit.

Afin d'orienter le récit, ou de le réorienter, le narrateur, de manière souvent ponctuelle quoique réglée dans le récit selon une stratégie particulière, devient le descripteur qui met ou remet en place d'autres détails indiciels (pièces du décor spatio-temporel, du chronotope, de même que certaines caractéristiques d'ordre éthologique) participant au puzzle de l'énigme du récit : c'est là le règne du descriptif, si important dans le récit fantastique, car il y occupe une position fonctionnelle dans l'organisation narrative[4].

---

4. Le terme « fonctionnelle » s'applique pour moi à chacune des composantes du narratif, l'actionnel, le descriptif et l'argumentatif

D'autre part, je remarque que la macroproposition « évaluation » prend une tournure argumentative, sous forme de discours de pensée par lequel le personnage entre en conflit avec la norme, la doxa, l'Autre, camouflé dans son discours à soi, par le truchement duquel le personnage dialogue avec son propre moi, avec sa conscience. L'évaluation adopte aussi le modèle de l'échange verbal, rapporté textuellement, du dialogue en prise directe avec des interlocuteurs mis en situation actionnelle. De même que pour le descriptif, le dialogisme (que j'appelle aussi le questionnement ou l'argumentatif) fera l'objet d'un chapitre à part mais, puisqu'il est si intimement mêlé à la structure du discours narratif fantastique, je ne peux totalement le séparer de l'ensemble de mon propre discours analytique sur le récit fantastique[5].

Enfin, dernière remarque préliminaire, les macropropositions « complication », « résolution » et « morale » ou « état final » entrent davantage – comme Adam le fait remarquer – dans la portion congrue du récit qui relève du narratif actionnel et transformationnel au sens le plus strict : un texte narratif a besoin, dans le cours de son déroulement, que soient racontés des événements vécus, affrontés, subis, etc., par un ou des personnages qui, en raison de l'existence de « complications », passent d'un état *x* à un état ou une série d'états *y*, état(s) transitoire(s) parfois jusqu'à l'état final *(z)* Le récit acquiert ainsi un *sens* grâce à cet état terminal qui est déterminant pour la classification générique du texte narratif, un état final ayant le pouvoir d'invalider la fantasticité d'une texte dans lequel les premières macropropositions avaient inscrit de l'étrangeté. Gardons à l'esprit l'idée d'Adam voulant que « [l]a cinquième macroproposition, chronologiquement *la dernière,* est en fait *la première* du point de vue de la rhétorique pratique du discours narratif, puisqu'elle détermine le choix d'une *histoire* toujours réglée en fonction de sa fin » (1985 : 149). Il y a toujours une double

---

ayant chacun leurs caractéristiques propres et leur mécanique de fonctionnement dans tout récit, et spécialement dans le récit fantastique.

5. Ce chapitre a, entre autres buts, de montrer l'intrication des trois grandes composantes narratives à travers l'analyse des macropropositions transformationnelles ; pour ne pas alourdir indûment mon discours, je me contenterai de souligner les principales articulations logiques ou relationnelles des macropropositions.

logique, une logistique en perpétuel état polémique des différentes fonctions entrant dans la structuration du récit.

Ces différentes fonctions inscrites dans des macropropositions prennent la forme de cas de figures qui apparaissent et réapparaissent – à l'image du flux et du reflux – dans le cours de récits complexes comme le sont certains récits fantastiques traditionnels ou modernes. Les analyses qui vont suivre doivent permettre de faire voir et l'intrication très complexe et la logique de l'enchaînement de ces éléments entrant dans la formation de tout récit et, de manière particulière, du récit fantastique.

Selon Bakhtine, dans *Esthétique de la création verbale,* c'est dans ce sens que le « compositionnel » détermine l'« architectonique », dans son double caractère d'individualité auctoriale et d'hypogénéricité régulatrice de la forme générale, et démontre comment les procédés d'écriture et de composition propres à l'hypergenre narratif participent de la spécification architectonique d'une écriture et d'un sous-genre (ou hypogenre) tel le récit *fantastique* :

> Le roman *est une forme proprement compositionnelle de l'organisation des masses verbales. C'est par elle que se réalise dans un objet esthétique, la forme architectonique du « couronnement » littéraire d'un événement historique ou social* [...]. Le drame *est une forme compositionnelle (dialogue, articulation en actes, etc.) mais* le tragique et le comique *sont les formes architectoniques de sa réalisation.* [...] *toute forme architectonique est réalisée au moyen de procédés compositionnels définis ; d'autre part, aux principales formes compositionnelles (celles de genre, par exemple), correspondent, dans l'objet esthétique réalisé, des formes architectoniques essentielles.* [...] Le poème, le récit, la nouvelle sont des formes compositionnelles pures. [...] *Les formes architectoniques sont les formes que prennent les valeurs morales et physiques de l'homme esthétique* [...] ([1979] 1984 : 35).

« L'homme » mis en situation fantastique est un être esthétique, de par les valeurs qu'il déploie à l'intérieur d'une forme spécifique, une forme qui devient fantastique, selon le processus de la structuration dynamique, en raison justement des valeurs déployées et mises en relations conflictuelles dans le récit.

Si l'on poursuit la réflexion de Bakhtine, on s'aperçoit que le fantastique est une des formes architectoniques des genres romanesque et nouvellistique, ou, plus largement, du mode narratif (ce que j'appelle hypergenre et qui correspondrait à l'« architexte » de Genette si le fantastique pouvait se trouver dans un modèle premier, comme le roman est décelable dans une certaine lecture de *L'odyssée*). Mais je ne cherche pas à fonder le fantastique par l'établissement d'un seul modèle, qui serait premier et duquel tout découlerait, mais à constituer un modèle analytique et théorique à partir d'une série d'observations faites sur une série limitée de textes. C'est d'abord par l'étude du compositionnel, de l'agencement des parties et aussi de leur contenu que l'on explicite les particularités de l'architectonique d'une pratique verbale telle que le fantastique.

LE DÉCOUPAGE SÉQUENTIEL

Pour jeter un peu de lumière sur ces questions, j'étudierai les séquences et les macropropositions narratives dans leurs interrelations afin de mettre à nu l'enchevêtrement des composantes du récit fantastique. Je précise d'emblée la signification que je donne au découpage du texte en « séquences » nécessaire à l'analyse ; les séquences apparaissent comme des segments textuels narratifs relativement complets, bien qu'elles soient dépendantes du tout que constitue le récit :

> *À la suite de Barthes* [« Introduction à l'analyse structurale des récits »] *nous proposons d'appeler « séquence » un tel fragment dont la cohérence est manifeste au plan discursif* [...] *: « La séquence est une suite logique de noyaux unis entre eux par une relation de solidarité : la séquence s'ouvre quand l'un de ses termes n'a point d'antécédent solidaire et elle se ferme lorsqu'un de ses termes n'a point de conséquence* [...] *»* (Halté et Petitjean, 1977 : 119-120).

Le récit est segmentable en parties textuelles qui forment de courts ou de grands épisodes ; ces séquences, pour leur part, sont déterminables par un acte de lecture qui relève du repérage macropropositionnel : pour en comprendre le fonctionnement, il s'agit de donner un sens abstrait à la séquence, d'en déceler le support logique de sa concaténation. Ainsi, la séquence peut contenir un nombre (in)déterminé de macropropositions narratives, en métisser quelques-unes (mêler, par exemple, d'entrée de jeu, de façon claire ou évasive, l'*orientation,* la *complication* et l'*évaluation*), ou simplement donner une idée de celles-ci, les récits n'étant pas conçus pour correspondre aux schémas fonctionnels mis au point pour décrire des textes habituellement simples, alors que ces schématisations doivent servir à déceler la complexité des constructions narratives, leurs jeux et leurs enjeux.

Les termes séquences et macropropositions, on l'aura compris, ne sont pas synonymes, chacun ayant un rôle spécifique dans la construction du sens, la structuration du texte narratif. Le texte peut se diviser en séquences plus ou moins longues, une macroséquence étant une séquence très développée et constituée d'une suite de microséquences qui toutes se composent de (et se décomposent en) macropropositions. Théoriquement, un récit renferme une infinité de séquences – pensons à *Don Quichotte,* très long roman de parodie chevaleresque –, mais les macropropositions, selon le modèle que j'adopte, sont limitées à cinq et elles se répètent continuellement selon une logique formelle.

Raconter est un acte de communication ; si l'on raconte une série de faits étranges, l'acte est paradoxalement contraint à une logique qui organise la matière de telle sorte que le destinataire ou le lecteur implicite est porté à croire que, dans le fond, ce qui est raconté a l'air d'être arrivé. D'où la forte contrainte de la logique narrative.

FORMES DU CONTENU ET CONTENU DES FORMES

Le fantastique, je le définis, partiellement pour le moment, comme une forme dans laquelle est représentée et même mise en avant une étrangeté irréductible à l'entendement humain, lequel est régi par le principe de réalité ou d'intelligibilité ; l'étrangeté semble, quant à elle, être régie par un code différent ou diamétralement opposé à celui qui est à l'œuvre dans le principe d'intelligibilité : c'est là ce qui peut être appelé le *contenu* de la forme fantastique, l'événementiel étrange et improbable devenant la figure conflictuelle de contenus hétérogènes autour de laquelle s'articule l'ensemble des parties du discours narratif. Par ailleurs, cette particularité de la représentation s'effectue, dans le cas qui m'occupe, selon des procédés propres au narratif, c'est-à-dire par une série d'opérations – de transformations – visant à faire passer un personnage d'un état initial donné, stable ou instable, à un état autre, instable, stable ou possédant une stabilité problématique. Dans la majorité des cas, il s'agit d'un état *terminal* : la mort par exemple, ou un état incompréhensible, inintelligible à l'entendement humain, mais vérifié par l'expérience (intrafictionnelle) et irréversible. Le plus souvent la stabilité prévaut au départ et l'instabilité, à la fin, mais l'inverse peut aussi être vrai. Voilà, *grosso modo,* la *forme* du contenu.

Pour vérifier ces hypothèses, il m'est apparu important de comparer minutieusement les éléments constitutifs du récit fantastique dans les cinq textes sélectionnés dans une même série thématique, en fonction d'un cas de figure très récurrent dans l'hypogenre fantastique, soit celui de l'apparition étrange du Même, du double. En guise d'amorce, j'ai choisi d'exposer la complexité de l'enchevêtrement dans « La Bouquinerie d'Outre-Temps[6] » d'André Carpentier (1978c), nouvelle à laquelle les autres seront comparées par la suite.

---

6. Carpentier est une figure centrale, marquante et motrice du champ fantastique québécois, et son recueil est venu directement s'inscrire dans la tradition du genre par son contenu certes mais, de manière plus visible, par l'empreinte éditoriale sur la page couverture et sur la page de titre.

CHAPITRE II

LES CONCATÉNATIONS NARRATIVES CHEZ ANDRÉ CARPENTIER

« La Bouquinerie d'Outre-Temps » (Carpentier, 1978c) relate une histoire dans laquelle s'inscrit une variante du mythe de l'éternel retour, plus précisément de la « transincarnation », forme de réincarnation ou de réapparition du même personnage, légèrement changé, à la suite d'un processus de va-et-vient mystérieux par-delà un espace-temps séculaire. Ce récit illustre un phénomène d'apparition d'un espace-temps dans un autre (une superposition très étrange de deux spatio-temporalités incompatibles dans l'ordre de la réalité quotidienne) et un phénomène de transfert de personnage dans un autre espace-temps. Cette apparition et ce transfert occasionnent forcément des transformations de contenu – le personnage change, devient autre, tout en demeurant toujours un peu le même – et de forme – le récit résout le problème par un processus discursif actionnel et transformationnel complexe.

Au point de vue modal, le récit de Carpentier est narré à la troisième personne, presque uniquement en focalisation interne : tout – ou à peu près – passe par la conscience et les sens du protagoniste, le focalisateur, et, par conséquent, l'information donnée, à part quelques petites exceptions, est celle que Luc Guindon acquiert au fur et à mesure que le récit progresse.

Le récit se divise, par ailleurs, en cinq séquences dont une courte première, surtout descriptive, trois longues dans lesquelles trois ou quatre premières macropropositions narratives se mélangent, et une courte dernière contenant, entre autres, la *morale* ou l'*état final* actualisant l'impensable de manière patente et donnant effectivement leur sens, même aberrant, à tous les éléments, majeurs ou mineurs, du récit.

Les séquences de « La Bouquinerie d'Outre-Temps » ont pour caractéristique première de se dérouler et de s'enchaîner dans l'ordre ou plutôt dans un désordre ou un double ordonnancement chronologique. Voici le schéma de la succession des séquences (Sq) :

Sq1 – description des acteurs, l'un vivant en 1978, l'autre, décédé, ayant vécu au XIXe siècle ; réception d'une lettre étrange ;

Sq2 – récit de la première apparition d'événements étranges : passage dans l'irréel, soit du XXe au XIXe siècle ;

Sq3 – récit transitoire : retour à la « réalité », soit du XIXe au XXe siècle ;

Sq4 – répétition des événements étranges : passage définitif dans l'irréel devenu le réel, du XXe au XIXe siècle ;

Sq5 – conséquence finale des Sq 1 à 4, où l'un découvre qu'il est l'autre.

Attardons-nous un peu à ce schéma. Dans la séquence d'ouverture (Sq1), contenant une seule macroproposition *(orientation),* de nature descriptive, le narrateur extradiégétique décrit les activités scripturaires et professionnelles des acteurs : Luc, le protagoniste, a 35 ans en 1978, temps « réel » du récit, ou temps du récit premier ; Lucien Guindon, le grand-père de Luc, est né en 1845 et est décédé en 1923. Le descripteur donne une série d'informations, de « détails » d'ordre indiciel sur la carrière des membres de la famille Guindon, et insiste sur le fait, du reste essentiel pour la compréhension de la succession des transformations narratives et surtout de l'*état final* (d'où l'importance des rapports entre les macropropositions initiale et finale), donc il insiste sur le fait que Luc est « historiographe », c'est-à-dire tourné vers le passé, et passionné par la petite histoire de

Montréal au XIXe siècle, et qu'il vient de publier un ouvrage sur son propre grand-père paternel, Lucien Guindon, qui, lui, avait été « écrivain d'anticipation » de 1878 à 1899.

Nous avons là une sorte de fragment descriptif spéculaire qui distingue les acteurs tout en désignant certains points de jonction. Que l'un soit tourné vers le passé et l'autre vers l'avenir est capital dans ce récit, et il est important de le noter dès à présent, même si nous touchons là à des « détails » de type éthologique, en apparence purement anecdotiques, qui concernent le descriptif. L'orientation y est largement et presque uniquement descriptive et, préparant le narratif actionnel proprement dit, elle n'est pas loin du procédé du récit réaliste de la grande tradition balzacienne qui met en place par le menu les morceaux aidant à recomposer le casse-tête construit dans et par le texte.

Dans les trois séquences suivantes, qui sont toutes longues et complexes, se retrouvent, selon le cas, les trois ou quatre premières macropropositions narratives : dans la première de ces trois séquences centrales, où le récit démarre (se complique) vraiment, Luc rencontre le facteur de son quartier et reçoit[1] « une seule lettre, et cela l'étonn[e] » (p. 127). Ici, le don est une *complication* qui génère immédiatement une réaction évaluative. La lettre, genre épistolaire dans le genre nouvellistique, est reproduite *in extenso* pour les besoins de l'intrigue, et son contenu (l'information épistolaire) oriente spécifiquement la complication, car la lettre, établissant des ponts avec l'orientation première, stipule, premièrement, que le destinateur connaissait Lucien Guindon, le grand-père de Luc ; deuxièmement, qu'il le rencontrait à la Bouquinerie d'Outre-Temps (première mention de ce lieu étrange, au nom évocateur) tenue par Antoine Dumas, le père du destinateur de la lettre ; et, troisièmement, que Lucien Guindon gardait pour lui un « lourd secret » (p. 128), qui est ici une forme de l'énigme, ayant plusieurs fonctions connexes, dont celles de déclencher le suspense et de piquer la curiosité de l'acteur. Le destinateur invite donc logiquement le destinataire, Luc, à venir parler de ce secret « vers cinq heures », au « XXXX rue Saint-Denis » (p. 129).

---

1. Forme du don dans les catégories de Propp (1965).

Après la lecture de cette lettre, véritable déclencheur narratif qui, faut-il le préciser, n'a rien de spécifiquement fantastique, Luc se promène dans la rue Saint-Denis, mouvement à rapprocher de la figure de l'errance dans un labyrinthe. Luc effectue d'ailleurs des recherches sur la Bouquinerie d'Outre-Temps (sa quête à lui) à la Bibliothèque nationale, autre forme de labyrinthe et haut lieu du livre, où il découvre que la bouquinerie n'a existé que de 1878 à 1899. Cette opération constitue l'*évaluation* serrée de la complication que représentait la réception de la lettre et l'énigme qui y était contenue.

Or, Luc s'attarde dans un bar, rate son rendez-vous et, partant, le récit aboutit à une *résolution négative* ou suspendue qui débouche sur un nouvel état temporaire, l'échec de la première complication au sens où Luc n'a pas encore résolu le problème posé par la lettre reçue. Le schéma fonctionnel de cette séquence marquée par les quatre macropropositions narratives est le suivant :

Orientation : description des personnages

↓

Complication : don, réception d'une lettre, déclencheur narratif contenant une énigme et une double invitation (découvrir un secret)

↓

Réaction/Évaluation : départ, errance dans les labyrinthes que pourraient être les rues de Montréal et la Bibliothèque nationale, quête, reliée à l'énigme de la lettre

↓

Résolution... négative : découverte partielle, énigmatique toutefois, et échec de la rencontre, reliée à l'invitation, le tout laissant l'acteur dans le mystère le plus total.

Nouvelle orientation dans la deuxième séquence centrale, il ne reste plus à Luc « qu'à se remettre à boire » (p. 131) avec, comme conséquence, que le texte prend la forme d'un discours de dérapage de la réalité qui n'est ni narratif, ni descriptif, ni dialogique, mais un peu des trois, qui *mime* les conséquences de l'ivresse de Luc et, probablement, de sa perception troublée, de sa confusion : son esprit est confus, sa vue est brouillée, et le récit joue sur l'effet de confusion de la perception provoqué par l'alcool et l'effet de fusion avec un autre espace, comme si la fusion des procédés concourait à renforcer l'effet de confusion dans la narration.

Appuyé sur ces assises textuelles troubles pour ainsi dire, Luc quitte le bar et marche dans la rue Saint-Denis – cette micro-séquence prépare la prochaine *complication* (« Il souriait à *l'inconnu* [2] », p. 132). Puis il fait une chute, heurte un obstacle et assiste, dans une mise en scène théâtrale, à la première apparition de la Bouquinerie d'Outre-Temps, ce qui provoque une nouvelle *complication* résultant du déplacement dans un lieu où Luc se sent perdu : « Il lui parut, tellement il se sentait perdu, être à la fois dans l'espace et dans le temps et qu'un rayon de lune, comme un réflecteur de théâtre, n'éclairant que lui seul, venait comme l'isoler sur une immense scène » (p. 132). Il examine alors la situation, ce qui génère une *nouvelle évaluation* de sa situation étrange : « Cela sembla le dégriser d'un seul coup ! [...] Il *pensa* d'abord que c'était bien là *la seule bouquinerie qui lui fût inconnue* de toute l'île de Montréal[3] » (p. 133).

Luc décide d'entrer dans la bouquinerie, ce qui permet la continuation de l'*évaluation* : comme il avait exploré la Bibliothèque nationale, Luc explore la librairie et découvre des livres à des prix *étrangement* bas ; ce procédé avant tout descriptif engendre une forme d'*évaluation,* car le narrateur parle de l'« embarras » de Luc et de son « profond sentiment de confort, mêlé d'étrange et de raffinement » (p. 134), Luc trouvant que les prix *manquent de réalisme,* qu'ils sont d'un autre temps... Pour l'ensemble de la séquence, les quatre premières macropropositions sont actualisées ou ébauchées. Quant aux fonctions, elles s'enchaînent comme suit dans cette séquence :

---

2. C'est moi qui souligne.
3. C'est moi qui souligne.

Orientation : départ du bar

↓

Complication 1 : chute

↓

Complication 2 : arrivée devant la bouquinerie étrange ou apparition de la Bouquinerie d'Outre-Temps, première manifestation de l'étrange

↓

Évaluation : quête dans la bouquinerie, questionnement sur le « manque de réalisme »

↓

Éléments de *résolution* : découverte d'indices d'étrangeté.

Dans la troisième macroséquence centrale, les événements sont inversés, Luc *retournant* à ses occupations nocturnes et quotidiennes dans le Montréal moderne. Cette *nouvelle orientation* est marquée par un retour à la « réalité », à cette quotidienneté bien connue de Luc Guindon. Textuellement la réorientation du récit se fait surtout implicitement, car elle est inscrite dans la fonction « départ » de la bouquinerie et « retour » dans le Montréal moderne. Elle est marquée aussi par l'établissement d'un dialogisme ou d'un questionnement, d'une évaluation de plus en plus prononcés : Luc devient « distrait[4] » (p. 136), il est en quelque sorte absent du monde réel, et se rappelle précisément ce qu'il a vécu dans la bouquinerie (« [c]omme un souvenir tenace, lui revint le bruit d'un galop de cheval », p. 136).

---

4. Le sens étymologique de distraire, *distrahere* ou tirer en sens divers, parle de lui-même dans ce cas-ci, car Luc est véritablement tiré en au moins deux sens divers, dans les espaces réel et irréel (il est tiré vers l'ailleurs, et dans bien des sens, il est également tiraillé par ses interprétations, ses évaluations visant à éclaircir l'étrangeté de sa situation). À noter que la distraction, dans ce sens précis, prend la forme d'une véritable isotopie dans l'ensemble de l'œuvre de Carpentier.

Dans sa quête incessante, Luc recherche obsessionnellement l'emplacement de la Bouquinerie d'Outre-Temps, pense découvrir l'endroit, mais trouve à la place une simple maison où habitait le destinateur de la lettre, descendant du libraire de la bouquinerie, décédé durant la nuit. Cette *orientation* nouvelle mène à une autre *complication* et à d'autres formes d'*évaluation* : « Après tout, cette bouquinerie ne pouvait pas s'être volatilisée en quelques heures sans laisser de traces ! » (p. 137).

Enfin, Luc assiste à la réapparition mystérieuse et soudaine de la Bouquinerie d'Outre-Temps : *nouvelle complication* majeure, qui est une répétition exacte de la première apparition. Luc se livre ensuite à une *réévaluation* de sa situation (« Luc ne comprenait pas très bien ce qui se passait », p. 139), et surmonte, à la fois laborieusement et avec bonheur, son problème d'intégration au nouvel espace-temps que représente le Montréal de 1878 dans lequel il a pénétré. Voilà une forme de *résolution,* dans la représentation de la résignation heureuse (« Il se sentit pleinement intégré », p. 142), mais au terme d'un long et tortueux questionnement dialogique sur les événements dont il vient d'être l'objet – le mot victime ne s'appliquant pas vraiment dans ce (con)texte.

Cette dernière séquence contient encore les quatre premières macropropositions narratives, et les fonctions particulières répètent sensiblement, mais en sens inverse, celles de la macroséquence précédente avec, en plus, une *résolution* finale et une *morale.* Ce qui n'empêche pas un certain « désordre », une certaine turbulence ou un effet de syncope, dans l'enchaînement macropropositionnel, qui pourrait s'expliquer comme un effet de la perturbation de la conscience du protagoniste sur les formes transformationnelles générales du récit. Toutefois, ce « désordre » ne génère pas vraiment d'illogisme ; bien au contraire, les macropropositions manquantes sont tout à fait dans l'ordre de la logique de l'intelligibilité du discours, le protagoniste cherchant à comprendre l'incompréhensible, le totalement étrange. Cela montre bien l'importance de l'évaluation (du questionnement dialogique) dans la composition particulière, dans la visée architectonique du récit fantastique. Voici la forme de la séquence perturbée :

Orientation 1 : départ de la bouquinerie

↓

Orientation 2 : arrivée, retour dans le Montréal moderne

↓

[il manque une complication, qui est implicite : le souvenir de l'apparition de la bouquinerie]

↓

Évaluation : quête incessante de la bouquinerie perdue

↓

Complication 1 : obstacles non étranges (lieu introuvable, sarcasmes des contemporains) ; c'est Luc qui passe pour être étrange

↓

Complication 2 : réapparition étrange de la bouquinerie

↓

Évaluation : questionnement ultime

↓

Résolution : intégration dans le Montréal historique.

Dans la courte séquence finale, la cinquième, Luc quitte la bouquinerie et décide d'aller voir Lucien son grand-père (nouvelle et dernière *orientation*), mais il comprend – dans une seule phrase prononcée par « une grosse femme » (p. 143), à la toute fin du récit, qui s'adresse à lui en l'appelant *Lucien,* car elle se révèle être la logeuse de Lucien – qu'il est (devenu) son propre grand-père. Se trouvent condensés *orientation, complication, évaluation, résolution finale* et *morale* ou *état final* dans cette courte séquence terminale, qui confère ainsi au récit – en jetant un pont entre la toute première macroproposition de la première séquence et la toute dernière macroproposition de la dernière séquence – sa dimension configurationnelle, sa signification, puisque Luc, l'historiographe, apprend qu'il est Lucien, le visionnaire, l'écrivain d'anticipation : « Luc... ou plutôt *Lucien pensa* qu'il n'aurait que *lui-même à conseiller* sur son œuvre et que tout cela serait bien *vain puisqu'il connaissait* déjà son avenir[5] » (p. 144).

Synthétiser la série de séquences de « La Bouquinerie d'Outre-Temps », c'est dire sans trop simplifier que, dans sa forme, la nouvelle comporte trois parties, une courte et deux longues, qui forment l'essentiel du *processus transformationnel* du personnage principal. Ces trois parties sont 1. la séquence d'orientation, surtout descriptive, qui va des « portraits » du début à la réception de la lettre, où l'*ethos* complémentaire et antithétique du/des Guindon est posé grâce à quelques indices des chronotopes (espace-temps) où l'action du récit est campée ; 2. les deuxième et troisième séquences, axées autour des premières séries de complications, préparant et actualisant la première *apparition* de la bouquinerie qui pourrait tout aussi bien être perçue, sans que le caractère d'étrangeté en soit pour autant modifié, comme la séquence du *passage* de Luc dans un univers autre, ne correspondant pas à celui dans lequel il devrait normalement ou logiquement évoluer puisqu'il fait un saut régressif d'un siècle ; 3. les quatrième et cinquième séquences, axées autour des deuxièmes séries de complications, préparant et actualisant une fois encore la *réapparition* (ou le *passage* définitif de Luc dans l'univers de Lucien) de la Bouquinerie d'Outre-Temps, séquence finale, point d'arrivée de la *morale* et de l'*état final,* point de non-retour, confirmation de la réification de l'étrangeté – et donc de la fantasticité du récit. Luc acquiert, à ce moment-là, le savoir et *la* certitude qu'il est (re)devenu Lucien Guindon, son grand-père. Cette séquence met également en relief le fait que l'état final de Luc, qui est Lucien, n'est pas tant final qu'une sorte de retour aux origines, un recommencement perpétuel du processus transformationnel, qui va de Luc à Lucien et *vice versa.* D'où une certaine actualisation d'une logique secrète de l'Histoire et non seulement de l'histoire.

5. C'est moi qui souligne.

LES FONCTIONS GÉNÉRALES ET LES FONCTIONS PARTICULIÈRES

De cette analyse d'un récit fantastique se dégagent trois types de fonctions : 1. les fonctions générales avec contenu général (les cinq macropropositions, soit orientation, complication, évaluation, résolution, morale) ; 2. les fonctions particulières avec contenu général, beaucoup plus nombreuses et pouvant correspondre aux catégories de Propp (départ, rencontre, réception, don, apparition, etc.) ; 3. les fonctions particulières avec contenu particulier, habituellement connotées par des prédicats qualificatifs et fonctionnels marqués par l'étrange, mais qui seraient appliqués à la fois par l'acteur et par un lecteur/décodeur – en concordance avec la réaction de l'acteur impliqué dans l'action – du texte (dans une complication, par exemple, sous la forme précise de l'apparition *mystérieuse d'un espace ancien dans un espace moderne, d'un fantôme, d'un double, du passage d'un acteur d'un siècle à un autre,* etc.). Les deux premières fonctions correspondent en gros aux procédés que Mikhaïl Bakhtine appelle le compositionnel, propre au genre et à l'hypergenre, tandis que la troisième fonction s'inscrit dans la dynamique de l'architectonique, des « valeurs morales et physiques de l'homme esthétique » ([1975] 1984 : 35), particularisant l'hypogenre et concourant à engager le récit sur la voie de la fantasticité.

Il suffit d'imaginer que si le contenu d'une fonction particulière, de type « événement étrange », était remplacé par une autre « valeur », comme l'arrivée d'un client dans une banale librairie, le récit n'aurait plus d'enclencheur de fantasticité et, partant, il serait difficile de construire un récit fantastique sans cet apport contenuiste « élémentaire ». Je rappelle la remarque de Tzvetan Todorov selon laquelle il n'y a pas de récit fantastique sans événement étrange, en précisant tout de même que ce contenu, s'il est nécessaire à la formalisation fantastique, ne produit pas *à lui seul* l'effet fantastique.

Il apparaît donc maintenant un peu plus clairement que le récit fantastique s'ordonne selon des procédures propres à l'hypergenre narratif en général, qui lui donnent pour ainsi dire sa structuration logique dans l'enchaînement des parties fonctionnelles. Ce serait là l'ordre du compositionnel, selon la terminologie bakhtinienne. Cette logique compositionnelle syntagmatique s'appuie quant à elle sur des contenus spécifiques, sur des paradigmes étranges, qui semblent irréductibles à l'entendement humain. La rencontre de ces contenus paradigmatiques, littéralement aberrants, dans des enchaînements syntagmatiques tout à fait logiques donne précisément forme au récit en tant que récit fantastique, en tant que composition (récit) architectonique (fantastique). L'ordre du discours ordonne ainsi la structuration syntagmatique autant que l'échafaudage récurrent et paradigmatique d'une histoire impossible que le discours rend possible ou du moins rend de manière logique et vraisemblable.

CHAPITRE III

LES SÉQUENCES D'OUVERTURE OU LES ORIENTATIONS GÉNÉRALES

Pour mieux comprendre les liens qui unissent les récits – qui permettent de les classer dans le même hypogenre – et, tout autant, ce qui les distingue dans le détail de leur formalisation, je m'attarderai maintenant, dans les trois chapitres qui vont suivre, à ce qui paraît être les grandes données de tout récit, en étudiant en trois phases distinctes les manifestations fonctionnelles que sont les macropropositions : 1. une *orientation* donnée dans la séquence d'ouverture ; 2. la triade, souvent indissoluble dans le récit fantastique, des *complication-évaluation-résolution* ; et, enfin, 3. la *morale* ou l'*état final,* qui, comme le suggère Jean-Michel Adam, donne sens au récit ou lui confère sa dimension configurationnelle.

Commençons par deux exemples textuels. Premier élément différentiel, dans la séquence d'ouverture de « La Bouquinerie d'Outre-Temps », l'orientation du récit se fait avant tout descriptive, contrairement à celle du « Pèlerin de Bithynie », de Claude Mathieu, qui est d'abord argumentative, et qui pose d'entrée de jeu la problématique de l'étrangeté. Ces préambules constituent en soi deux des types majeurs d'orientation narrative du récit fantastique : 1. asseoir, par le descriptif, les premières pierres d'un édifice, d'un univers qui ne montre encore aucune fissure, mais dont le texte donne des indices qui « feront sens » dans la finale ; 2. montrer, dès le début, par le questionnement, les fissures ou le sentiment que le protagoniste a d'habiter un univers fissuré par la rencontre conflictuelle du réel et de l'étrange, où le non-naturel, le non-habituel se sont infiltrés. Ainsi, André Carpentier, dans « La Bouquinerie d'Outre-Temps », présente les Guindon, brosse leurs portraits en tant que figures individuelles, familiales, culturelles, littéraires et sociales :

> *À 35 ans, Luc Guindon était un jeune écrivain fort apprécié* [...] *Luc était surtout connu comme historiographe, spécialiste de la petite histoire de la ville de Montréal* [...] *Luc tenait une chronique d'histoire de la ville de Montréal sur les ondes MF de Radio-Canada.* [...] *Luc Guindon était aussi connu pour être le fils du célèbre notaire Guindon, Armand Guindon* [...] *Luc était maintenant surtout connu comme le petit-fils de Lucien Guindon (1845-1923)* [...] *célèbre écrivain d'anticipation de la fin du dix-neuvième siècle. En fait, le seul écrivain d'anticipation de notre histoire littéraire. Et quel génie de la prospective* [...] (1978c : 125-126).

Le descripteur[1], préparant le lecteur à la compréhension des transformations narratives à venir, s'attache, dans « La Bouquinerie d'Outre-Temps », à la présentation éthologique du personnage central, Luc Guindon, celui-là même qui se dédouble ou découvre, dans la finale, être aussi, par-delà les générations, son grand-père, Lucien Guindon. Orientation et état final sont donc ici subtilement liés par le marquage des caractères *(ethos)* et l'orientation sociale (choix du métier, type de société dans laquelle ce métier est exercé, etc.). D'où l'importance de l'inscription des particularités individuelles et du social dans le texte. Quant au narrateur, bien qu'il accorde dans « Le pèlerin de Bithynie » quelques marques descriptives au protagoniste, Mark Cecil Black, il insiste plutôt sur ce qui se passe dans la conscience du personnage :

> [L]*e professeur Mark Cecil Black, directeur de l'Institut de langues classiques de l'Université de X., a été manœuvré par une série d'admirables hasards. Éperdu de surprise et trop proche des faits, il ne distingue pas encore* la logique interne de l'engrenage *ni ses intentions, et encore moins s'il en est la victime ou le héros* (Mathieu, 1965b : 39).

---

1. Cette séquence sera également étudiée dans le chapitre portant sur les paradigmes du descriptif, mais elle est capitale dans l'analyse syntagmatique.

Or, à partir de ce questionnement, c'est précisément ce que le récit va résoudre en amenant le protagoniste à distinguer ultimement « la logique interne de l'engrenage ». Pour formaliser la logique interne, ce récit fantastique inscrit au cœur de sa problématique une forme de dialectique[2].

Afin de replacer l'orientation première du récit dans sa cotextualité[3], rappelons que « Le pèlerin de Bithynie » de Mathieu est subdivisé en trois séquences narratives. D'abord une courte séquence, où un narrateur extradiégétique, en focalisation interne par le personnage principal, Mark Cecil Black, pose la problématique du récit, essentiellement une énigme : le protagoniste a le sentiment que son univers est ébranlé par une force mystérieuse. Suivent deux longues séquences (macroséquences) marquées par de fortes inscriptions de l'étrange sous forme

---

2. Pour ce faire, et plus que toute autre forme fictionnelle narrative peut-être, le discours fantastique reprend les données propres à la croyance et aux mythes qui – par contraste soit avec une forte représentation « réaliste », soit avec une réalité telle qu'elle est posée en régime réaliste, ou par l'inscription d'un type de savoir incarné dans un acteur « sérieux » – servent à mieux ancrer le caractère d'étrangeté de ce qui est raconté. Dans « Le pèlerin de Bithynie », le récit réactualise, comme dans *Malpertuis* de Jean Ray ou *La cité dans l'œuf* de Michel Tremblay, le mythe de l'action réelle et effective des dieux dans la vie des hommes ; il s'agit donc en apparence d'une tout autre histoire que celle de « La Bouquinerie d'Outre-Temps », d'où les dieux sont totalement absents. Cependant, il faut tenir compte d'un autre mythe problématisé dans ce dernier texte, celui de l'éternel retour (biologique, génétique) du Même dans un Autre, qui prend la forme d'une actualisation du phénomène de la métempsycose chez Mathieu et d'un mystérieux retour génétique chez Carpentier. Si le retour du Même dans l'Un (ou l'Autre) est de nature différente chez Mathieu et chez Carpentier, les contenus étranges particuliers des deux récits se ressemblent passablement, un homme se retrouvant à la fois même et autre par-delà un espace-temps impossible à franchir avec les moyens ordinaires, et sans qu'aucune technologie y pourvoie, puisque le texte serait alors à classer dans l'hypogenre de la science-fiction.

3. À l'instar de Catherine Kerbrat-Orecchioni, je préfère le mot « cotexte » à celui de « contexte » : « Le contexte d'une séquence, c'est en effet son environnement verbal ou extra-verbal. Lorsqu'il s'agira du seul contexte verbal, nous parlerons régulièrement de "cotexte" » (Kerbrat-Orecchioni, 1980 : 35).

événementielle, où le récit se développe sur le même mode et selon la même perspective que dans la courte séquence introductive, par le biais, dans la première macroséquence, d'une analepse explicitant la problématique énigmatique et poursuivant le récit, dans la dernière macroséquence, au delà de ce que la séquence introductive donnait comme information, jusqu'à la résolution de l'énigme. Le récit remplit ainsi son programme esquissé/énoncé dans le questionnement initial : il reconstruit « la logique interne » de l'engrenage, mais en formalisant en quelque sorte l'état de perturbation de l'acteur mis en discours et en situation d'étrangeté dès le début du récit. Replaçons les éléments de l'histoire dans l'ordre de la chronologie, car le déroulement séquentiel est perturbé :

Sq2 – narration d'une série d'événements étranges, dont le passage dans un espace à la fois improbable et réel

↓

Sq1 – questionnement sur ces événements

↓

Sq3 – narration des conséquences extraordinaires de ce qui s'est passé dans la Sq2, dont l'occurrence d'une scène étrange secrètement reliée à la première, puis le passage définitif dans l'irréel matérialisé.

La logique de l'histoire ne correspond pas exactement à celle du récit. Dans la courte séquence d'introduction (Sq1), le narrateur fait état du sentiment de Black d'avoir « été *manœuvré* par une série d'admirables hasards » (p. 39) : il se passe quelque chose d'étrange, sans que l'acteur en situation d'étrangeté sache trop quoi, et il s'interroge. La séquence initiale est donc une séquence surtout dialogique, formalisée par la macroproposition « évaluation », bien que s'y trouvent des éléments descriptifs et des indices narratifs se rapportant à certains événements troublants arrivés dans un passé très récent : l'évocation d'une « action » antérieure au moment de l'énonciation (le rappel analeptique, vague et énigmatique[4], de la manipulation[5], dans sa transparence lexicale même), l'acteur principal qui se sent littéralement « manœuvré ». De plus, détail relativement important dans le système du récit, le texte donne quelques indications descriptives sur l'*ethos* de l'acteur et sur le chronotope dans lequel il agit ou, plutôt, il est agi[6]. Rares sont les récits fantastiques qui ne contiennent pas quelques-uns de ces éléments, même à faible dose : une certaine réalité doit être exposée afin que le lecteur (l'archilecteur, le lecteur modèle) puisse construire le système de différenciation du réel et de l'irréel.

Par ailleurs, à l'inverse du récit de Carpentier qui est réglé selon une chronologie stricte, celui de Mathieu possède une forme perturbée par rapport à la syntagmatique chronologique, quoique forme tout à fait canonique en littérature fantastique (les récits de Lovecraft[7], véritables emblèmes d'un certain fantastique « moderne », sont parfois construits de cette façon ; Carpentier, à l'instar de beaucoup d'autres fantastiqueurs[8], s'est inspiré à

---

4. Dont la fonction est similaire pourtant à l'instauration de l'énigme dans le récit de Carpentier, qui s'oriente plutôt vers le futur (proleptique).

5. Le récit fantastique recourt souvent à cette composante du schéma actantiel.

6. Je reviendrai plus loin sur ce que dit Irène Bessière à propos du caractère du personnage du récit fantastique : « Faisant une large place à l'insoluble et à l'insolite, il présente un personnage souvent passif, parce qu'il examine la manière dont les choses arrivent dans l'univers et en tire les conséquences pour une définition du statut du sujet. Orientée vers la vérité de l'*événement* et non vers celle de l'*agissement,* cette interrogation pour être plénière doit porter sur ce qui est irréductible à tout cadre cognitif ou religieux » (1974 : 14). Ces remarques portent en elles une partie du programme du récit du « Pèlerin de Bithynie », bien que tout n'y soit pas irréductible à un cadre cognitif ou religieux, une certaine pensée mythologique entrant, au contraire, en relation avec une forme de sacré très organisée, et qui se trouve réactivée.

7. « Après vingt-deux ans de cauchemar et d'effroi soutenu par la seule conviction que certaines de mes impressions sont purement imaginaires, je me refuse à garantir la véracité de ce que je crois avoir découvert en Australie Occidentale dans la nuit du 17 au 18 juillet 1935 », incipit à « Dans l'abîme du temps » (Lovecraft, 1954 : 9).

8. Dans « Le fragment de Batiscan » (En collaboration, 1983 : 65-88), André Belleau ne fait pas autre chose.

l'occasion de cette manière qu'il transforme sensiblement[9]). Chronologiquement parlant, la première partie du « Pèlerin de Bithynie », récit perturbé dans sa continuité temporelle – tout comme la conscience et l'univers du protagoniste sont perturbés, sans que le récit soit désorganisé, bien au contraire –, s'insère entre les deuxième et troisième parties, entre la séquence de la première actualisation de l'étrange et celle de la seconde et dernière actualisation. L'orientation se fait donc en force, plongeant le récit *in media res,* plutôt que graduellement, en douceur, par le mode du descriptif, qui organise le texte en crescendo, comme dans « La Bouquinerie d'Outre-Temps » de Carpentier.

Plus que tout, cette première séquence condense, moins dans sa composante narrative que dans sa textualisation argumentative (dialogue avec soi-même, réflexion sur ce qui vient de se passer d'étrange, etc.), les trois premières macropropositions narratives, soit l'*orientation*, la *complication* et l'*évaluation*. Certes, c'est surtout l'orientation narrative générale – et non l'orientation actionnelle précise et particulière – qui prévaut ici, car le récit ne donne qu'une vague idée de ce qu'est – a été et sera – la complication, ne parlant que de « manœuvre », de « circonstances adventices » et de pressentiment d'avoir été « désigné par une volonté qui [...] attendait depuis deux cents ans peut-être » (Mathieu, 1965b : 39-40).

Dans le même ordre d'idée, l'examen des séries séquentielles de « Miroir-miroir-dis-moi-qui-est-le-plus-beau », de Michel Bélil (1978b), montre que la facture de ce récit est beaucoup plus simple – en raison de sa brièveté – que celle des autres récits du corpus. Du fait de cette simplicité relative et de la récurrence d'un motif – l'apparition du Double (à la fois Même et Autre) –, cette nouvelle permet d'établir d'autres ressemblances et d'autres

9. Voir par exemple « Le vol de Ti-Oiseau » (Carpentier, 1982 : 15-42). Carpentier a souvent tendance à donner le magique pour acquis, comme agissant vraiment dans le « réel », mais à le problématiser tout à fait. Cette tendance est visible dans un de ses textes fantastiques, « Le "Aum" de la ville » (En collaboration, 1983 : 131-150) qui marque d'ailleurs une coupure apparente d'avec ses œuvres précédentes, mais qui les recoupe si l'on tient compte de cette façon de poser/problématiser ensemble et d'entrée de jeu le magique ou l'improbable.

distinctions que celles déjà établies entre les récits de Mathieu et Carpentier. Bélil travaille la fiction fantastique dans un registre plus canonique[10] : dans la nouvelle qui me retient, un homme se transforme en monstre sous l'influence mystérieuse d'un autre homme, mort, par le truchement d'un objet maléfique, le miroir[11].

Dans la séquence d'orientation de ce texte divisé en quatre parties relativement courtes, le narrateur intradiégétique, parlant à la première personne[12], se décrit d'abord lui-même comme ayant des « goûts *bizarres* » (p. 131) et, implicitement, comme possédant le goût de l'aventure. Il donne ensuite une information essentielle : héritier de la fortune d'un vieil oncle – qu'il détestait et qui le détestait –, il est lié par testament à des « conditions *spéciales* » (p. 131) desquelles cette séquence d'ouverture ne dit rien de plus, et où se trouvent rassemblées trois des premières macropropositions nécessaires à un récit : une « orientation » générale et quelques indices de la « complication » débouchant sur un début d'« évaluation », car, au terme de cette courte introduction, le protagoniste-narrateur, racontant sa propre histoire, souligne le fait qu'il s'est d'abord posé une série de questions restées sans réponse : « Je me demandai bien au début ce qu'il lui avait pris de me léguer toute sa fortune. Ne voyant point luire de réponse, je pensai à autre chose » (p. 131). Notons tout de même que le déclencheur narratif prend la forme d'un texte[13], d'un

10. Cette remarque vaut pour la majorité de ses récits brefs, colligés dans *Le mangeur de livres* et dans *Déménagement* (1981a), mais ne vaut pas pour son roman fantastique, *Greenwich* (1981b), à la forme baroquisante.

11. Carpentier exploite ce paradigme de la manipulation à distance par l'intermédiaire d'un miroir dans « Jorge ou le Miroir du mage », mais de manière beaucoup moins conventionnelle, en jouant sur les écarts chronotopiques de la perception, sur les rapports entre l'objet maléfique et son possesseur possédé.

12. Les récits de Carpentier et de Mathieu sont à la troisième personne et, à part quelques écarts de perspective, il sont tous deux en focalisation interne, les événements étant perçus par le protagoniste.

13. Un texte, donc un élément en principe non étrange, même s'il est problématique et qu'il engendre la problématique du récit. C'est d'ailleurs là sa fonction première : faire problème. C'est également autour d'un texte ou de livres que se situe la problématique du récit

testament dont les conditions non citées à proprement parler sont toutefois énoncées dans la séquence suivante. Bien sûr, le descriptif et le dialogique y sont présents, à faible dose, mais le récit s'engage surtout par l'actionnel, par le narratif transformationnel, récit se déroulant, par ailleurs, de manière apparemment chronologique, mais opérant une remontée temporelle fort perturbatrice pour le personnage central. En somme, une structure séquentielle similaire à celle de « La Bouquinerie d'Outre-Temps » de Carpentier :

Sq1 – commentaires sur le caractère du protagoniste et embryon de questionnement

↓

Sq2 à Sq4 – narration des événements étranges qui surviennent à répétition et résolution du questionnement.

Quant à l'orientation, elle emprunte et aux procédés descriptifs de « La Bouquinerie d'Outre-Temps » et aux procédés de questionnement du « Pèlerin de Bithynie », en n'insistant ni sur un aspect ni sur l'autre, d'où l'impression de rapidité et de simplicité. Néanmoins, tous les éléments servant à asseoir et à motiver le surgissement de l'effet fantastique y sont bien présents (type de personnage et type de problème posé).

Dans « La maison de l'éternelle vieillesse », Daniel Sernine (1978b) exploite une problématique du dédoublement... du temps *ad infinitum,* modélisé par un schéma sensiblement différent de ceux des autres récits, en apparence du moins. Il y a d'abord une série constituée 1. d'une courte séquence introductive de nature descriptive *(orientation)* un peu comme chez Carpentier ; 2. encore comme chez ce dernier, de deux macroséquences dont l'une prépare l'autre ; 3. d'une répétition de la troisième ; 4. à la différence de « La Bouquinerie d'Outre-Temps », une cinquième macroséquence est ajoutée, qui ne correspond pas uniquement à la finale à caractère *moral,* qui répète

---

chez Mathieu et chez Carpentier, mais pas dans la séquence d'ouverture.

plus ou moins la précédente bien que sous une autre forme et un autre mode : en effet, cette séquence, qui est tout de même finale, prend la forme du journal, et le récit passe alors de la troisième à la première personne, l'ensemble étant toujours modalisé en focalisation interne ou externe. Schématiquement, l'histoire et le récit se confondent presque entièrement – le court récit dans le récit de la Sq1 mis à part –, récit qui lui-même s'enchaîne *naturellement* dans le déroulement actionnel :

Sq1 – description des acteurs, des lieux et narration d'une histoire dans le récit provoquant une tentation, un désir

↓

Sq2 – narration de la vérification du récit dans le récit amenant une résolution

↓

Sq3 – narration d'événements étranges provoqués par la tentation et par l'exécution de la résolution découlant du désir de satisfaire la tentation

↓

Sq4 – répétition du contenu de la Sq3

↓

Sq5 – répétition de la Sq4.

Sous des apparences de simplicité, la chronologie de ce récit est relativement complexe. La première séquence, avant tout descriptive éthologiquement et spatio-temporellement, présente l'acteur principal, Thomas Beaumarchais, comme un « artiste-peintre [...] en quête de vieilles maisons à reproduire sur toile » (p. 21). L'orientation première, pour être descriptive, est surtout faite en fonction d'une curiosité et d'une attirance du protagoniste pour les choses du passé – se rappeler Guindon l'historiographe et Black le philologue –, de son goût de la *reproduction,* dans un sens de la *répétition* artistique du Même. Née d'un manque ou d'un désir, cette quête débouche très rapidement dans le récit sur la découverte d'« une très ancienne demeure, étonnamment bien conservée » (p. 21), comblant en partie le manque. Une fois ces « détails » descriptifs et narratifs mis en place, le récit, dans cette séquence introductive relativement développée, présente, par des observations en discours rapporté de l'artiste en train de peindre la vieille maison, une série de *complications* très légèrement marquées (enrichies de prédicats fonctionnels) d'*évaluations* embryonnaires : l'artiste « s'étonne » des agissements étranges des gens de la maison, puis il rencontre le gardien, qu'il invite à boire et à raconter l'histoire (ce qu'il en sait) de la maison, ce qui amène une première complication dans la séquence suivante et fait déborder de l'orientation première. Ayant tout de l'ordre du descriptif, le contenu de cette séquence d'orientation correspond à un schéma déjà mis en lumière chez Carpentier : décrire le ou les acteurs en guise de prélude orientatif.

« La contrainte » de Claudette Charbonneau-Tissot (1976b), divisée en six macroséquences, est d'une facture plus complexe que celle des nouvelles étudiées précédemment en raison peut-être de la forte présence du mode dialogique dans le récit : une narratrice écrit des fictions dans lesquelles elle pénètre (apparemment) réellement et se questionne sur les rapports entre le réel, l'irréel et la pertinence de sa présence – sa duplication – dans ces deux types d'univers. Le texte se partage en sept segments, la Sq6 comportant deux parties temporellement distinctes :

Sq6a – rappel analeptique de l'état initial de la narratrice qui vivait dans la quotidienneté : seulement dans une microséquence analeptique incluse dans la Sq6

↓

Sq1 – orientation générale

↓

Sq2
à
Sq6 – narration des va-et-vient étranges et réels de la narratrice en tre la réalité du « réel » (la vie quotidienne) et la réalité de « l'irréel » (la fiction)

↓

Sq6b – état final dans la dernière microSq de Sq6, c'est-à-dire retour de la narratrice à la vie quotidienne.

Dans un sens, cette logique peut rappeler celle du récit de Mathieu, mais de manière frappante, dans la première séquence de cette nouvelle, le lieu d'ancrage du récit est moins un espace concret ou même mythique qu'un espace textuel, l'espace réel (la route, le village, la chambre) ne faisant office que de faire-valoir, de reposoir/repoussoir :

> [J]*e me suis mise à* marcher *jusqu'à la route conduisant à ce village où je décidai d'aller bien que* [...] *cette longue* marche *ne servirait qu'à me ramener à* mon point de départ, c'est-à-dire à ce texte *que je n'arrivais pourtant pas à commencer quoique y travaillant depuis trois semaines et qu'ayant déjà* écrit *plus d'une centaine de pages que j'avais cependant froissées au fur et à mesure que je les avais* écrites *et que j'avais ensuite lancées, derrière moi, dans la chambre* [14] (p. 11-12).

L'orientation narrative, chez Charbonneau-Tissot, est donc pure forme de dialogue avec soi-même soumise à deux actions : marcher (parcourir le monde), sans conséquence réelle, et écrire (discourir sur le parcours du monde), aux conséquences graves dans l'univers de la protagoniste. En effet, cette dernière est une écrivaine qui pose le problème de son rapport à l'écriture et, par conséquent, son questionnement-dialogue a forcément priorité sur toute autre composante formelle, ce questionnement dictant précisément la forme du récit. Elle ne se livre pas à une description d'elle-même, sauf obliquement en tant qu'écrivaine. En revanche, elle donne, d'entrée de jeu, une partie de la *complication* centrale de l'histoire : elle (narratrice en raison de son activité d'écriture) tourne en rond, tourne autour d'un texte ou d'une activité scripturaire exigeante et dérangeante, qui constitue (ou contient) la clé de voûte du récit, son nœud, sa résolution et, ultimement, sa morale, son sens, sa dimension configurative.

Par ailleurs, le germe de l'étrangeté n'a rien d'évident dans l'orientation de la nouvelle « La contrainte », alors qu'il l'était chez Mathieu, mais le problème y est posé, qui porte spécifiquement sur l'écriture, sur l'étrangeté après coup : ce qui laisse supposer que le projet initial de ce texte a pu ne pas être un projet

---

14. C'est moi qui souligne.

d'écriture fantastique, mais un projet d'écriture sur le difficile rapport de l'être à l'écriture. En cours de route, la problématique fantastique semble s'être imposée comme une conséquence du va-et-vient entre l'espace de la quotidienneté et l'espace fictionnel. L'étude de cette problématique me ferait déborder le générique pour aller du côté de la génétique, des motivations auctoriales et non actorielles de la formalisation scripturaire et de l'inscription de la fantasticité, ce qui n'est pas mon terrain d'exploration. Je constate simplement que le texte, possédant une configuration d'ensemble fantastique, s'oriente au départ comme une réflexion sur l'écriture, sur l'acte d'écrire.

REMARQUES GÉNÉRALES SUR LES PHASES D'ORIENTATION NARRATIVE

Il ressort de ces analyses que les séquences d'orientation premières n'offrent parfois qu'une très légère empreinte de l'étrange – sauf chez Mathieu –, mais qu'elles posent invariablement, sous une forme descriptive, actionnelle ou « dialogique », pure ou métissée, des éléments de la situation générale ou particulière dans laquelle l'acteur est plongé. Étapes évidemment essentielles dans l'économie du récit, ces séquences introductives pourraient toutefois tout aussi bien servir de prélude à d'autres hypogenres de l'hypergenre narratif, puisque rien n'interdit d'imaginer et de construire à partir de ces formes d'orientation d'autres scénarios que ceux qui ont été mis en discours dans ces textes. Dans un sens, chaque récit trouve en cours de structuration scripturaire sa forme et sa logique propres. À cette étape de mes réflexions, je suis tenté de dire que la logique reste toujours un principe ou une contrainte pragmatique, liant les entités qui sont jetées et projetées dans la construction textuelle fantastique, que la forme artistique, esthétique, architectonique, pour sa part, demeure foncièrement et heureusement libre. On voit déjà que le « genre » fantastique est loin d'être un genre fixe ou une forme rigide qu'une simple grille de lecture suffirait à expliquer.

CHAPITRE IV

LES COMPLICATIONS PROBLÉMATISANT ET RÉGLANT L'ÉTRANGETÉ

Premier principe : toutes les complications ne sont pas étranges dans le récit fantastique. En règle générale, les complications proprement étranges adviennent dans la deuxième séquence narrative, quoiqu'elles soient très souvent préparées dans la séquence d'orientation par une complication des moins étranges en apparence. Cela établit une sorte de contrat pragmatique tacite entre le texte et le destinataire : tout peut arriver, comme dans la vie ! Souci de vraisemblance, souci de représentation quasi banale, comme dans les complications de « la vraie vie », lorsqu'on reçoit une lettre troublante. Ainsi, dans la deuxième séquence de « La Bouquinerie d'Outre-Temps » – celle du premier passage de Luc dans le Montréal du XIXe siècle –, la microséquence de la réception de la lettre est préparée par une orientation minimale :

> *Or, ce matin-là précisément, Luc avait rencontré en sortant de chez lui son ami Ti-Bi, le facteur* [... qui] *lui avait remis une lettre (une seule lettre, et cela l'étonnait) qu'il entreprit de lire tout en descendant sa bonne vieille rue Laval, en direction du Carré Saint-Louis* (Carpentier, 1978c : 127).

Cette lecture, véritable première complication qui n'a pourtant rien d'étrange, déclenche l'action spécifique de l'acteur principal. Les conséquences de la lecture de la lettre sont multiples et proliférantes. La réception de la lettre change, voire chambarde, la vie du personnage destinataire ; du coup, Luc se trouve lui-même transformé. À preuve, il rompt avec une vieille habitude :

> Pour la première fois, *depuis qu'il habitait ce quartier qu'il aimait tant, Luc traversa le carré Saint-Louis* sans penser, comme il le faisait habituellement, *à tout ce qu'avait représenté ce parc pour de nombreuses générations de francophones ;* il ne chercha pas des yeux *non plus les jeunes étudiantes du cégep du Vieux-Montréal qui venaient souvent s'y asseoir* [1] (p. 129).

Dans ce passage fondé sur la négativité, le vide, se loge une des clés de la nouvelle : la négation/abstraction de l'espace moderne annonce par antithèse, si on se replace dans le système du récit, l'apparition du même espace, mais à une autre époque (dans un autre espace-temps) animée par une autre « génération ». Dans ce contexte, les fonctions évaluatives et résolutives (même déceptives) qui sont liées à la complication épistolaire non étrange mettent déjà le récit sur la voie de la fantasticité. En effet, Luc comprend que la bouquinerie n'a existé que de 1878 à 1899 :

> Fait étonnant, *cette période recouvrait exactement la durée de la carrière d'écrivain d'anticipation de Lucien Guindon. Et Luc avait trop travaillé sur ces vingt et une années et quelques mois pour que la coïncidence ne lui sautât pas immédiatement aux yeux...* [2] (p. 130).

Cette réaction évaluative de Luc, son étonnement né de l'interprétation de sa découverte, permet de voir fonctionner dans la séquence initiale un embryon de résistance à ce qui paraît étrange ou « étonnant » à l'acteur. La résolution en ce début de parcours est aussi embryonnaire que la réaction puisque, pour découvrir le mystère, l'étrange doit survenir en bonne et due forme. D'où la logique de l'« échec » de cette séquence non étrange, qui ne sert que de prétexte (ou de pré-texte) à la première séquence véritablement étrange, celle dans laquelle survient une première complication inscrivant une énigme et plaçant le protagoniste dans une situation tout à fait improbable.

---

1. C'est moi qui souligne.
2. C'est moi qui souligne.

UNE ZONE DE TRANSITION DU RÉEL À L'IRRÉEL

Le passage du lieu bien réel de la rue Saint-Denis, où Luc boit, à la bouquinerie d'un autre temps s'effectue, chez André Carpentier, par l'enchevêtrement de procédés stylistiques et de procédés narratifs. Les procédés stylistiques relèvent du descriptif, mais d'un *processus* de description d'actions d'un type assez particulier puisqu'il y est décrit quelque chose d'assez flou, un passage, un transfert qui a trait à une sorte de paysage à la fois mental et matériel, produit par le procédé (ou dans le processus) métissé de focalisation interne et d'omniscience, ce qui a pour effet de réifier les images étranges évoquées en pensée. Se formalise ainsi, dans et par ce procédé hybride de narration/suggestion, le passage d'une réalité à une autre, l'entrée dans un labyrinthe hautement compliqué, à cheval sur deux mondes :

> On eût dit une sorte de *gigantesque tableau de bord indiquant* les coordonnées d'un vol au-delà de la nuit des temps. *Ainsi donc, il avait complètement raté son rendez-vous. Et sans doute était-il déjà beaucoup trop tard pour aller frapper à la porte du vieil homme* [le destinateur de la lettre] *qui, de toute façon, devait déjà dormir depuis longtemps,* baignant confortablement dans quelque image de son passé. *Et puis, surtout, même s'il n'était pas trop saoul pour le constater, il l'était trop pour risquer de gâcher cette importante rencontre ! Il ne lui* [Luc] *restait plus qu'à se remettre à boire. Et* plus il buvait, plus il pensait que la nuit n'était qu'un faible et éphémère trait d'union entre d'infinies sources génératrices de soleil et de vie ! [3] (p. 130-131).

C'est que cette séquence *baigne* – comme le vieil homme baigne *dans une image du passé* – dans une sorte de flou sémantique et formel – ramollissement du texte semblable au ramollissement de la pensée du buveur –, flou motivé par l'état d'ébriété de Luc. Cette (dé)formalisation, cette mise en creux de la pensée de l'acteur prépare effectivement la suite, la conséquence tout à fait étrange, dans la séquence de l'apparition de la Bouquinerie d'Outre-Temps elle-même, de l'effondrement de l'espace réel et son remplacement par un espace irréel.

---

3. C'est moi qui souligne.

Il est remarquable de voir exploiter la récurrence des isotopies du savoir/non-savoir, du plein et du vide, du positif et du négatif, concepts binaires ambivalents qui polarisent tout le champ sémantique, lexical et fonctionnel : par exemple, bien que rat de bibliothèque et bouquineur invétéré – donc doté d'un savoir –, Luc Guindon ne connaît pas (non-savoir[4]) la bouquinerie, lui qui connaît tous les lieux du genre dans sa ville : « Il pensa d'abord que c'était là la seule bouquinerie qui lui fût inconnue de toute l'île de Montréal et à des lieux à la ronde. Et, si près de chez lui, à part ça, dans cette rue Saint-Denis *qu'il croyait pourtant bien connaître par cœur !* [5] » (p. 133). C'est donc par le marquage antithétique d'un savoir (lacunaire) et d'un savoir à acquérir que le discours se distingue. Par ce mélange de « savoir » et de « non-savoir », le protagoniste est ballotté puis lancé dans le processus transformationnel de la quête.

La fantasticité joue souvent sur ces registres ambivalents où les valeurs sûres ne tiennent plus, et où le protagoniste est contraint de tout remettre en question lors de découvertes inattendues. Le fantastique est la transposition textuelle d'un terrain miné. L'être placé dans une situation étrange dans le récit moderne paraît en général à la fois fort et faible, et sa force provient parfois de sa faiblesse qui est le désir de jouir de l'inconnu[6]. C'est ce que l'on voit dans ce passage où la première complication étrange se résout de la manière la moins tragique, même si les éléments cotextuels (être *et* ne pas être dans son élément) sont hétérogènes :

---

4. Évidemment, posséder un savoir livresque et une connaissance des lieux où les livres se vendent n'est pas à placer sur le même plan cognitif, mais le jeu de l'antinomie est tout de même esquissé autour du même objet, c'est-à-dire l'emplacement d'une bouquinerie.

5. C'est moi qui souligne.

6. En ce sens, le récit moderne, comme celui de Carpentier et de bien d'autres au Québec ou en Amérique latine (Borges, Cortázar, García Márquez, etc.), s'éloigne radicalement du récit à la Maupassant, où la crainte dépasse de beaucoup en teneur le désir de jouissance. Au XIXe siècle, il s'agissait souvent bien plus de mettre hors de sa portée un irréel qui s'imposait avec force (« Le horla »), alors qu'au XXe siècle il s'agit plutôt d'aller allégrement *vers* le « hors-là ».

> [F]aible devant le mystère *comme tous les grands chercheurs de ce monde,* il se décida *de frapper à la porte de La Bouquinerie d'Outre-Temps.* [...] *Alors, commença pour Luc* une étonnante quête de jouissance et de savoir. *Étonnante, parce que le jeune historiographe* [...] *ne se sentait* pas vraiment à l'aise [...] *malgré qu'à première vue on eût pu dire qu'il se trouvait* dans son élément[7] (p. 133-134).

Sur la voie du savoir, il n'est pas étonnant que le personnage en situation d'étrangeté dans la librairie fasse une trouvaille : un « *curieux* livre » (p. 134). Accessoire relativement secondaire à ce stade du récit, ce livre amorce le processus de la problématisation de l'étrange, renforcé par l'accumulation de « détails » et d'éléments fonctionnels. Ce « *curieux* livre » et bien d'autres, que Luc veut acheter étant donné leur prix dérisoire, servent fonctionnellement à surdéterminer le décalage entre l'espace de 1978 et celui de 1878. Dans l'économie du récit, ils équivalent à la différence de leur valeur d'un siècle à l'autre : marqués d'un prix, ils signalent aussi (sont le signe d') une autre époque et, en même temps, ils s'installent dans le récit comme des marqueurs de « manque de réalisme » (p. 135), puis, conséquemment, comme des marqueurs d'étrangeté et des déclencheurs potentiels de fantasticité.

Contrairement à ce qui arrive au début du récit, la deuxième et dernière séquence étrange, celle de la réapparition de la bouquinerie, est introduite sans transition, sans le recours aux procédés stylistico-narratifs mis en œuvre pour préparer la première manifestation de la bouquinerie : comme par enchantement, l'espace de la librairie surgit soudainement sous les yeux de Luc. Tout a l'air de se passer sans complications. Et pourtant, il y en a. Sur le plan narratif, le « déplacement » s'effectue par le simple recours au procédé de la *focalisation par* Luc *sur* la bouquinerie réapparue, dans un décor à rattacher à celui typique du genre gothique[8] :

> *Or, par un soir de forte pluie et de grand vent, justement, – il devait être aux environs de minuit trente*

---

7. C'est moi qui souligne.

8. Voir à ce sujet mon ouvrage *En quête du roman gothique québécois* (Lord, [1985] 1994).

> *– alors qu'il marchait lentement contre la tempête, transi, grelottant, quelle ne fut pas sa surprise, son horreur presque,* en levant distraitement les yeux *sur l'ancienne maison de chambres d'Hector Dumas, d'y* reconnaître La Bouquinerie d'Outre-Temps[9] (p. 139).

On dirait qu'une simple mise au point, qu'une simple restriction de champ de l'œil d'une caméra placée dans l'œil de Luc suffit pour provoquer la production de l'étrange. La mise en place de cette complication nouvelle, qui est dernière, décisive, finale et irréversible aussi, point de non-retour pour le protagoniste, se fait presque sur le mode du magique, ou du réalisme magique : dans le Montréal de 1978, l'acteur « levant *distraitement* [10] les yeux » provoque la disparition de l'ici-maintenant-présent au profit de l'avènement d'un étrange ici-ailleurs-passé. À moins que ce ne soit la distraction elle-même qui produise la disparition et l'apparition ? En somme, la trajectoire des complication-évaluation-résolution va dans le sens d'un rapprochement de plus en plus grand de l'intériorité de l'acteur : d'on ne peut plus extérieure (la lettre), la complication devient tout à fait intérieure, naissant du désir du personnage en quelque sorte. Le narrateur ne dit-il pas que Luc était « de ce genre d'hommes qui préfèrent prendre leurs désirs pour la réalité plutôt que la réalité pour leurs désirs » (p. 141-142) ?

Les ressemblances formelles de « La Bouquinerie d'Outre-Temps » et du « Pèlerin de Bithynie » sont frappantes. Pas de complication banale, mais deux complications étranges à mettre en rapport avec une librairie, puis avec l'entrée définitive dans l'irréel. Tout est mis en place – de façon étonnamment simple – pour permettre à l'acteur principal d'entrer en contact avec un monde étrange. Dans « Le pèlerin de Bithynie », un libraire mystérieux[11], première complication, fait entrer Mark Cecil

---

9. C'est moi qui souligne.

10. La récurrence de l'isotopie de la distraction est ici éloquente : au cours d'un moment de distraction, l'acteur est tiré vers un autre sens, est propulsé dans un autre monde.

11. Black ne connaît pas « ce bouquiniste, [...] lui qui n'en ignorait aucun de toute la ville » (p. 41) et ne le retrouve jamais : « [...] il tenta de retrouver la librairie ; elle avait déjà cédé la place à un atelier de couture dont la plaque, plus petite, laissait voir le trou

Black en possession d'un ouvrage étrange – qui lui révélera sa véritable identité oubliée –, ouvrage qui exerce d'ailleurs sur lui une influence certaine depuis qu'il poursuit des recherches philologiques sur ce livre précisément. Librairie et livre semblent *faire des signes* à celui qui a été choisi par un manipulateur innommé, qui se réifiera dans la finale[12] : « Le libraire se tenait vraiment sur son chemin et *lui faisait signe* [...] de continuer à regarder les livres[13] » (Mathieu, 1965b : 45).

D'autre part, dans l'univers des signes mis en place dans le discours narratif, le bouquiniste a des relations avec la Rome antique[14], ses dieux, sa langue ou, encore, avec quelque univers occulte : « Le libraire [...] dit quelques mots en une langue inconnue du professeur mais *qui lui sembla d'origine latine* [15] » (p. 43). Enfin, dans ce récit où s'instaure ni plus ni moins un dialogue de sourds (ou une forme de babélisme), Black croit comprendre ce que le bouquiniste lui dit : « [...] chose étrange, le professeur [Black] crut repérer cinq mots de sa langue perdus parmi les mots étrangers : — ... j'attends ici depuis dix ans... » (p. 43). Or, dans une des rares dérogations au système de la focalisation interne – car le récit ne dévoile habituellement que ce que Black est en mesure de savoir –, est précisée cette information que seul un narrateur omniscient pourrait connaître : « En fait, il [Black] avait certes mal entendu, mais pas ainsi qu'il le pensait, car le vieillard avait dit : — ... je *vous* attends ici depuis dix ans... » (p. 44).

Cette information donne une idée du décalage langagier et temporel entre les acteurs, car les premiers indices textuels

---

des vis de la précédente » (p. 53). De la même manière, Guindon recherche la bouquinerie, mais, lui, la trouve. Le lieu est capital dans la vie de Luc, tandis qu'il n'est qu'une étape menant à quelque chose de plus profond pour Black. En revanche, le livre, indiciel chez Carpentier, est nodal chez Mathieu.

12. La déesse Cybèle dit à Black peu après son apparition à Bithynie : « J'attendais en vain ton retour des pays barbares. Il a fallu que j'aille te chercher » (p. 66).

13. C'est moi qui souligne.

14. À l'instar de Black, philologue spécialisé dans cette période.

15. C'est moi qui souligne.

permettent de supposer l'existence d'un plan occulte[16] établi de longue date et visant à tendre un piège au protagoniste :

> *Mais maintenant,* après coup, *il s'expliquait avec peine cette décision* [de marcher plutôt que, selon son habitude, de prendre l'autobus] *d'autant plus étonnante que le trajet n'était pas court* [...] *aussi bien* devinait-il *aujourd'hui derrière sa résolution* quelque impondérable, *car rien ne serait arrivé s'il avait pris l'autobus* [17] (p. 40-41).

Et, de fait, la suite du récit établit des liens entre des éléments hétérogènes qui normalement seraient incompatibles. Comme Guindon, Black fait des recherches, en terre étrangère toutefois, qui le mènent à la découverte de lui-même : ce que permettent de déduire d'abord de simple indices archéologiques (des fragments de pierre ancienne), ensuite, des morceaux d'autel élevé à la gloire de la déesse Cybèle par Black lui-même, qui s'appelait Niger et vivait en territoire romain deux mille ans plus tôt.

Comme chez Carpentier, l'étrange advient deux fois dans le récit de Mathieu, mais pas dans le même espace-temps. Dans « La Bouquinerie d'Outre-Temps », le temps change, le lieu très peu ; dans « Le pèlerin de Bithynie », l'acteur ne fait que passer dans la première complication (séquence de la librairie) pour être happé par l'irréel dans la deuxième complication : il est récupéré, par-delà les siècles, par sa déesse tutélaire à qui il a voué à son insu un culte pendant deux millénaires. C'est donc dire qu'il y a encore ici une forme de répétition de l'étrange, répétition au sens quasi théâtral (répétition d'acteurs) et au sens propre en ce que la seconde répète (répétition d'événements, quoique le décor scénique change chez Mathieu) la première, non pas dans sa littéralité, dans son essence plutôt : l'étrange attire l'étrange, l'univers de l'étrangeté étant organisé avec une systématicité extraordinaire.

---

16. Le rôle décisif de la déesse Cybèle dans ce plan téléologique « divin » se dessinera dans la seconde séquence étrange.

17. C'est moi qui souligne. Ce constat est placé au début de la deuxième séquence, celle de la librairie étrange, mais il est logiquement postérieur dans l'histoire, Black s'expliquant son comportement « après coup ». Il reste que la *résolution* actionnelle dont il s'agit ici a été prise, dans l'ordre temporel de l'histoire, au tout début, quand Black a décidé de modifier son itinéraire habituel.

La spécularité actorielle et le dédoublement de l'étrangeté prennent une forme différente dans « Miroir-miroir-dis-moi-qui-est-le-plus-beau » de Michel Bélil, mais, encore là, la première complication paraît toute simple, en rien étrange : recevoir un héritage par voie de testament. Le narrateur de sa propre aventure déclenche le récit par l'énoncé des conditions du testament, véritable amorce des *complications*. Ces conditions constituent une forme de pacte apparemment anodin et ne posent d'abord aucun problème à l'héritier qui ne s'interroge pas longtemps sur ce legs, pourtant suspect puisque les deux hommes se détestaient et que l'enjeu consiste à se soumettre aux dernières volontés d'un faux ami :

> [L]*es conditions spéciales liées au testament d'un vieil oncle que je détestais (et qui me le rendait en retour) ne m'ont pas dérangé.* [...] *Je n'ai qu'à* me soumettre *aux conditions de l'oncle : ne* rien déranger *de l'ameublement déjà en place, coucher dans la même chambre que mon prédécesseur, ne jamais sortir de la région quel qu'en soit le prétexte* [18] (1978b : 132).

Ces conditions liant la victime à son bourreau et compliquant sa vie à jamais se révéleront ultimement un véritable piège mortel. Tout cela permet surtout de mettre en place un type d'information primordial qui sert à « expliquer » les derniers événements, à leur conférer un sens. Or, comme chez Carpentier et Mathieu, ce n'est qu'ensuite que survient la *complication* contenant une véritable particularité étrange. Elle prend la forme du reflet du narrateur dans le miroir de la chambre à coucher, mais sous les traits d'un double monstrueux *in progress*. Fait étonnant, d'un point de vue générique, le protagoniste ne déroge à aucune des conditions énoncées dans le testament, et, pourtant, le malheur fond sur lui. Il y aurait là, en regard de la convention (interdiction –> transgression –> punition), un illogisme au creux du discours. Contrairement au récit traditionnel sur lequel il semble moulé, récit dans lequel le « héros » reçoit habituellement une sanction négative après avoir transgressé un ordre, le récit de Bélil illustre plutôt le surgissement de l'étrange par le recours à la conformité à une règle de conduite. La logique implicite du discours suggère ici

---

18. C'est moi qui souligne.

que, quoi que l'acteur fasse, le manipulateur caché, l'oncle qui lègue ses biens, est décidé à créer la complication, qui vise à punir le légataire en lui renvoyant une image dégradée de lui-même, image qui se réifie dans la « réalité » :

> [M]*es yeux se sont arrêtés sur une personne d'allure athlétique jeune et pleine de vigueur. Sur son visage commençaient à apparaître les rides de la vieillesse. Chose plus désagréable, des petites bosses de pus verdâtres se formaient à ses joues. Je le regardai d'autant plus attentivement qu'*il s'agissait de moi... *ou plutôt de l'image que je projetais dans le miroir* [19] (p. 133).

Sans doute s'agit-il simplement du motif du miroir enchanté – suggéré d'ailleurs fortement par le titre –, miroir qui punit aveuglément, car un autre miroir renvoie une image normale du corps du légataire. Le va-et-vient entre l'anormal et le normal engendre à la fois la problématique de l'étrange et le questionnement qui s'ensuit, qui concourt à produire l'effet fantastique.

Dans la dernière séquence de « Miroir-miroir-dis-moi-qui-est-le-plus-beau », qui commence par une phrase traduisant l'urgence d'en finir autant avec la vie qu'avec la narration (« Mais venons-en tout de suite au dénouement », p. 135), le récit apporte *résolution* et *morale* après que le narrateur, se voyant dans une vitre (dernière apparition, c'est-à-dire dernière *complication*), se fut trouvé encore plus hideux (il semble ici que le double monstrueux se perçoive non comme le Même mais comme un Autre) ; c'est que souvent, en fantastique, le Même devient Autre, se transforme littéralement :

> [S]*ur* la vitre [...] horrible à voir et à sentir, *se tenait à quatre pattes un monstre. Il me regardait férocement, prêt à m'attaquer et à me dévorer. Son visage était barbu, peuplé de rides verdâtres. C'était le monstre du miroir-miroir !* [...] *Je sens encore son sourire féroce lorsqu'il s'est dissous en moi !* (p. 136-137).

Dans la duplicité et le dédoublement-différenciation du processus de ces complications, point la problématique de la *dissolution* de

19. C'est moi qui souligne.

l'Un dans l'Autre, malgré tout le Même, un peu comme ce qui se passe chez Carpentier et Mathieu, mais de manière très différente.

Un autre lien rattache ces textes : les complications étranges sont toutes déclenchées par le truchement de « textes » (lettre, livre, testament) qui, par ailleurs, donnent forme aux premières complications non étranges. Il en est un peu de même chez Daniel Sernine, dans « La maison de l'éternelle vieillesse », à cette différence près que le texte est oralisé, comme dans les récits folkloriques. Grâce au récit (dans le récit) du gardien d'une maison étrange, le protagoniste Thomas Beaumarchais apprend que, depuis des décennies, de vieilles gens respectent un rituel et qu'ils ne s'approvisionnent jamais en quoi que ce soit. Le gardien avoue avoir « renoncé à comprendre » (1978b : 24). Par ce simple complicateur narratif, Beaumarchais est mis au courant d'une situation très étrange et est fortement intrigué par ces « révélations » d'un « secret » (p. 24). On se rappellera le contenu et la fonction de la lettre dans « La Bouquinerie d'Outre-Temps » par laquelle le « lourd secret » du grand-père est révélé et Luc, destinataire de la lettre, mis sur la piste de l'étrange. On se rappellera tout autant la découverte du *Rufus itinerans* par Black chez Mathieu et le testament chez Bélil. Ces « textes » contiennent des pièges, aux conséquences plus ou moins fâcheuses selon le cas, aux conséquences extraordinaires dans tous les cas, et les protagonistes, sans exception, finissent par y tomber. En somme, ce sont là, sous des formes diverses, les pièges attendus dans le récit fantastique.

Néanmoins, il faut se rendre à la quatrième séquence, alors que le récit est bien engagé, pour que se formalise véritablement la fantasticité (deux univers incompatibles qui se côtoient). Beaumarchais pénètre par effraction dans la maison et y croise des gens qui sans être aveugles ne le voient pas, où il relève une série d'incongruités, notamment des traces du temps passé (« toute la maison sembl[ant] meublée et décorée presque comme un musée », p. 27), anachronisme déjà noté chez Carpentier (le prix des livres). L'artiste évalue la situation et est pris d'« épouvante », est « pétrifié » (p. 27) *(évaluation).* Cette séquence est close par la fuite de l'artiste craignant, comme dans les récits de Maupassant, d'être devenu fou.

À l'exemple de Guindon, Beaumarchais revient dans la réalité pour ainsi dire, mais ne cesse d'être obsédé par l'espace étrange. À la suite du gardien, il mène lui aussi son enquête, conclut que la situation est incroyable et prend la décision ferme de faire une seconde visite de la maison : « Au risque de perdre la raison, et malgré tout son être qui se révoltait à la perspective de *revivre* cette terreur, Beaumarchais décida de *retourner* ce soir-là dans la demeure mystérieuse. Il lui fallait s'assurer que ce qui s'était passé était bien la réalité[20] » (p. 30). Dans la dernière séquence narrative, il est happé par cette maison, prisonnier éternel, bien malgré lui. Mais la complication des complications, c'est moins d'être prisonnier de cet espace que d'y répéter à jamais les mêmes gestes : « C'est affreux ! Suis-je prisonnier ? Il me faut sortir au plus vite pour échapper à *cette routine où je m'enlise.* [...] L'épouvante quotidienne pour des siècles à venir ! [21] » (p. 38).

La finale donne lieu à un métissage de la complication de l'évaluation et de la résolution en conséquence duquel le récit continuerait *ad vitam æternam,* avec les mêmes mots, sans aucun changement subséquent, l'acteur vivant dans la complication, dans le piège étrange dans lequel il est tombé. Le texte donne donc cette curieuse image d'une complication qui ne trouve sa résolution – mais sans vraiment la trouver – que dans la répétition de la complication : « Lundi 30 avril – J'ai revécu la journée [...] Lundi 30 avril – J'ai revécu la journée... Lundi 30 avril – J'ai revécu... » (p. 38). De plus, désespérance suprême, Beaumarchais n'a pas l'impression d'exister dans cette situation fantastique dont il a pourtant clairement conscience : « C'était *une situation fantastique,* hallucinante : c'était comme si j'assistais à *une pièce de théâtre* sur la scène même, parmi les acteurs, sans pourtant que ceux-ci me voient, comme si je n'existais pas[22] » (p. 31). Ce sentiment d'être coupé du monde, d'être inexistant, invisible, d'être plongé dans un décor qui provoque un sentiment d'*inquiétante étrangeté* semble diamétralement opposé à la situation de fusion intime et de communication qui s'établit,

20. C'est moi qui souligne.
21. C'est moi qui souligne.
22. C'est moi qui souligne.

par exemple, chez Carpentier, entre Luc Guindon et le libraire étrange, chez Mathieu, entre Black/Niger et sa déesse tutélaire Cybèle. Par contre, chez Bélil, l'acteur, lui, est *trop* visible ; c'est le monstre hideux qui doit disparaître !

À l'opposé des Carpentier, Mathieu, Bélil, Charbonneau-Tissot qui jouent sur la variation des complications étranges, Sernine procède à une sorte d'exhibition de la fonction particulière qui consiste à faire advenir l'étrange par la répétition fonctionnelle du même : des bouts du récit sont repris textuellement, dans la dernière partie, à de très légères variantes près. Le protagoniste n'aura conscience de cette répétition d'un temps très bref[23] qu'une fois le piège refermé à jamais. Au lieu des différences observées jusqu'à maintenant, on aurait là une constante formelle du récit fantastique : le protagoniste progresse tant que dure l'énigme ; une fois celle-ci résolue, tout s'arrête et il devient impossible de faire demi-tour, comme si le non-savoir conduisait au savoir qui, lui-même, serait un piège. Évidemment, le texte pourrait continuer, comme dans le cas de Sernine, mais il tournerait alors à vide.

Le titre « La contrainte » donne en partie la problématique de la complication du texte de Claudette Charbonneau-Tissot, d'une modernité certaine, où l'étrange n'advient plus dans un espace-temps objectal – écrire invariablement le même texte dans une maison happée hors de la temporalité –, mais plutôt *dans* les conséquences phénoménales de l'acte même d'écrire. Il ne s'agit pas de décrire simplement le phénomène, mais d'entrer dedans par l'écriture même. De plus, contrairement à ce qui est représenté chez Sernine, la « victime » de « La contrainte » désire se jeter dans le piège tendu par l'écriture (comme Guindon dans le Montréal de son grand-père, ou Black dans l'univers de la déesse Cybèle), mais elle revient malheureusement à la banalité du quotidien, sans pour autant que le texte perde son caractère fantastique.

La première complication, la contrainte en fait, est elle aussi « banale » : le besoin d'écrire. Dans la deuxième séquence, surgit la complication qui sous-tend le récit et lui donne son

23. L'intervalle du retour du même est d'une journée chez Sernine, d'un siècle chez Carpentier et de deux millénaires chez Mathieu.

caractère d'étrangeté, d'abord axé sur une problématique fondée sur l'attraction de l'étrange, comme dans la plupart des textes étudiés :

> [J]*e savais que* le dieu *qui m'habitait et* qui exigeait de moi une nouvelle histoire *ne tolérait ni la facilité ni la perfidie* [...] *la fureur du dieu s'était abattue sur moi le jour où, doutant du machiavélisme de l'*esprit qui me hantait, *je lui avais* offert un texte *tronqué fait de débris d'autres textes. Je me méfiais à présent de sa colère et ne lui* offrait plus que des textes *sans faille qui, cependant, me faisaient entrer en transe* [24] (1976b : 12).

Cette *complication,* « exiger du texte[25] », relativement peu fréquente dans le fantastique traditionnel, a toutefois une composante actantielle du même ordre chez Mathieu et chez Bélil, c'est-à-dire l'action occulte d'un manipulateur lointain et fortement agissant, bien que la *nature* du manipulateur soit ici en partie un leurre, car la suite du récit montre qu'il ne s'agit pas de dieu ou de déesse, comme chez Mathieu, ni d'un acteur véritablement différent du personnage manipulé, comme chez Bélil, même si la fonction manipulatrice étrange demeure présente dans le système du récit. La suite pose graduellement la problématique en termes de plus en plus clairs tout en gardant le mystère :

> [L]*e dieu qui séjournait en moi ne s'assouvissait que d'histoires obscures et sanglantes dans lesquelles j'étais amenée à baigner et à vivre immergée puisque,* sitôt un texte entamé, je subissais automatiquement un dédoublement et une métempsycose *suivant lesquelles, chaque fois,* je devenais non seulement l'auteur et le narrateur de ce texte mais aussi son personnage central[26] (p. 12-13).

Il est remarquable de voir se créer un nœud gordien que l'écriture a apparemment la charge de trancher, alors qu'il s'agit de l'entretenir désespérément, en dépit des indices donnés qui laissent croire que la narratrice vit un drame épouvantable par fiction interposée :

24. C'est moi qui souligne.
25. Dans la nouvelle éponyme du recueil *Le mangeur de livres* de Bélil, une fournaise monstrueuse dévore des livres.
26. C'est moi qui souligne.

> *Depuis trois semaines, l'histoire* [...] *me ramenait toujours à une maison isolée à l'intérieur de laquelle un homme exigeait de moi des explications au sujet des termes de* ce pacte que j'avais dû conclure un jour avec quelqu'un *qui, depuis, m'asservissait et* exigeait sans cesse de moi, en pâture, des histoires *mobilisant mon temps, mon énergie et me laissant par la suite vide et brisée* [27] (p. 13).

Ce passage de la « réalité » de la narratrice à la « fiction » scripturaire s'effectue stylistiquement parlant encore plus doucement chez Carpentier, lorsque Guindon passe du XXe au XIXe siècle, uniquement par le glissement continu d'une écriture qui se contente d'attester le dédoublement effectif du « réel » :

> [I]*l y avait déjà si longtemps que j'inventais ces histoires que j'avais dû confondre la vérité à l'une d'elles, puis l'oublier, de telle sorte que je n'arrivais plus à me souvenir de l'auteur et des raisons de mon joug, n'étant consciente que de la pression perpétuelle qui s'exerçait sur moi et de la rigueur inflexible de cet élément oppresseur* (p. 13).

La suite du texte offre une sorte de prolongement discursif de la confusion possible entre la réalité et la fiction – car il n'est pas tout à fait clair que la fiction soit vécue comme la réalité par la narratrice, mais suffisamment d'indices le laissent croire. À la différence des textes fantastiques canoniques, celui de Charbonneau-Tissot met en scène la narratrice qui semble résister à l'étrange ou plutôt au caractère douloureux de sa relation avec un « dieu » manipulateur avec qui elle a pactisé, sans toutefois mettre en doute le phénomène étrange produit : son discours occasionne plutôt un effet de confusion et de va-et-vient quasi naturel entre la fiction et la réalité. En ce sens, on est en droit de se demander s'il s'agit bien d'un texte fantastique et non pas simplement de la narration d'une série d'étrangetés qui respectent les limites du délire onirique ou pathologique d'un personnage ayant perdu le sens du principe de réalité. Une fois le récit considéré dans son ensemble, on sait évidemment qu'il n'en est rien, parce que le fantastique est déterminé non pas par ses segments séquentiels pris de façon isolée, mais par la relation de toutes les parties entre elles.

---

27. C'est moi qui souligne.

Et c'est précisément à la dernière séquence que le récit affirme sa fantasticité. L'apparition de l'étrange sous forme du Même et du Double y est narrée un peu à la manière de Carpentier lorsqu'il fait s'approcher Luc Guindon de la vitrine de la Bouquinerie d'Outre-Temps. L'image se précise en se rapprochant et entraîne la plus importante *complication* de « La contrainte » :

> [E]*lle s'approcha peu à peu jusqu'à ce qu'elle fut tout près, à la même distance que moi de la fenêtre, mais de l'autre côté.* [...] *son visage* [...], *trait pour trait, était identique au mien.* [...] *De la main, je fis voler la vitre en éclats. Derrière la vitre brisée, mon reflet ne bougea pas* (p. 28).

Suit une *évaluation* où s'enchâsse, sous forme d'analepse, une sorte de récit dans le récit qui se trouve à enclencher le processus de *résolution* de l'énigme, la narratrice se souvenant « du jour où, esprit errant en quête d'un corps, elle [l'apparition] s'était présentée à moi pour la première fois, et m'avait parlé de mondes insolites dont elle seule connaissait les chemins balisés » (p. 30). Cette analepse semble résoudre l'énigme d'un seul coup en révélant que le double est une Autre. En fait, il s'agit d'une autre figure de soi, comme chez Bélil, mais en beaucoup moins monstrueux, qui s'actualise étrangement : « Pour échapper au monde routinier dans lequel ma vie s'étiolait alors et pour qu'elle me conduise de repère en balise jusqu'à ces mondes fantastiques dont elle m'avait parlé, j'avais accepté de vivre sous sa tutelle et lui avais permis de s'incarner en moi » (p. 30). Finalement, le récit décrit la fusion de deux êtres – propos semblable à celui de Mathieu, Carpentier et Bélil –, avérant ainsi le caractère fortement étrange du rapport entre ce personnage et son double légèrement – ou tout à fait ? – différent d'elle-même :

> *Elle s'était mise à marcher vers moi et je savais que si je ne m'écartais point de sa route, elle allait me rejoindre et* se fondre de nouveau à moi. *Je restai immobile, attendant l'impact. Soudain, il se produisit une minuscule explosion. Elle m'avait rejointe.* En passant devant un miroir, je vis mon reflet dans la glace *et je me souvins que mes yeux n'avaient acquis cette dureté que le jour où le pacte avait été conclu entre*

> *elle et moi.* [...] je me suis aussitôt mise à écrire une histoire dans laquelle, dès les premières phrases, je fus catapultée[28] (p. 31).

En définitive, le récit est marqué par le principe de la complication, de la polémique et de l'opposition dialogique au sens le plus fort du mot, puisque le discours de la narratrice incorpore, dans des termes voilés, divers éléments de la doxa à son propre discours, à sa propre réflexion qui est incluse elle-même dans une forme narrative tissée de complications successives dissemblables et représentant les aléas de la vie d'une femme hantée par le désir de vivre réellement et effectivement, hors d'une réalité ennuyeuse et dans des fictions qu'elle parvient à créer avec l'aide d'un double, autre figure d'elle-même. Chez Charbonneau-Tissot l'étrangeté porte donc moins sur l'événementiel pur et simple que sur le rapport voulu et provoqué entre le réel et le fictif. Mais dans tous les cas étudiés, le récit problématise un certain va-et-vient entre deux univers, l'un réel, qui s'estompe, l'autre irréel, qui s'affirme, se réifie et entraîne une forte réaction évaluative de la part du principal acteur impliqué dans l'échange verbal.

---

28. C'est moi qui souligne.

CHAPITRE V

L'ÉTAT FINAL (OU LA MORALE) : LE SENS DE LA CONFIGURATION NARRATIVE

La finalité et le sens du récit fantastique peuvent se résumer par des formules simples, en dépit des textes qui s'en jouent avec beaucoup de liberté et d'invention scripturaire : ne pas *savoir* (confrontation avec une énigme) –> *devoir* agir ou être agi (quête, enquête forcée ou voulue) –> *savoir* la vérité (résoudre l'énigme) –> *pouvoir* faire (acquisition, victoire, amélioration de la vie) ou *ne plus pouvoir* rien faire (perte, échec, anéantissement).

Ainsi, une brève analyse des états finals dans les cinq récits du corpus permet de voir comment s'effectue le saut entre le « *faire* des acteurs » (Adam, 1985 : 52), accompli dans les séquences formées par les macropropositions proprement actionnelles et transformationnelles, et la « dimension du *savoir* des sujets engagés dans l'échange » (p. 52) verbal. Cette analyse aide à dégager, en d'autres mots, la véritable « dimension configurationnelle » (p. 52) qui se manifeste au terme des transformations actionnelles du récit fantastique.

L'ensemble de la séquence finale de « La Bouquinerie d'Outre-Temps », qui problématise une deuxième survenance de l'étrange, répète la première séquence étrange, en en renforçant le caractère de nécessité, dans ses grandes articulations macropropositionnelles, et en y ajoutant des détails. Le protagoniste explore avec bonheur l'extérieur de l'espace apparu et découvre qu'il est dans le Montréal de 1878 et non dans celui de 1978 ; de toute évidence, l'historiographe est craintif, mais heureux de (re)trouver sans distance spatio-temporelle l'objet même de son savoir livresque, de satisfaire un désir secret :

> [E]*n même temps qu'il* [Luc Guindon] *luttait contre la perspective d'un retour en arrière, il ne fait pas de doute qu'intérieurement* il souhaitait plus que tout *que cela se produisît. Il est difficile de déterminer ce qui joua le plus dans ce que Luc interpréta comme un hiatus temporel ; était-ce la volonté débridée de l'Histoire ? L'insatisfaction de son temps, ou le désir effréné de Luc de pister son héros ancestral ?* [...] *La preuve se faisait ainsi de plus en plus pressante, de plus en plus englobante !* Il considéra donc le fait comme acquis[1] (Carpentier, 1978c : 140-141).

Guindon est ainsi un personnage qui agit – et non qui est simplement agi –, mû par le désir secret de provoquer une situation que son propre savoir, conjoint à son univers du désir, lui dicte.

Si l'on jette un regard sur les autres textes du corpus, on remarque un renversement de la problématique relative à l'agir, au cognitif et au religieux, dont parle Irène Bessière dans *Le récit fantastique* (1974 : 14), en ce sens qu'il n'est pas du tout certain que Luc Guindon et la narratrice de « La contrainte » ne soient pas les propres motivateurs de leur agir : étant manipulés par eux-mêmes, ils ne constituent pas de bons exemples de passivité, puisqu'ils agissent sur leur propre destin, dans le but, conscient ou inconscient, de le (et de se) *transformer*.

En revanche, dans la finale du « Pèlerin de Bithynie », l'agir de Black semble déterminé par un manipulateur externe, caché au cœur de la réalité et qui se révèle à la toute fin du récit comme étant l'élément d'un système d'organisation surnaturelle et occulte d'un monde parallèle[2] dont la réapparition est cyclique : le récit recourt alors précisément à une forme d'explication du monde (le mythe de l'éternel retour) et à la résurgence d'une mythologie (la gréco-romaine), qui n'ont rien de strictement rationnel – aucunement prouvées par l'expérience scientifique

1. C'est moi qui souligne.
2. Il s'agit d'une synecdoque de l'Olympe : la déesse Cybèle sert de figure à un groupe plus vaste qu'elle traîne d'ailleurs en partie avec elle (Attis, par exemple).

dans ce que Darko Suvin, parlant de science-fiction, nomme le « monde empirique de l'auteur[3] » (1977a : 15) –, ni rien de véritablement irrationnel – tout dans le texte est construit de manière à fondre sacré et scientificité. L'événement n'est pas insensé non plus, puisque le mysticisme autorise l'apparition, probable, souhaitable, voire effective grâce à la divinité qui en règle les cycles et grâce à la « victime » béate :

> *Souviens-toi, c'est* ainsi à chaque retour. *Comme* malgré lui, *le professeur réussit à se lever. Il faisait les mêmes gestes de protestation, son corps se rejetait en arrière d'épouvante, mais il avançait pourtant.* [...] *La Grande Mère le reçut sur son sein. Même souillé, le visage du néophyte rayonna de lumière. Il serrait dans ses doigts un fragment d'inscription ; il le rejeta loin de lui derrière son épaule. Marcus se joignit au cortège et entra dans la mer* en chantant[4] (Mathieu, 1965b : 68-69).

Il apparaît que les remarques de Bessière sur l'agir opèrent dans « Le pèlerin de Bithynie » : l'interrogation du sujet est orientée en fonction de la vérité de l'événement et non de l'agissement ; l'agir est soumis à l'événementiel, il ne le commande pas. Le sujet (Black) produit l'acte, mais parce que tout lui semble dicté de l'extérieur[5] par un manipulateur qui le conduit à la production/révélation événementielle. Pourtant, le récit n'est pas « irréductible à tout cadre cognitif ou religieux » (Bessière, 1974 : 14). Certes, il déroge aux règles du rapport strictement rationnel au cognitif tel que conçu depuis quelques siècles, mais le personnage, s'il est agi, l'est par une déesse répondant tout à fait au cadre cognitif gréco-romain qui, bien que de nature mythico-religieuse, n'en reste pas moins un cadre historiquement daté qui explique, relativement s'entend, la nature des événements relatés. En fait, la fantasticité (la production de l'effet fantastique), dans « Le pèlerin de Bithynie », est réductible au cadre d'un certain sacré, tel qu'il a pu exister il y a deux mille ans, en même

3. Il ne s'agit pas ici de confondre le genre fantastique et la science-fiction, mais d'utiliser une notion référentielle qui peut être commune à des genres non réalistes.

4. C'est moi qui souligne.

5. Il serait juste aussi de dire que l'acte est dicté de l'intérieur, car Black réactualise une croyance de Niger, son double.

temps qu'elle est forcément irréductible au cadre cognitif tel qu'il est compris au XXe siècle. Voilà peut-être une des clés qui expliquent l'écart, le dysfonctionnement du contenu idéologique, le conflit des croyances et des possibles né de la confrontation de deux types de personnages autour d'un événement improbable au premier abord, du moins pour l'un des deux : c'est sans doute cette problématisation qui donne au récit, sur le plan des conflits idéologiques, son caractère fantastique. Quant à la formalisation narratologique du contenu étrange, elle renforce ce caractère en le mettant en discours, c'est-à-dire en l'organisant de manière logique, en une suite de séquences construites à même les grandes fonctions générales et particulières.

La passivité ou l'écrasement sous le poids de l'horreur étrange semble en revanche total chez Bélil, puisque le manipulateur (le donateur ou le testateur premier) parvient à transformer un personnage détesté en son double monstrueux ; mais c'est oublier que le manipulé recourra au même procédé : il est d'abord agi, puis, ayant compris le secret magicomaléfique, à son tour, il agit sur le monde, perpétuant l'horreur : « Ce qui compte c'est de *faire* le plus de malheur possible pendant qu'il en est encore temps, tout en se faisant passer pour philanthrope. Au moins, je ne serai pas le seul à avoir vu apparaître à la vitre cette monstruosité indescriptible ! [6] » (p. 137). Quant à la conséquence de cet acte, elle s'inscrit dans la série des finales étudiées, puisque le protagoniste choisit d'aller s'engloutir dans « un marécage », comme le Black/Niger de Claude Mathieu, qui s'engloutit dans la mer en chantant, comme le Guindon d'André Carpentier, qui est avalé pour son plus grand bonheur par le temps. Bref, il existe toujours une forme de relation entre la passivité et l'activité dans le récit fantastique, car il s'agit le plus souvent de passer ou de ne pas passer du côté de l'étrange.

Cela peut tourner vers l'agir purement scripturaire, comme chez Daniel Sernine et chez Claudette Charbonneau-Tissot. Les dernières microséquences, dans la finale de « La maison de l'éternelle vieillesse », sont marquées presque uniquement par le discours répétitif : l'artiste, totalement agi par un manipulateur qui serait sa propre curiosité (mythe de Pandore), note dans son

6. C'est moi qui souligne.

journal les gestes répétitifs posés par les habitants de la maison, son discours se ramenant effectivement à de la description d'actions, actions qui n'ont toutefois aucune autre conséquence dans le récit que celle d'engager de plus en plus le personnage dans le cycle de la répétition par un retour perpétuel à la case départ : dès la deuxième journée de son dernier séjour dans la maison – dont il ne sortira plus –, l'artiste écrit des pages qu'il récrira dans les jours qui suivent jusqu'à ce qu'il se rende compte du caractère répétitif de son discours. Il n'y a à peu près que des éléments descriptifs et évaluatifs dans ces microséquences, puisque rien ne change dans l'action. Ce n'est que le troisième jour que l'artiste en arrive à la *résolution* de l'énigme qui, sorte d'oxymore, ne résout rien, apparaît comme *une évidence obscure,* à la fois vraie et fausse, possible et improbable, telle une certitude née de l'observation qui ne trouve son explication rationnelle nulle part aux yeux de Beaumarchais.

Voilà bien la démonstration de ce qui constitue l'essence d'un certain type de fantastique et que cette nouvelle cristallise dans sa *morale* finale où le personnage prend conscience du sens de ses gestes, du lien entre son *faire* et le *savoir* qu'il acquiert en fin de parcours, ce lien qui le lie ou, mieux, le ligote au lieu dans lequel il est entré par effraction, au piège dans lequel il est tombé en voulant à tout prix *savoir* ce qu'il y avait derrière (dans) le récit raconté par le concierge. Cette *morale* est indéniablement une punition, car l'état final du protagoniste est loin du contentement que semblent éprouver les autres acteurs qui ont précédé Beaumarchais, et qui, apparemment, produit le phénomène de l'éternité de la maison :

> *Aujourd'hui,* j'ai enfin compris le terrible mystère *de cette maison. J'ai compris que, pour échapper à la mort qui les talonnait, ces vieillards se sont* volontairement *enfermés dans une routine absolue et éternelle. Ils se sont* isolés du temps *en figeant pour l'éternité une journée dans cette demeure, une journée vécue originellement au début du siècle et répétée quotidiennement depuis lors. Comment ? Par quel prodige, par quelle magie, par quelle science ces gens ont-ils* défié et vaincu *les lois inéluctables du Temps et du Destin ? Je ne puis entrevoir fût-ce l'ombre d'une explication.*

> *Mais cela éclaircit pourquoi personne ne sort de cette maison, et pourquoi il n'y entre jamais de provisions* [7] (Sernine, 1978b : 37).

Contrairement au savoir acquis par Guindon, par Black et par l'héritier chez Bélil, celui de Beaumarchais semble inutile, puisque l'artiste (aimant *reproduire* de vieilles maisons sur toile) devra répéter le même texte inlassablement. C'est de ce côté que la *morale*, la *sanction* textuelle, confère son caractère de fantasticité au récit de Sernine, dans la matérialisation de l'idée d'éternité, dans ces corps qui ne changent plus : toutes les transformations actionnelles conduisent à la sanction de l'immuabilité, de la stabilité absolues de l'*état final* du protagoniste et des autres acteurs. En ce sens, Beaumarchais est véritablement victime d'un processus enclenché par sa convoitise et par sa curiosité et, donc, lui aussi agi peut-être de l'intérieur. Si le sort de Guindon, sanctionné dans le finale de « La Bouquinerie d'Outre-Temps » paraît meilleur, c'est parce que l'historiographe demeure dans la temporalité, continue de se transformer et, en tant que créateur, peut écrire de la science-fiction, fort de sa connaissance du futur. De même pour Black qui, sans doute, connaîtra d'autres métempsycoses – comme la narratrice de « La contrainte » – à la suite desquelles il sera un autre savant – à la suite desquelles elle sera une autre écrivaine... Pour Beaumarchais, rien de tel. Toutefois, l'éternel retour de la même journée et la chute du protagoniste dans ce piège ne sont pas nécessairement redevables à la règle du non-agir ou de la passivité du sujet, puisque le sujet a provoqué ce qui lui arrive sans être manipulé par une force surnaturelle externe ; d'où la sanction : le manipulateur manipulé par sa curiosité tombe dans un piège dont le contenu est surnaturel (une maison où la répétition éternelle s'est installée). En outre, le piège spatio-temporel prend de plus la forme d'un horrible piège scripturaire, car le narrateur, tombé dans l'univers surnaturel de la répétition, se voit obligé de répéter *ad infinitum* le même texte chaque jour.

Dans « La contrainte », la problématique est sensiblement modifiée : l'écrivaine, en apparence manipulée de l'extérieur, agit pour ainsi dire sur la manipulation en l'appelant de l'intérieur et

7. C'est moi qui souligne.

en s'en servant comme moteur de la création et de la transformation perpétuelle. Rien de statique ici, ni dans les complications ni dans la morale. Les univers fictifs dans lesquels elle entre réellement après les avoir créés sont bien le fruit de son travail. Là où elle est victime, c'est bien plus dans la disparition de l'étrange manipulation : elle est ainsi condamnée à vivre dans la banalité, dans la seule répétition des gestes quotidiens de la femme d'intérieur. L'aspect horrible de la condition humaine, chez Charbonneau-Tissot, se trouve souvent[8] dans la réalité quotidienne et c'est la création, voulue, désirée, fruit de l'agir – à tout le moins scripturaire –, qui donne un sens à la vie. Par conséquent, le récit de Charbonneau-Tissot se construit à même un texte qui s'écrit et qui semble commandé à la fois par la narratrice et par son double ou – rien n'est plus tout à fait certain depuis le « je est un autre » de Rimbaud – par une manipulatrice qui force la protagoniste-narratrice à inventer des histoires qui vont l'aider à sortir *réellement* de la banalité quotidienne par l'écriture, à entrer dans les mondes fictifs ainsi créés. Or, le récit subit un renversement inattendu dans le code fantastique : dans la dernière microséquence de la macroséquence finale – en forme de *résolution* et de *morale* qui donne sa dimension configurationnelle au récit –, le double finit par quitter le corps de la narratrice qui retombe dans l'état initial où elle était non pas au début du récit mais dans un temps antérieur évoqué dans une analepse de la dernière séquence, c'est-à-dire avant même sa rencontre avec celle qui la possédait, ramenant la narratrice à la banalité de la vie quotidienne, à ses « travaux d'aiguille et de lessive » (1976b : 32). Inversant le processus de la sanction du surnaturel propre à tous les autres récits du corpus, où l'acteur est confirmé dans ses nouvelles « fonctions » dans l'Ailleurs, le récit de Charbonneau-Tissot sanctionne le surnaturel en l'effaçant, mais en le faisant regretter par l'acteur dont le discours cherchait désespérément à la maintenir matériellement et réellement en position d'irréel.

8. Dans la majorité de ses œuvres où l'irréel sert de soupape au monde étouffant de la quotidienneté.

* * *

LES RAPPORTS DU NARRATIF ET DU FANTASTIQUE

Au terme de ces analyses fonctionnelles, il appert que, en reconstruisant le processus transformationnel des fonctions macropropositionnelles, on arrive à dégager l'armature du récit fantastique. J'ai essayé de montrer que le récit fantastique ne trouve pas sa spécificité simplement dans l'inscription d'une ou même de plusieurs macropropositions représentant un ou des événements étranges, mais dans l'articulation et dans l'enchevêtrement relationnel et conflictuel de celles-ci avec les autres macropropositions et aussi avec les autres éléments compositionnels : ce qui signifie que les macropropositions proprement *narratives* ou *transformationnelles* (celles où sont relatés les *événements* et les *actions* des personnages) dépendent tout à fait et fort étroitement pour produire un effet (un texte) fantastique du contenu et de la forme des autres macropropositions parfois moins narratives et plus descriptives ou argumentatives avec lesquelles elles sont en relation.

C'est dans ce sens, me semble-t-il, qu'un *genre* littéraire se spécifie, non dans quelques détails isolés, mais par la manière avec laquelle il oriente formellement les aspects multiples de son contenu : choix de l'histoire, choix des mots pour en décrire l'environnement et les conflits idéologiques (ce qui rejoindrait, dans l'ancienne rhétorique, les notions d'*inventio* et d'*elocutio*) et avec laquelle il organise, entremêle ce contenu dans ses diverses macropropositions (choix de l'enchevêtrement des éléments de l'histoire et des mots – *dispositio* ou composition – de la construction du texte).

En fin de compte, dans les limites de mon corpus, au strict point de vue macropropositionnel, il appert que l'étrange représenté dans les complications, dans le récit fantastique, est *déclenché* dès la phase d'orientation, mais que c'est la problématisation de l'étrange grâce aux fonctions évaluatives (résistance à l'étrange) qui concourt à produire l'effet fantastique. Enfin, la relation du tout textuel avec la *morale* sanctionne de manière définitive le caractère fantastique du récit par l'imposition finale de l'impensable. En ce sens, Jean-Michel Adam a bien raison de dire que

> [l]*a cinquième macroproposition, chronologiquement* la dernière, *est en fait* la première *du point de vue de la rhétorique pratique du discours narratif, puisqu'elle détermine le choix d'une* histoire *toujours réglée en fonction de sa fin. La macroproposition Pn1 est, elle aussi, à un autre niveau, déterminante puisqu'elle sert de base aux épisodes successifs* (1985 : 149).

Toutefois, l'étrange se *manifeste* dans une des phases complicatives, habituellement dans la deuxième macroproposition « complication », mais il est préparé par une nouvelle phase d'orientation où, presque à chaque fois, le personnage principal quitte un lieu ou arrive à un autre. L'étrange se trouve ensuite *problématisé* dans la phase évaluative (l'hésitation dont parle Tzvetan Todorov prend ici son sens) et *partiellement confirmé* à la fois en tant qu'irréel et en tant que réel dans la phase résolutive (macroproposition « résolution »). C'est donc en grande partie au cours d'une des phases centrales (la série de *complications*) que le récit s'engage résolument sur la voie de la fantasticité. Laissée à elle seule, cette macroproposition, dût-elle être sérielle, ne saurait produire l'effet fantastique : elle est indissociablement liée esthétiquement aux autres macropropositions, à la forme de leur contenu particulier et aussi aux autres séquences où des séries de macropropositions s'enchaînent de manière relativement toujours très logique, car le fantastique loin d'être un délire sur l'improbable se construit plutôt narrativement comme une chaîne de séquences marquées par des séries macropropositionnelles soudées et dont l'ordre obéit à une logique spécifique : c'est qu'il s'agit de convaincre, par une stratégie textuelle spécifiquement logique, celui à qui s'adresse finalement le texte – le lecteur implicite – que ce qui se produit dans le texte n'est pas simple délire. Cela nécessite une mise en place bien particulière, qui laisse à l'auteur beaucoup de liberté esthétique dès la séquence d'ouverture, puisque l'orientation peut être de type descriptif, dialogique ou directement actionnel/événementiel, tout en pouvant contenir à l'occasion des embryons des deux autres macropropositions logiquement subséquentes, comme la complication, l'évaluation et la résolution orientant de manière encore plus précise le récit.

La fonction de la complication demeure néanmoins centrale et déterminante dans l'articulation du récit fantastique : habituellement, le récit est constitué d'une complication non étrange et d'une série d'au moins deux complications étranges, l'une répétant l'autre, sinon dans sa littéralité, du moins dans son essence. Le fantastique est le règne de la répétition : tout se passe comme si, une fois l'étrange inscrit dans l'univers perturbé par son inscription même, il fallait que le phénomène irréalisant se répète au moins une fois, jusqu'à la disparition, l'absorption ou le rejet du sujet qui l'a vu naître, jusqu'à la réification de l'irréel et l'installation de l'acteur dans l'Ailleurs. Ce qui se répète fait disparaître ou avale ce qui est unique.

La phase évaluative, quant à elle, lorsqu'elle survient, explicite la problématique en en illustrant le caractère obsessionnel dans la conscience du personnage en position d'étrangeté. On a vu qu'elle relève de l'esthétique du dialogisme ou de l'argumentation. Cette phase est toutefois à rattacher directement, comme le suggère Adam, à la complication : elle dénoue en apaisant ou en dramatisant l'effet de choc produit par la série de complications étranges. Il en est de même de la résolution, qui apporte une solution passagère aux problèmes de l'acteur principal.

Quant à la « morale » ou « état final » de l'« histoire » fantastique, elle a une valeur plus grande que les autres fonctions dans la détermination générique, car, génériquement, c'est le plus souvent cette ultime fonction qui donne un sens fantastique au récit ou qui, inversement, évacue toute fantasticité. Dans mon corpus, les textes penchent ainsi tantôt du côté du magique – ce qui donne des textes proches du réalisme magique (« La Bouquinerie d'Outre-Temps », « Le pèlerin de Bithynie », « La contrainte »), tantôt du tragique, forme canonique du fantastique (« Miroir-miroir-dis-moi-qui-est-le-plus-beau » et « La maison de l'éternelle vieillesse »).

La morale, apportant sens global et sanction, est donc une des pierres angulaires du récit fantastique. Le plus bel exemple en serait ce que la tradition a appelé le fantastique expliqué, qui est une contradiction dans les termes en ce sens que le fantastique ne s'explique pas : il est mise en discours, par une organisation textuelle, autour d'un phénomène perçu comme étrange et improbable dans le monde de l'environnement de l'auteur. Dût-on simplement y apporter une explication quelconque dans la morale (éveil après un rêve, aveu de tromperie, etc.), et il n'y a plus d'étrangeté irréductible et, partant, le récit ne peut plus être considéré comme faisant partie du genre fantastique. Si, comme le rappelle Todorov, pour qu'il y ait fantastique, il faut qu'il y ait au moins un phénomène étrange, qui est la complication, j'ajoute qu'il faut que l'étrange soit sanctionné à la fois comme improbable et comme s'étant imposé dans l'univers représenté. Il n'y a que la phase de la morale (la sanction) qui fournit cette clé au récit, qui permet de surcoder l'ensemble du discours narratif comme fantastique ou non. Donc, à l'inverse des autres formes génériques, qui n'ont pas un besoin aussi essentiel de véridiction de leurs fondements, de leur contenu nodal (ici l'apparition de l'étrange), le récit fantastique se construit comme une chaîne narrative archilogique où aucune partie ne doit venir contredire absolument l'inscription de l'improbable, mais au contraire le renforcer, même si paradoxalement le renforcement de l'étrange s'effectue par voie de résistance rationnelle à l'étrange.

* * *

Partir de la maison, rencontrer l'étrange et revenir, désirer s'en échapper, consciemment ou inconsciemment, en se faisant aider par des forces apparemment irrationnelles, mais en coulant/moulant une histoire dans des formes tout à fait rationalisées, logiques, voilà sans doute les figures narratives les plus récurrentes du récit fantastique. La maison peut être représentée sous la forme d'un véritable espace physique ou, symboliquement, comme quelque chose qui abrite l'être, lui sert de domaine privilégié, le récit étant une sorte de dramatisation des contraintes de la demeure à laquelle le protagoniste est assigné. Cette inscription de l'espace ou de l'objet étrange dans le texte est une fonction générative de fantasticité, actionnant si l'on peut dire les figures actorielles et discursives. L'analyse du descriptif aidera à mieux déceler l'importance de cette composante, car c'est là que convergent toutes les actions, toujours peu ou prou décrites, les personnages avec leurs qualités (qualifications éthologiques, actionnelles, etc.) habitant un espace matériel et surtout verbal qui surdétermine à la fois l'acteur, l'histoire et le récit et, ultimement, la fantasticité elle-même.

DEUXIÈME PARTIE

LES PROCESSUS DU DESCRIPTIF DANS LE RÉCIT FANTASTIQUE

CHAPITRE I

PROBLÉMATIQUE GÉNÉRALE

Partie intégrante du processus transformationnel à l'œuvre dans le récit, le descriptif est donc une des composantes essentielles du récit fantastique. En ce sens, *narratologiquement,* les dispositifs du descriptif fantastique qu'il m'intéresse de mettre en lumière s'apparentent aux procédés discursifs de la focalisation interne ou externe *sur* les « objets » par les énonciateurs, narrateurs ou sujets, du récit. Comme le soutient Mieke Bal, dans *Narratologie* :

> *Parallèlement à la narration, la focalisation connaît des* niveaux. *Un changement de niveau de focalisation va souvent de pair avec un changement de niveau narratif, mais ce n'est pas toujours le cas, loin de là. Tout ce qu'on a traditionnellement considéré comme* intrusions d'auteur, *les traces du* implied author, *peut être analysé en traces du narrateur et traces du focalisateur. Le focalisé ainsi compris ne se limite pas aux personnages. Les choses, les lieux, les événements en font partie aussi. On peut donc déterminer, pour une description par exemple, si l'objet décrit est focalisé – c'est-à-dire choisi, considéré et présenté – par un focalisateur anonyme ou par un personnage. Il va sans dire que cette distinction est très importante pour l'interprétation des descriptions particulières, mais aussi pour la définition théorique, encore à élaborer, du descriptif en général* (1984 : 38).

C'est dans cette perspective que je concentrerai mon attention sur le processus de focalisation descriptive mis en œuvre dans les récits de mon corpus, en mettant l'accent sur les processus de caractérisation des divers focalisés : les acteurs du récit et le cadre spatio-temporel dans lequel ces acteurs s'inscrivent, se déplacent, observent eux-mêmes le monde. Tantôt le focalisateur est focalisé par un narrateur, tantôt c'est l'espace qu'il observe qui devient l'enjeu de la focalisation, l'objet focalisé. En effet, souvent dans le récit fantastique, des formes de représentation discursive passent essentiellement soit par l'un, soit par l'autre des deux principaux modes de l'énonciation en régime fantastique : un « il » distancié, quoique collé à l'observation de la chose ; un « je » collé à la chose décrite, quoique distancié, car c'est toujours après coup qu'il décrit ce qu'il a vu et qu'il en rend compte.

Abondant dans le même sens que Jean-Michel Adam et André Petitjean, je constate que

> *les récits ne peuvent se passer d'un minimum de décor et d'acteurs : les événements (série temporelle de la narration) ont besoin de l'espace (série spatiale* [...]*). En d'autres termes, la description semble avoir pour fonction essentielle de permettre le récit en assurant son fonctionnement référentiel* (1989 : 4).

En lieu et place de la fonction de narrateur, celle de descripteur entre en jeu à ce moment du récit, même si c'est presque invariablement le narrateur qui parle : alors, le narrateur change simplement de registre, passant ainsi à une autre forme de verbalisation, en conservant cependant le canal du « il » ou du « je » utilisé jusque-là. Dans ce contexte, la description peut être soit déléguée à un des acteurs du récit, le récit s'avérant souvent un jeu de mises au point et de focalisations alternées et enchevêtrées. À travers cette fonction focalisante, ce qui me semble compter le plus, c'est avant tout la mise en texte, littéralement la mise en mots, en figures lexématiques, des rôles et des qualités qui sont accordés par le discours descriptif à deux composantes du récit, soit l'espace-temps (ou le décor) et le personnage qui circule dans ce décor. Il s'agit alors de ce que Adam et Petitjean nomment, à la suite de Roland Barthes, la fonction indicielle par laquelle le référent cherche à imposer sa vraisemblance, sa conformité aux possibles de la représentation, en régime réaliste comme en régime non réaliste.

Mon ambition dans cette partie de mon essai est de voir comment les différentes figures descriptives entraînent la production de la fantasticité, l'hypothèse émise étant que le descriptif, et non seulement la description, est une des composantes essentielles du récit fantastique, voire un des moteurs de sa narrativité et de son hypogénéricité : tout autant qu'un récit de type réaliste, un récit de type fantastique a besoin de poser le « réel » s'il veut produire un écart, une disjonction propre à créer justement l'effet fantastique. Le texte fantastique prend appui sur la plupart des procédés descriptifs utilisés dans le récit réaliste, mais il inscrit la discursivité dans un processus transformationnel que ne connaît pas nécessairement le régime réaliste.

CONTRAINTES RÉALISTES ET CONTRAINTES FANTASTIQUES

Philippe Hamon tente, dans « Un discours contraint », de « r/ouvrir un dossier, fermé par un certain terrorisme de la *textualité sémiotique,* plutôt que d'apporter des révélations définitives » (1982 : 166) et, ce faisant, il suggère plusieurs pistes pour l'exploration et la compréhension d'un des mécanismes les plus essentiels à la production de l'effet de réel, si important dans le réalisme aussi bien que dans le fantastique et même dans d'autres hypogenres (la science-fiction par exemple). Ne faut-il pas, en effet, sans cesse créer l'illusion référentielle afin que le narrataire ou le destinataire croie à ce qui se passe, dans un jardin enchanté, dans une maison située dans l'Ailleurs ou sur une autre planète ? Hamon, pour sa part, après avoir étudié certaines conceptions du réalisme en usage[1], en vient à une constatation qui permettrait de

1. « La problématique ainsi circonscrite, le langage ne peut (ne pourrait) donc imiter dans la réalité que : a) du langage (parlé ou écrit), et un énoncé linguistique ne peut alors "reproduire" qu'un énoncé ou un fragment d'énoncé linguistique identique déjà dit par *lui-même* [...]. Nous avons là un premier sens du mot "réalisme" *(réalisme I)* que l'on pourrait appeler "réalisme textuel" ; b) certains éléments du réel (bruits, mouvements, lignes...) iconifiables par

situer l'écart entre le réalisme et le fantastique dans la relation texte/lecture du texte :

> *Une poétique ou une typologie du discours réaliste partirait donc, tactiquement, d'une* pragmatique, *l'hypothèse étant, selon une formule que l'on peut emprunter à K. Stierle, que « l'usage projeté d'un texte donne les règles de sa constitution ». Nous aurions donc là une troisième acception (réalisme III) de notre concept, un réalisme que nous pourrions appeler* descriptif, *réductible à un problème de posture illocutoire, et qui définirait une situation communicative globale décomposable en un certain nombre de présupposés, dont l'étude ouvrirait autant de pistes à l'analyse ; ces présupposés, qui s'impliquent d'ailleurs mutuellement, et qui constituent ce que l'on pourrait appeler le « cahier des charges » du projet réaliste, seraient les suivants (liste non close) :*
>
> *1. le monde est* riche, *divers, foisonnant, discontinu, etc. ;*
>
> *2. je peux* transmettre une information *(lisible, cohérente) au sujet de ce monde ;*
>
> *3. la langue peut* copier *le réel ;*
>
> *4. la langue est* seconde *par rapport au réel (elle l'exprime, elle ne le crée pas), elle lui est « extérieure » ;*
>
> *5. le* support *(le message) doit s'effacer au maximum (la « maison de verre » de Zola) ;*
>
> *6. le* geste *producteur du message (style, énonciation, modalisation) doit s'effacer au maximum ;*
>
> *7. mon lecteur doit croire à la* vérité *de mon information sur le monde.*
>
> *Deux thèmes principaux nous paraissent pouvoir être extraits de ces présupposés, celui de* lisibilité *(le message doit pouvoir « retransmettre » une information) et celui de* description (p. 132-133).

Je retiens, pour ma part, que les présupposés qui fondent le réalisme se rapprochent beaucoup de ceux qui fondent le fantas-

---

l'écriture ou par la parole linéaire [...]. Nous avons là un autre sens du mot "réalisme" *(réalisme II)* que l'on pourrait appeler "réalisme symbolique" » (Hamon, 1982 : 124-125).

tique, mais qu'ils diffèrent au moins sur un point, celui de l'effacement de la modalisation. En ce sens, la présence du geste producteur du message, l'énonciation, et de la délégation de la perception, la focalisation, est toujours un peu problématique dans la production de la fantasticité, car ce qui est décrit est la plupart du temps narré et perçu par un acteur qui était au moment de la perception en situation d'étrangeté et qui ne l'est plus au moment de la narration. Par conséquent, l'effacement du geste n'est pas totalement possible ; bien au contraire, il est accentué par la narration. L'enjeu du descriptif dans le fantastique serait dès lors différent par rapport à celui du réalisme : en régime réaliste, le descripteur cherche à transmettre une information tout en s'effaçant, alors que, en régime fantastique, le descripteur cherche à transmettre à la fois une *information* sur un « objet » incertain ou changeant et une *évaluation* quant à la nature (sa ou ses qualités) ou la vraisemblance du phénomène décrit. Étant donné justement la nature de ce qu'il y a à décrire à certains moments du récit – alliage du « réel » et de l'irréel comme réel –, le discours jouerait, dans un premier temps, sur le tableau du réalisme et, dans un deuxième, troisième et nième temps, sur le tableau de l'information/évaluation.

L'ORGANISATION DISCURSIVE DYNAMIQUE DE LA REPRÉSENTATION

Avant d'illustrer le fonctionnement du processus descriptif tel qu'il apparaît dans les œuvres du corpus, quelques mises au point théoriques et méthodologiques s'imposent. Hamon fait très justement remarquer, dans un de ses articles, que, même dans le récit réaliste, « [l]a description n'est jamais copie réaliste, utopique adéquation à une réalité, mais une rationalisation *a posteriori* qui est toujours à la recherche d'un vocabulaire métaphorique » (1972 : 482, note 41). Ainsi, la description se veut construction d'un réseau constitué d'un ensemble de paradigmes lexicaux faits de nœuds et de dérives centrifuges et centripètes (Hamon, 1981 : 167), qui eux-mêmes s'insèrent de manière non statique dans la syntagmatique du récit. C'est ce que le champ de la théorie littéraire a convenu d'appeler la rencontre du vertical (le paradigmatique) et de l'horizontal (le syntagmatique). C'est pourquoi je préfère parler comme Hamon, de même qu'Adam et Petitjean (1989 : 112) le suggèrent, de *descriptif* plutôt que de *description,* mettant ainsi l'accent sur le processus transformationnel de cette forme de mise en texte/discours, plutôt que sur son état statique (la description), le descriptif s'intégrant et participant pleinement au processus compositionnel et architectonique global dans le discours fantastique.

Essentiellement, dans ce contexte dynamique, le descriptif a rapport à la construction d'un sujet et d'un objet complexes ainsi qu'à leur véridiction dans un espace tout aussi complexe par un processus de textualisation. Comme l'écrit Hamon dans *Introduction à l'analyse du descriptif* :

> *La description* s'organise [...] *comme un « Musée »,* comme une somme de savoirs, *comme une encyclopédie. D'où la nécessité d'*opérateurs d'homogénéité [...] *Mais inversement, le système descriptif peut* assumer l'hétéroclite et l'hétérogène *de la liste des prédicats descriptifs, les opérateurs de lisibilité n'assurant alors que l'homogénéité d'une seule isotopie, les champs sémantiques restant juxtaposés soit pour signifier l'insignifiance de l'objet décrit, soit pour signifier justement la juxtaposition ou l'hétéroclite de l'objet décrit. Le modèle rhétorique du* système *serait alors davantage celui* de l'oxymoron *que celui de la tautologie, celui* de la polyphonie *plutôt que celui de la monophonie* [2] (1981 : 163-164).

Pour mon propos, il s'agit de se demander lequel des deux systèmes (homogénique ou hétérogénique) prévaut dans l'hypogenre fantastique, l'hypothèse la plus plausible, pour l'instant, étant que le modèle de la juxtaposition oxymoronique, de l'hétérogène, de la polyphonie descriptive devrait dominer dans une forme discursive qui met justement en opposition des univers antithétiques (ou des parcelles d'univers étranges dans celui de la quotidienneté) où le réel et l'irréel sont à la fois vraisemblables et improbables.

De ce fait, le texte génère son propre « système » de classement, son ordre du monde et de discours, quelle qu'en soit la forme. Le descriptif homogène ou hétérogène est ainsi intime-

2. C'est moi qui souligne.

ment lié aux postures d'acteurs ou de narrateurs, et aux genres dans lesquels ces postures s'inscrivent. Hamon a raison de dire que « la description [...] dans les *genres* [...] est également *opérateur de classement* du personnage dans un espace *intra-textuel construit par le texte* [3] » (p. 116). Il parle, dans ce sens, de « l'effet-personnage » comme « une construction de plusieurs systèmes descriptifs juxtaposés » (p. 113), qui équivalent à une somme de savoirs incarnés dans des locuteurs-acteurs qui, par leurs gestes, actes, paroles, etc., entrent en relation homogène (harmonieuse) ou hétérogène (conflictuelle) avec des phénomènes perçus comme étranges dans l'univers dans lequel ils prennent place. L'être de « papier » qui parle ou qui agit, qui décrit ou qui est décrit, est le plus souvent campé de telle sorte que filtrent peu ou prou de ces « détails » qui le définissent dans son travail sa fonction, son état à l'intérieur du *tissu social*. S'il n'est jamais interdit de jeter des ponts entre l'intratexte et l'extratexte, les règles du jeu paraissent d'abord déterminées par la composition intratextuelle ; c'est à partir du texte que le sens surgit. Je crois toutefois que la relation intra –> extra demeure quasi obligée, puisque, comme nous l'avons vu dans l'analyse des transformations actionnelles, le fantastique se détermine comme genre du discours dans les relations, entre autre facteurs, qui s'établissent pragmatiquement entre l'énoncé, le locuteur et le référent – un référent possible ou impossible, selon les lois de la vraisemblance communément admises et partagées par l'ensemble de la communauté humaine, représenté par l'image du locuteur et du destinataire. L'axe que je privilégie dans mon étude reste celui qui se situe dans la relation énoncé –> référent possible/impossible, sans négliger la part du locuteur.

L'INTERRELATION DES SYSTÈMES ACTIONNELS ET DISCURSIFS

La relation de l'énoncé avec son référent dans le processus descriptif s'inscrit toujours en régime narratif dans un contexte plus large. En effet, s'il existe une interrelation disjonctive/conjonctive entre les énoncés et l'intratexte et l'extratexte, il y en

3. C'est moi qui souligne.

a aussi une, à l'interne, entre le narratif proprement actionnel et le descriptif, plus près du discursif de surface, malgré une indéniable ligne de partage. D'un côté, le narratif est transformationnel, syntagmatique, phrastique (bien que translinguistique au sens bakhtinien[4]) et producteur d'effet de mouvement actionnel et événementiel (la diégèse, l'histoire racontée par un narrateur) ; de l'autre, le descriptif est dérivationnel, déclinatoire, paradigmatique, lexical et il produit, selon Hamon, un « effet de liste » découlant de la déclinaison des qualités des acteurs (l'éthologique, l'éthopée selon la rhétorique traditionnelle) et de la spatialisation, du décor spatio-temporel. La combinaison et l'interaction de ces « formes » ou de ces niveaux actionnels et déclinatoires produit un effet de sens particulier, pouvant concourir à la spécification d'un genre[5] :

> [D]*escription et narration, qu'il peut être utile, en un premier temps, d'opposer pour des raisons heuristiques, réclament sans doute d'être considérées plutôt comme deux types structurels en interaction perpétuelle (il y a toujours du narratif dans le descriptif, et réciproquement – ceci pour refuser toute hiérarchisation univoque des deux types), comme deux types complémentaires à construire théoriquement, ou*

4. Davantage qu'aux phonèmes, aux morphèmes ou à la morphosyntaxe, je m'intéresse au *sens* qui naît *de l'interaction des énoncés,* qui vont le plus souvent au delà de la simple phrase, et qui sont plutôt groupés par séquences multiphrastiques, elles-mêmes « travaillées » par des fonctions multiples.

5. En fait, chaque genre aurait sa propre manière d'entrelacer ces deux composantes, et le désarroi moderne ou postmoderne devant la notion de genre proviendrait du fait que les artistes cherchent perpétuellement à inventer des formes nouvelles, à brouiller les pistes de la formalisation générique. Il devient effectivement très difficile de déterminer l'appartenance générique de certains textes contemporains. En ce qui touche nombre de textes dits fantastiques, il est vrai que leur annexion à l'hypogenre en question ne se fait pas sans problèmes, comme certains textes très descriptifs (ou *dé-scriptifs*) apparemment tout à fait déconstruits de Louis-Philippe Hébert. Mais, règle générale, bon nombre de textes sont encore identifiables à une généricité spécifique ; c'est d'ailleurs des textes de ce *genre* que je prends comme exemplaires d'une certaine pratique de l'hypogenre fantastique (québécois), à l'exception peut-être de « La contrainte » de Claudette Charbonneau-Tissot.

> *comme deux tendances textuelles dont il serait sans doute vain de chercher les incarnations exemplaires parfaites.* [...] *Il serait donc utile de poser, pour éviter de substantifier et de figer des catégories textuelles trop massivement définies, que toute description suppose un système narratif, aussi elliptique et perturbé soit-il, ne serait-ce que parce que la temporalité et l'ordre de la lecture impose à tout énoncé une orientation et une dimension transformationnelle implicite* (p. 97-98).

L'IDÉE DE CHRONOTOPE

En ce qui a trait au concept de « chronotope », élément indispensable dans la relation énoncé/référent, sans doute est-il nécessaire de préciser que je l'entends *grosso modo* dans le même sens que Mikhaïl Bakhtine[6], qui l'a mis au point dans *Esthétique et théorie du roman,* dont je m'inspire grandement :

> *Nous appellerons* chronotope, *ce qui se traduit, littéralement, par « temps-espace » : la corrélation essentielle des rapports spatio-temporels, telle qu'elle a été assimilée par la littérature. Ce terme est propre aux mathématiques ; il a été introduit et adapté sur la base de la théorie de la relativité d'Einstein. Mais le sens spécial qu'il y a reçu nous importe peu. Nous comptons l'introduire dans l'histoire littéraire presque (mais pas absolument) comme une métaphore. Ce qui compte pour nous, c'est qu'il exprime l'indissolubilité de l'espace et du temps (celui-ci comme quatrième dimension dans l'espace). Nous entendrons* chronotope *comme une catégorie littéraire de la forme et du contenu, sans toucher à son rôle dans d'autres sphères de la culture.*
>
> *Dans le chronotope de l'art littéraire a lieu la fusion des indices spatiaux et temporels en un tout intelligible et concret. Ici, le temps se condense, devient compact, visible pour l'art, tandis que l'espace s'intensifie, s'engouffre dans le mouvement du temps, du sujet, de l'Histoire. Les indices du temps se découvrent dans*

---

6. Voir surtout « Forme du temps et du chronotope dans le roman. (Essais de poétique historique) » (Bakhtine, [1975] 1984 : 235-398).

> *l'espace, celui-ci est perçu et mesuré d'après le temps. Cette intersection des séries et cette fusion des indices caractérisent, précisément, le chronotope de l'art littéraire.*
> *En littérature, le chronotope a une importance capitale pour les* genres. *On peut affirmer que ceux-ci, avec leur hétéromorphisme, sont déterminés par le chronotope ; de surcroît, c'est le temps qui apparaît comme principe dominant des œuvres littéraires. En tant que catégorie de la forme et du contenu, le chronotope établit aussi (pour une grande part) l'image de l'homme en littérature, image toujours essentiellement spatio-temporelle* ([1975] 1984 : 237-238).

Je mets donc l'accent, outre sur la relation espace-temps, sur celle qui s'établit entre le locuteur et le chronotope, sur sa perception du phénomène et des transformations qui s'opèrent des uns aux autres. Dans ses observations finales, après avoir analysé les formes du chronotope du roman grec à la Renaissance, Bakhtine formule cette idée :

> [L]*a signification des chronotopes* [...] *pour le* sujet *est évidente. Ils se présentent comme les centres organisateurs des principaux événements contenus dans le sujet du roman, dont les « nœuds » se nouent et se dénouent dans le chronotope. C'est lui, on peut l'affirmer, qui est le principal générateur du sujet* (p. 390-391).

Toutefois, Bakhtine cherche à replacer les grandes formes de la représentation romanesque de l'espace et du temps dans une perspective historique, en s'efforçant de comprendre l'évolution de la catégorie de l'espace-temps à travers l'histoire du roman. Pour ma part, j'entends me servir du concept non pas dans une perspective historique – je ne cherche pas à comparer le chronotope du récit fantastique québécois avec, par exemple, les figures qu'il a prises successivement au cours des deux siècles précédents en Europe, ou même au Québec depuis 1837 –, mais comme une mise en discours et en relation de la spatialité et de la temporalité dans la strate proprement discursive du récit fantastique, dans la strate de la manifestation langagière. Le temps et l'espace entrant pour une bonne part dans la formalisation textuelle du récit fantastique, et provoquant des rapprochements et des écarts de la « réalité », il est de première importance d'examiner le « détail » de sa mise en discours.

LES MODALITÉS HYPOGÉNÉRIQUES DU DESCRIPTIF

Dans la forme que prend le descriptif, il existerait de grandes modalités, soutient Hamon avec circonspection :

> *Ce qui paraît « normal » en régime naturaliste (aller du général au particulier, du global au local, du nom-thème-introducteur au « détail » terminal) peut être moins normal en régime fantastique, ou dans le roman policier (où l'on va plutôt du détail à l'ensemble, de la description à la dénomination), et inversement* (1981 : 94).

Encore selon Hamon, les lieux ou les données qui doivent entrer dans le processus descriptif seraient « à la fois décrits et prescrits par les modes d'organisation structurels globaux du genre » (p. 94). C'est ce que Adam et Petitjean appellent les procédés d'ancrage et d'affectation. Par ancrage, ils entendent la procédure descriptive posant d'entrée de jeu le nom de l'objet du discours (qu'ils appellent aussi le thème-titre) ; le discours se situerait alors dans le régime réaliste. Dans l'affectation, la procédure serait inversée et tendrait à produire « des effets de sens de type *incertitude* ou *étrangeté* » (1989 : 115). On pourrait penser que cette forme du descriptif serait le propre du récit fantastique, pourtant l'exemple qu'il donne se trouve dans *Germinal* d'Émile Zola. Nul doute que l'écriture, peu importe son contexte générique, a le pouvoir de produire des effets d'étrangeté, qui ne créent pas nécessairement, loin de là, l'effet fantastique. Puis, il est vrai que le descriptif n'est pas toujours clairement détaché dans le récit[7], qu'il y est dispersé, et que le descripteur, au besoin, reprend le même thème-objet sous un autre angle ou sous un autre aspect. De toute manière, les règles du fonctionnement du descriptif dans le récit fantastique restent à définir, et les brèves remarques de Jean Bellemin-Noël ne vident pas la question. Ce dernier propose une réflexion tout de même assez juste sur ces procédés : il parle entre autres de « certains mécanismes (vision imprécise, bruits inquiétants, phénomènes parapsychologiques) qui dessinent le contour de ce qu'il faut bien nommer l'irréel » (1971 : 111). Il

7. Surtout dans les genres brefs, le conte ou la nouvelle, alors que dans les genres longs, comme le roman, il se déploie plus volontiers.

dit aussi que « autant les traits à caractère référentiels indiscutables jouissent d'une exactitude accusée [...] autant les figures de l'inadmissible sont obliques [...] leur marque la plus constante est d'être sous le signe du déformé, voire de l'informel » (p. 111). Il finit par trancher avec, il faut le reconnaître, beaucoup de nuances :

> *Deux traits caractérisent* « la chose » *fantastique – parce qu'en fait il n'existe que deux moyens de faire pressentir, de suggérer l'imperceptible. Le premier trait consiste à ne pas la montrer* [... mais à la nommer dans une profusion verbale, d'où le procédé de la nomination]. *Un second procédé se conjugue avec celui de la nomination : on lui donnera le nom de pseudo-prétérition* [...] *on affirme ne pas vouloir dire ce dont, ce faisant, on parle très clairement* [...] *puis on s'aperçoit qu'en fait rien n'est effectivement décrit : il se produit un authentique « passage au-delà »* [...] *du descriptible* (p. 112-113).

À mon avis, ces caractéristiques sont assez justes. J'en retiens d'ailleurs les principaux éléments, car il appert justement que la pseudo-prétérition est une notion pertinente en régime fantastique, tant le descriptif est important, même lorsqu'il est évasif, fragmenté et dispersé comme poussières de pollen dans le récit. De plus, Bellemin-Noël ne tient pas assez compte de l'ensemble de la configuration narrativo-discursive, ni des relations pragmatiques qui s'établissent entre les données. Car, s'il est vrai que la vision imprécise ou floue peut compter pour beaucoup dans le processus du descriptif, elle est à placer dans un cadre transformationnel à chaque fois bien précis. Compte tenu de ces constatations, qui montrent, entre autres, que le processus de théorisation du descriptif en régime fantastique est encore en chantier, je ne peux que souligner pour l'instant le fait qu'il est vrai que le fantastique semble le plus souvent régi par un système de gradation (de gestation) allant du détail à l'ensemble, de l'indiciel énigmatique au sens général donné par la progression du descriptif. Mais ce qui le caractérise également, c'est que très souvent le « détail » donnant son sens générique à l'ensemble configuratif est en partie donné dans le titre lui-même, premier ancrage du texte fantastique dans le paratexte. Le titre est déjà un déclencheur de la fantasticité en ce qu'il met en activité le processus de décodage opéré par le lecteur[8].

LE PIÈGE RÉFÉRENTIEL

De toute manière – et malgré le fait que Bakhtine ait raison d'insister sur les rapports de la littérature avec le monde et la réalité –, au delà de la question des régimes hypogénériques, il importe, dès qu'on aborde la question du descriptif, d'éviter « le piège de l'approche référentielle » (Hamon, 1981 : 94), ou, du moins, il importe d'aborder cette question avec prudence et de concevoir avant tout le descriptif comme « un type particulier de fonctionnement [...] dans l'organisation textuelle d'un énoncé » (p. 94). Car « le descriptif n'est [...] pas moins du côté de l'étrange et du fantastique que du côté du réalisme ou du merveilleux » (p. 94-95). Il est là où les exigences génériques lui assignent une fonction. Or, la fonction première du descriptif semble être de construire par blocs ou par fragments discursifs le cadre spatio-temporel et l'*ethos* des acteurs, et, paradoxalement, d'assurer le fonctionnement référentiel du récit – je parle ici d'une *relation* référentielle à l'interne et avec l'externe –, en décrivant espaces et acteurs comme des sujets ou des « objets » vraisemblables ou vraisemblabilisés. D'où la nécessité et la difficulté de démêler, d'une part, le sens des énoncés par rapport aux autres dans le texte lui-même et, d'autre part, leur sens par rapport à ce qu'ils sont censés désigner dans ce qu'il faut bien appeler la « réalité ». Le problème est évident : dans le fantastique, une partie de ce qui est nommé ne correspond à rien du tout, puisque le texte désigne ce qui ne peut apparaître dans la réalité externe, mais qui apparaît malgré tout dans l'univers de la représentation. Dans l'analyse du descriptif, il faut donc tenir compte des différents niveaux de réalisation textuelle : le descripteur nomme une réalité intratextuelle, autoréférentielle, par rapport à laquelle les acteurs se définissent (ou se perdent) ; il désigne donc

8. J'analyse cet aspect du (para)texte plus loin (voir p. 145-153).

également une réalité par rapport à laquelle le lecteur (réel ou implicite) peut ou ne peut pas définir lui-même sa position et celle des acteurs.

Ultimement, ce qui compte, c'est de se rappeler que la plupart des textes narratifs cherchent à désigner ce qu'ils décrivent comme une réalité et même à imposer les figures de l'irréel comme du réel, sans quoi l'écriture tombe dans le registre du poétique, de l'allégorie, de l'onirique ou du délire. Un des procédés les plus courants et les plus efficaces pour créer l'effet de référentialité est justement cet « effet de liste » (p. 66) qui serait, selon Hamon, le trait fondamental du descriptif. Parlant des « signaux du descriptif », Hamon note :

> *L'hypertrophie des procédés* [...] *auto-référentiels serait, peut-être, une contrainte globale de la description* [...] *certains signaux fonctionnant également comme autant de consignes adressées au lecteur* [...] *signaux auto-référentiels divers, comme les prétéritions (par exemple l'adjectif : indescriptible)* [...] *marques morphologiques particulières (le présent d'attestation, du type : « Verrières* est *une ville qui... » ; l'imparfait par opposition au passé simple, temps signalétique de l'effet-récit), lexique particulier (termes techniques* [...] *noms de nombres, noms propres à fortes connotations individualisantes* [...]*), « figures » rhétoriques particulières (métaphores, filées ou non ; métonymies* [...]*). Enfin l'usage, au sein de la série descriptive, de certains termes posés en position de rupture d'un horizon d'attente, de « détails » insignifiants dont l'insignifiance même provoque un arrêt dans la lecture (et donc le début d'une recherche herméneutique, rétrospective ou prospective, de la part du lecteur)* [...] *contribue, toujours à certaines époques et au sein de certains genres institutionnalisés, à signaler sans doute la description au lecteur. Mais tous ces procédés, bien sûr, même quand ils ont tendance à se cumuler, demandent à être identifiés au sein de genres* [...] *historiquement localisés.* [...] *On pourra donc dire que l'énoncé descriptif privilégiera* [...] *la récursivité infinie d'une même unité, ou d'un même syntagme, par exemple la possibilité d'accumuler les adjectifs épithètes sur un même nom, ou les propositions relatives (équivalent phrastique de l'épithète) sur un*

> *même antécédent* [...] *; d'où cet « effet de liste » qui est le trait fondamental du descriptif* (p. 65-66).

Si chaque genre possède son choix et son orientation de contenu, sa manière de développer sa diégèse, de faire poser la voix aux narrateurs et aux acteurs, de la même manière chaque genre est contraint à la fois par un certain type de descriptif, de caractérisations épithétiques et fonctionnelles, et de relations entre les « détails » de l'objet décrit et du champ général dans lequel il s'inscrit. Il s'agit de prendre la mesure d'un territoire textuel. « Le descripteur [est ...] l'arpenteur d'espace comme l'arpenteur de bibliothèques » ; le descriptif est « une esthétique du "fragment" [...] un discours de parcours » (p. 62) qui concourt à définir les contours du genre où ses fragments s'imbriquent.

THÈME-TITRE ET RÉGULATION DU SAVOIR

Le descriptif serait, dans ce sens, essentiellement une forme d'« [e]xplication *(ex-plicare)* sémiologique (le dépliement d'un paradigme latent d'unités lexicales) et [d']explication pédagogique (un certain type de communication encyclopédique "lisible" et de communicants hiérarchisés) [qui] semblent bien indissociables » (Hamon, 1981 : 61). Ce serait ainsi une machinerie/machination textuelle anaphorique qui contribuerait à imposer de nouveau la mémoire du « pantonyme », l'objet central du discours. Le pantonyme est inscrit dans le texte, sa position est inaugurale et le récit en constitue l'anaphore euphorique :

> *Le pantonyme, à la fois, souligne le système configuratif de l'énoncé descriptif (il tend à occuper les marges, début ou fin, de la description), focalise le sens global du système, déclenche les stratégies de rétrospection et de prospection de la lecture et assure, par sa mémorisation permanente et son rôle anaphorique, la lisibilité du texte.* [...] *Certes, plus le pantonyme tend à être rejeté vers la fin de l'énoncé descriptif, plus la lecture de ce dernier tend à devenir quête, quête de sens, d'information, quête du pantonyme lui-même, plus donc la description tend, tout en restant organisée sur le modèle de la liste, à s'assimiler au récit à suspense, au récit à devinette (Œdipe), qui est quête d'une dénomination plus ou moins différée* (p. 156).

Le pantonyme peut être absent lexicalement (par exemple : le monstre innommable de certains textes de Lovecraft) ; il faut alors un autre opérateur de régie (d'homogénéité ou d'hétérogénéité) : en fantastique, ce pourrait être les épithètes désignant les émotions suscitées par l'apparition d'un monstre et surtout la pseudo-prétérition (par exemple : « Je ne saurais décrire l'horreur qui s'empara de moi à la vue de la "chose", mais je vais décrire en même temps et ce que je ressens et la chose innommable »).

Opératoirement, dans sa formalisation, le texte désigne, soit par son titre, soit en filigrane du discours narratif, soit comme une sorte de parapluie invisible, un pantonyme (l'objet central du récit) qui suscite une dénomination, dont découle logiquement une nomenclature (liste de termes rattachés à l'objet, parties de l'objet, etc.) et des prédicats (somme des qualités prédicatives fonctionnelles et épithétiques du pantonyme) :

> *Un système descriptif demande donc, en régime « lisible », à être homogénéisé non seulement globalement (le pantonyme focalise alors l'attention du lecteur sur une dénomination stable et permanente, celle de l'« objet décrit »), mais aussi localement, au niveau de la somme des prédicats par lesquels on peut caractériser l'objet* (p. 164).

Contraint, entre autres, par un modèle apparemment simple d'effet de liste, le descriptif prend la forme d'un processus de dépliement d'une nomenclature régi par des procédés de sériation (p. 151) (sur)qualifiant et surdéterminant un pantonyme pouvant comporter une nomenclature et des prédicats étendus ou restreints, soigneusement sélectionnés néanmoins, en fonction du savoir des locuteurs, des acteurs, de leur idéologie, du genre dans lequel le discours s'enchâsse : « [L]a description [se fait ainsi ...] méta-classement, classement textuel [...] d'un référent déjà grillé, déjà classé par les grilles et les canevas de la technologie [...], du droit [...], de l'anthropologie » (p. 76), car « les trois fonctions cardinales de la pratique descriptive [seraient] la classification, la dénomination, l'exultation » (p. 72). « Carrefour de savoirs, la description est toujours, aussi, carrefour normatif, texte surmodalisé » (p. 164), où le discours prolifère en désignant/surnommant un objet classé dans le domaine du savoir comme tous les objets, à moins que ces objets n'appartiennent à des univers inconnus, cas très fréquent dans le discours fantastique. À ce moment, à plus forte raison, le discours prolifère pour parvenir à classer cet objet non classé, cet objet hétérogène par rapport au savoir du protagoniste. Bellemin-Noël parle à juste titre de prolifération de la « nomination » pour tenter de mieux cerner l'innommable par la profusion verbale : « [c]'est le triomphe de la rhétorique dans l'assaut de toutes ses figures » (1971 : 112). Dans ce sens, le discours descriptif, dans le récit fantastique peut-être plus que dans toute autre forme narrative, s'apparenterait au discours scientifique sur une importante découverte : le chercheur s'acharne alors à décrire avec force détails le nouvel objet de la connaissance. C'est dans ce sens que le fantastique *tend,* quoi qu'on en pense, le plus souvent à la lisibilité, puisqu'une partie de son discours porte sur des éléments déjà classés, mais, également et plus que tout, parce que l'objet demeurant partiellement illisible, encore non classé, le discours est toujours *tendu vers* l'accession à sa lisibilité.

C'est sans doute dans ce sens également que vont les remarques d'Adam et Petitjean qui établissent, dans *Le texte descriptif,* un rapport entre la forme encyclopédique (la définition du dictionnaire ou le contenu d'un *savoir*) et la description :

> [C]*e qui ancre la description, c'est avant tout le choix d'un thème-objet du discours* [...]. *Ceci correspond bien à ce qu'a noté Ph. Hamon (1981) en soulignant que le fait de pouvoir réduire (résumer) un fragment textuel (par exemple la description d'un château) à un mot (le nom propre « Château de Chambord ») est très précisément ce qui définit le système descriptif.* [...] *En fait, plus profondément,* c'est l'organisation même des savoirs encyclopédiques des sujets que pose cette idée de « système descriptif » organisé autour d'un mot-noyau : *la façon dont les concepts sont définis et organisés dans la mémoire à long terme* [9] (1989 : 105-106).

Théoriquement, une description est donc essentiellement constituée d'une dénomination et d'une définition. Le système descriptif spécifie et révèle dans son contenu des états donnés du savoir des sujets mis en contact avec des « objets » en train d'être décrits. C'est dans ce sens que Hamon parle du descriptif comme d'un système qui serait formé, du tout aux parties, d'un

9. C'est moi qui souligne.

pantonyme, de dénominations, de nomenclatures et de prédicats, et qu'Adam et Petitjean, s'en tenant à peu près aux mêmes classèmes, remplacent toutefois le mot « pantonyme » par celui de « thème-titre » (ou thème-objet). Les thèmes-titres placés en tête de description, les noms propres par exemple, « fixent un cadre (« frame »), déterminent un horizon d'attente concernant la présence et la fonction d'éléments prévisibles » (p. 111).

Dès le titre d'un récit, le descriptif entre en jeu, et il est suivi (filé) dans le texte par des séries comportant leurs propres dénominations et nomenclatures qui s'imbriquent sériellement les unes dans les autres :

> *En tant que texte cohésif, une description est constituée de prédicats successifs (progression) énoncés à propos d'un petit nombre de signifiés constants (cohésion). Ce noyau initial de signifiés, qui déclenche puis assure la compréhension sur la base de l'isotopie du texte, est contenu dans le thème-titre. Dans les discours descriptifs les plus divers* [...], *le thème-titre – explicite au début ou à la fin du texte ou de la séquence, plus rarement implicite jusqu'au bout – oriente l'interprétation et fixe, en partie, la lisibilité de l'énoncé. Ceci est vrai aussi bien dans le discours « réaliste » conventionnel que dans le cas des réalisations délirantes des monstres* [...] *Chaque discours règle la mise en ordre de détails jugés pertinents par le descripteur pour le descriptaire (pertinents à l'intérieur de chaque « genre » et de chaque situation d'interaction)* (p. 111-112).

En termes pratiques, pour les besoins de l'analyse, je conçois qu'un texte est dominé par un pantonyme qui comporte dans son développement textuel une série de thèmes-titres ou de dénominations comportant à leur tour des séries fonctionnelles, prédicatives ou d'états qualifiants, un grand ensemble discursif étant le plus souvent constitué de plusieurs sous-ensembles de cet ordre :

> *D'un point de vue macrostructurel, la dénomination agit comme le* thème dans une discussion ou une conversation et comme le titre *d'un livre ou d'un article. Convenons donc de préférer la notion de* thème-titre *à celle de dénomination et de la considérer comme la base de l'établissement de la macrostructure sémantique aussi bien que de la structure séquentielle (ou superstructure)* (p. 108).

Pour ma part, j'utiliserai indifféremment les expressions thème-titre et thème-objet pour signifier le sujet précis d'un processus descriptif, bien qu'il soit tentant de parler de thème-titre général qui se subdiviserait en thèmes-objets particularisants.

RÉCIT, DESCRIPTION ET DESCRIPTION D'ACTIONS

Il convient, dans cette mise au point méthodologique, d'établir des distinctions entre le récit, la description et la description d'actions. Selon Adam et Petitjean, le principe qui régit la description se résume à la limite au dépliement de la nomenclature d'un thème-objet, tandis que le récit est fait d'une succession de macropropositions qui, s'enchaînant selon une logique proprement narrative, transforment le cursus d'un personnage. C'est en ce sens que la description est résumable à un seul mot (le pantonyme, la dénomination du thème-objet), tandis que le récit serait résumable à rien de moins qu'une phrase ou un énoncé du type : *x* désire *y,* mais rencontre *z,* obstacle sur son chemin.

La description d'actions quant à elle tiendrait à la fois de la description et de la narration, tout en étant plus proche de la première ; comme celle-ci, elle serait de l'ordre de la catalyse (fonction indicielle), c'est-à-dire qu'elle remplirait des interstices permettant de comprendre l'enchaînement des actions (fonctions cardinales) du récit et d'enregistrer les transformations caractérielles : « On rejoint alors la notion de "définition d'un archétype de personnage" (Ph. Hamon), description qui, par le biais d'une liste d'actions, renvoie à un état social et/ou professionnel » (1989 : 163). La description d'actions, par le biais d'une liste de prédicats fonctionnels, contribuerait surtout à déterminer qualitativement le caractère du personnage.

D'autre part, toujours selon Adam et Petitjean, « [l]a particularité du récit est [...] de comporter explicitement, dans sa structure hiérarchique complexe, une *dimension argumentative.* Ce n'est pas le cas de la DA [description d'actions] dont la structure n'est composée que d'une succession de PARTIES » (p. 164).

Enfin, la description d'actions, en dépit des apparences, conserve « l'emblème du descriptif, à savoir le "etc." [...] la caractéristique du descriptif [étant], théoriquement, de pouvoir être expansé à l'infini » (p. 165). Cette assertion devrait être nuancée, si l'on pense à la forme du roman parodique (modèle : *Don Quichotte*) ou du conte merveilleux (modèle : *Les mille et une nuits*) pour lesquels on peut imaginer une série d'emboîtements narratifs presque sans fin. Toutefois, à l'intérieur de chaque série événementielle, la narration ne saurait comporter plus que ce que le modèle contraignant permet (la répétition logique des fonctions quinaires, par exemple). Le descriptif n'étant pas soumis au même type de logique, il peut théoriquement s'étendre de manière anarchique quasi à l'infini, mais le descripteur lui assigne des limites précises, justement parce que le descriptif fait partie le plus souvent d'un contexte générique particulier et que son dépliement a pour fonction de classer l'objet du discours par rapport à un contexte ou à un savoir particulier. D'où les contraintes et les limites mêmes du descriptif.

CHAPITRE II

LE PROCESSUS DU DESCRIPTIF DANS LE RÉCIT FANTASTIQUE

Il s'agit ici de renverser les perspectives telles que je les ai précédemment établies pour le narratif et de considérer le récit non pas sous l'angle du processus actionnel, mais sous l'angle du discursif de surface, et de déceler les règles de la mise en scène[1] tant des acteurs que de l'espace-temps lui-même dans le récit fantastique. Pour les besoins de mon analyse, je me fixerai un double cadre à partir duquel je tenterai de dégager certaines régulations discursives du discours fantastique : 1. le cadre spatial (duquel la temporalité ne peut pas être exclue, comme le suggère Mikhaïl Bakhtine dans sa conceptualisation du chronotope, car je travaille dans le sens de l'ancrage du lieu dans le temps ou *vice versa,* et non dans le sens de la progression de la diégèse dans le temps, bien que, sur ce point, les choses ne soient pas aussi simples qu'il y paraît) ; 2. les acteurs ou le personnel du récit habitant le décor spatio-temporel, analysés sous l'angle du descriptif éthologique.

---

1. Sorte de scénographie, d'indications « didascaliques » des figures d'accompagnement de l'action incorporée dans la trame narrative.

LES TITRES ET LEURS RAPPORTS INTERNES/EXTERNES

J'aborde le descriptif par le titre, la bordure paratextuelle la plus proche du texte, car comme le souligne Claude Duchet

> *le titre est un élément du texte global qu'il anticipe et mémorise à la fois. Présent au début et au cours du récit qu'il inaugure, il fonctionne comme embrayeur et modulateur de lecture. Métonymie ou métaphore du texte, selon qu'il actualise un élément de la diégèse ou présente du roman* [je dirais du récit] *un équivalent symbolique, il est sens en suspens, dans l'ambiguïté des deux autres fonctions* [...] *référentielle et poétique* (1973 : 52).

Dès lors, dans de nombreux récits fantastiques, le titre et le thème-titre principal peuvent se confondre, parce qu'il s'agit, à ce stade de l'analyse, d'explorer la surface du texte, la manifestation lexématique du parcours descriptif, ce que le texte donne à voir le plus manifestement. Il faut toutefois établir une distinction entre les deux concepts « titrant » et « thème-titrant », qui ne se confondent pas exactement. Le titre est une partie intégrante du texte narratif, même s'il est généralement considéré comme paratextuel (Genette, 1982), car cet élément du (para)texte est surdéterminant dans le processus de lecture et d'interprétation du récit fantastique : il engage, appelle littéralement la lecture dans (plus d')un sens. Le thème-titre, quant à lui, est ce qui est désigné dans le processus de lecture/construction du texte comme unité signifiante structurante du processus descriptif. Il convient donc, en guise de préalable à une étude approfondie du système descriptif dans le récit fantastique, d'examiner les rapports entre les deux données.

Très souvent le titre donne à lui seul le programme descriptif du récit, fantastique ou non, surtout lorsqu'il est un syntagme comportant un substantif et un complément du nom, lorsqu'il est, somme toute, à un degré minimal, un embryon de description, soit une dénomination et un prédicat fonctionnel ou qualificatif. *L'éducation sentimentale* (Flaubert), *La recherche de l'absolu* (Balzac), *La couleur tombée du ciel* (Lovecraft) paraissent, à ce *titre,* des exemples patents. Duchet va plus loin en affirmant, à propos de « la page de titre » :

> *Dans la majorité des cas* [elle] *esquisse un discours sur le texte, en dévoile le contenu (forme et matrice), révèle l'esprit du récit, sa conduite, sa partie morale, met en relief les éléments producteurs d'intérêt romanesque. Bref, titre et roman* [je dirais encore récit] *sont en rapport de complémentarité et proclament leur interdépendance : l'un annonce, l'autre explique, développe un énoncé programmé* [...]. *Cependant, installé sur sa page* [...] *le titre vise à sa complétude, affiche son ipséité, s'érige en microtexte autosuffisant, générateur de son propre code et relevant beaucoup plus de l'intertexte des titres et de la commande sociale que du récit qu'il intitule* (p. 51).

De la « signalisation » intertextuelle à la problématique du référent en passant évidemment par le lien étroit avec l'intratextualité, la problématique du titre est donc complexe. Ainsi, la confrontation des cinq titres de mon corpus (« La Bouquinerie d'Outre-Temps », « Le pèlerin de Bithynie », « Miroir-miroir-dis-moi-qui-est-le-plus-beau », « La maison de l'éternelle vieillesse » et « La contrainte ») rend compte d'abord d'une série programmatique contenue dans chacun, puis des limites que ce titre-programme impose à la narration. Le titre a pu être choisi après la rédaction de la nouvelle, être préféré à plusieurs autres retenus lors du travail préliminaire du génotexte, il n'en syncrétise pas moins certaines des contraintes narrativo-descriptives du récit en question.

Insister sur les divers « aspects » du titre, dans la triple perspective inter/intratextuelle et référentielle, revient à mettre en lumière le fait que le texte titrant engage la lecture (l'acte de lecture) dans un sens relatif, entre autres, à sa généricité, à son engendrement à la fois génétique et générique, et que, corollairement, sa mise en place et son décodage sont essentiels à la compréhension de son système narratif propre et de son système descriptif à l'intérieur du genre où il s'inscrit[2]. Nous aurions là, à

---

2. Le paratexte autre que le titre proprement dit de la nouvelle (titre du recueil, sous-titre, indication générique, texte de la quatrième de couverture, etc.) aide parfois à en rendre la lecture manifeste, lorsque, par exemple, il est spécifié qu'il s'agit de « contes fantastiques » sur la couverture et sur la page de titre chez Carpentier, en quatrième de couverture chez Sernine.

peine ébauchés, les premiers éléments (du programme narratif et) du système descriptif – sur le modèle de l'encyclopédie ou du dictionnaire –, puisque le titre serait l'objet ou le sujet à définir, et le texte, la définition, l'expansion descriptive.

Le titre se fait ainsi définition dans sa dénomination même. Il oriente la « définition » du « sujet », il détermine les marges, le cadre spatial à l'intérieur desquels la diégèse se déploiera : une « bouquinerie », une « maison » ; il en précise le pivot spatial minimal : un « miroir » ; il définit actoriellement le modèle de déplacement dans l'espace qu'empruntera le protagoniste : un pèlerinage ; il définit les limites actionnelles de l'acteur : une « contrainte », précisant par là de manière patente que le discours sera contraint de quelque façon. Ce faisant, le descriptif entre déjà en étroite relation avec la diégèse, le sujet et l'objet de la configuration textuelle globale.

Par ailleurs, lorsque le titre est un syntagme, la détermination descriptive devient une surdétermination hypogénérique pour la « programmation » du récit. Préciser dès le titre que la bouquinerie est « d'*Outre*-Temps » ou que la maison est « de l'*éternelle* vieillesse » signale une forme d'étrangeté irréductible à ce qui est généralement considéré comme vraisemblable *(pragmatiquement)* : passer outre au temps, être éternel… D'entrée de jeu, l'acteur et l'espace sont soumis aux impératifs du Temps. Dans le titre de Michel Bélil, la séquence phrastique « Miroir-miroir-dis-moi-qui-est-le-plus-beau » renvoie *intertextuellement* et de façon évidente au conte merveilleux et, de ce fait, place le récit en terrain mirabilisant, l'engage hypogénériquement dans une voie non réaliste, sans compter qu'elle lui attribue intertextuellement un référent temporel à la fois antérieur et inexistant ou purement imaginaire *(Cendrillon).*

Par contre, le titre de la nouvelle de Claude Mathieu n'annonce rien d'étrange, du moins pas aussi clairement que dans les autres titres, même si la « Bithynie » désigne une région dominée jadis par la Grèce, existant toujours en Turquie, et donc fortement marquée au sceau de l'histoire ancienne, son origine remontant à la plus haute antiquité gréco-romaine : en ce sens, Bithynie connote à la fois l'historique et le mythologique, et engage le récit sur la voie du rappel mythique et de la réactualisation de la présence des dieux dans la vie des hommes (selon la définition que l'on peut donner de l'épique).

Quant à « La contrainte » (Claudette Charbonneau-Tissot), ce titre est trop abstrait pour engager la narration et le descriptif dans une hypogénéricité précise (démontrant peut-être par là que le projet scripturaire de l'auteure n'était pas autant fantastique que celui des quatre autres écrivains, bien que, comme sa thèse l'a prouvé, elle ait eu la tentation de l'irréel[3]).

Mais pour le reste des œuvres de mon corpus, étrange, mirabilisme et mythique entrent dans la composition du paratexte, servent de véritables enclencheurs de l'étrangeté et orientent la lecture d'un petit groupe de lexèmes (ceux des titres des nouvelles) sur la voie d'un certain non-réalisme. Évidemment, ces marques ne suffisent pas à classer les textes dans le genre fantastique. Dans cette optique, les liens avec l'intratexte sont primordiaux et le déploiement/dépliement des signes qui s'y opère, capital.

LE RÔLE DES THÈMES-TITRES ET DES SOUS-THÈMES-TITRES DANS L'ORGANISATION DISCURSIVE

Les thèmes-titres, surtout dans le genre bref, peuvent parfois se confondre avec le titre de l'œuvre, dont ils sont distincts théoriquement. Avant d'examiner l'organisation de leurs expansions lexématiques/sémémiques, je dégagerai les principaux thèmes-titres et leurs sous-thèmes-titres dans les nouvelles du corpus, afin de déterminer quels sont les objets (les thèmes-titres ou les thèmes-objets) sur lesquels le descripteur focalise le discours. Cette opération a son importance, car elle permet de voir dans quel macro-espace l'appareil descriptif prend sa source.

Chez Carpentier, le thème-titre se dédouble, puisqu'il est contenu dans le prolongement spatio-temporel du titre de la

---

3. « [D]ans ma pratique, la nouvelle a toujours été le lieu privilégié de l'irréel. À un point tel que plusieurs personnes [...] ont souvent tendance à classer mes nouvelles dans la catégorie du fantastique. D'autres disent, au contraire, qu'elles n'en relèvent pas. Quant à moi, *je ne me posais pas la question*. Peut-être parce que je n'aime pas les étiquettes et les classements » (Charbonneau, 1985 : 233). C'est moi qui souligne.

nouvelle (« La Bouquinerie d'Outre-Temps ») et dans le titre du recueil *(Rue Saint-Denis)*. La ville de Montréal en 1978 et en 1878 est l'objet de descriptions, sert de cadre général et d'objet au discours : il y a un va-et-vient constant – point fort du marquage de l'étrangeté dans le récit – entre ces deux espaces-temps. Désignée dans ses parties, par sa nomenclature propre, la ville, ou plus précisément le paysage urbain à certaines époques, traversé et focalisé par Luc et Lucien Guindon, est donc le véritable objet du discours de « La Bouquinerie d'Outre-Temps ». Ce discours désigne par fragments, décrit par touches : un parc (le carré Saint-Louis), une rue (la Saint-Denis), un bar, une librairie, des lumières, des vitrines, etc., bref, la vie et le décor urbains. Le thème-titre est donc caché/dévoilé, à la fois sous-entendu, disséminé et manifesté à tout instant dans le discours, et les sous-thèmes-titres composent la nomenclature de la ville. Simplifions et disons que Montréal est le thème-titre et le discours descriptif devient sa nomenclature, sa figurativité « synecdochique » ou métaphorique : le carré Saint-Louis (1) et la Bouquinerie d'Outre-Temps (2) comme partie du tout et comme signe/image/symbole du Montréal moderne (1) et du Montréal historique (2).

Dans l'ensemble, les figures synecdochiques de la ville (parc, rue, bar, librairie) ont pour fonction d'assurer un premier palier de référentialité, de créer une illusion référentielle minimale, mais forte et incontestable. Toutefois, le thème-titre n'est pas aussi simple qu'il semble l'être, car le Montréal dont il s'agit est double : en cours de procès (descriptif autant que narratif), l'acteur passe « outre » à une frontière spatio-temporelle. Ce qui est donné comme premier palier de référentialité (le Montréal moderne) disparaît au profit d'un Montréal plus ancien, qui n'existe plus en principe dans la réalité première de l'acteur (mais justement : l'acteur change en même temps que le « nouveau » décor). C'est dans ce dernier espace-temps – « outre-temps » – que se situe la description de la bouquinerie, qui, elle, cristallise l'essentiel du discours une fois ce micro-espace survenu dans la diégèse, et qui fait l'objet de la principale sous-nomenclature (ou nomenclature du principal sous-thème-titre[4]). L'étalement d'un

4. Le titre de la nouvelle (« La Bouquinerie d'Outre-Temps ») serait en fait non pas le thème-titre – Montréal à deux époques – mais un sous-thème-titre dans cette nouvelle.

ensemble prédicatif fonctionnel et qualificatif rattaché à la bouquinerie vient, quant à lui, assurer le fonctionnement référentiel de l'irréel. Dès ce premier palier textuel, agit ce que Bakhtine appelle la fusion du temps dans l'espace, le chronotope. En « réalité », l'espace est *avalé* par le temps.

À ce niveau, la nouvelle de Mathieu atteint, différemment, à peu près le même degré de complexité. Le paratexte parle d'un « pèlerin », évoque l'idée d'un pèlerinage (forme *ancienne* de voyage) et signale un déplacement spatial d'un endroit à un autre. Quant au mot Bithynie, il convoque la notion de temps, dans son statut de lieu *historique*. Le thème-titre – du lieu de pèlerinage – qui se dégage de l'organisation descriptive du texte se dédouble ainsi de par le va-et-vient que le titre même implique/programme : le pèlerin tient lieu d'ancrage premier (un voyageur qui remonte vers un lieu sacré) et Bithynie, de point d'arrivée, lieu où le protagoniste bascule irréversiblement vers une autre destination étrange qui, elle, est clairement reliée à un temps chronotope, ancien, mythique, l'Olympe, figurativisé par une déesse, qui resurgit dans l'espace moderne).

L'idée de pèlerinage ne contient donc pas un thème-titre unique, spatio-temporellement parlant, mais deux sous-thèmes-titres égaux unis par l'isotopie du voyage, de la traversée étrange, du pèlerinage insolite[5]. Du point de vue du descriptif, l'étrange n'est pas d'abord inscrit, comme chez Carpentier, dans le passage d'un espace tout à fait réel à un espace réel/irréel, mais dans la représentation de l'étrangeté contenue dans l'un et l'autre espace. La première représentation sert de moteur à la seconde qui, elle, est décrite comme une arrivée en terrain réel où l'étrange s'infiltre graduellement puis soudainement. Dans la finale, le descriptif modalise le discours en tant que passage vers un irréel surdéterminé par une manifestation de la divinité dans la vie d'un homme. Une sorte d'atemporalité ou de « transtemporalité » et de cyclicité – la présence, le retour d'une déesse gréco-romaine au XXe siècle – est associée à l'espace pour produire l'effet

5. En ce sens, le texte de Carpentier contient lui aussi deux pôles spatio-temporels unis par l'isotopie de la traversée étrange : Guindon fait lui aussi un pèlerinage aux sources.

fantastique. En outre, la fusion autant que la scission des éléments spatiaux et temporels sont utilisés pour produire l'effet fantastique.

Chez Bélil, le discours descriptif semble extrêmement simple, puisque le titre et le thème-titre se recoupent, se confondent en grande partie : l'axe spatial du récit est un « miroir » maléfique par lequel s'opèrent les transformations du protagoniste en figure de la monstruosité. Le temps a peu ou pas de rôle à jouer, si ce n'est la brièveté de la transformation de l'acteur en « chose » indescriptible, mais reflétée et décrite dans le miroir, ce qui explique peut-être la simplicité de la modélisation. Le thème-titre se divise donc en deux, pour procéder dans le même temps à sa réflexion : l'acteur et son reflet dans un miroir. C'est dire que, dans cette nouvelle, le descriptif chronotopique porte autant sur le personnage que sur l'espace dans lequel il s'inscrit et se reflète.

Dans « La maison de l'éternelle vieillesse », tout est également établi dans le titre programmatique : le thème-titre n'est autre que cette maison étrange qui attire et engouffre le protagoniste dans un temps mort, arrêté. La maison, chez Sernine, avec sa nomenclature de portes, de fenêtres, de seuils, d'habitants étranges qui répètent éternellement les mêmes « actions » non conséquentes, ou ayant toujours la même conséquence éternellement répétée, perpétuellement ressassées, donc insignifiantes, et le miroir, chez Bélil, avec la nomenclature de ce qui y est reflété dans ce cadre réfléchissant, ont exactement la même fonction (désigner à la fois le réel et y ancrer un reflet de l'irréel, puis l'irréel réifié).

Quant à « La contrainte » de Charbonneau-Tissot, le titre fait plus figure d'isotopie[6] que de thème-titre au sens descriptif strict. L'isotopie de |la contrainte| prend tout de même « forme » dans l'acte de l'écriture qui se déploie comme un véritable espace de référentialité. Écrire constitue un refuge, une maison idéale, un plaidoyer *pro domo,* où la nomenclature, kaléidoscopique, est celle de l'imagination matérialisée de la narratrice écrivaine. Le

---

6. « Par isotopie on entend généralement un faisceau de catégories sémantiques redondantes, sous-jacentes au discours considéré » (Greimas cité dans Angenot, 1979 : 113).

premier ancrage référentiel désigne d'ailleurs une maison – sans la décrire – dans laquelle la protagoniste établit sa propre demeure fictionnelle, que le récit signale de manière obsessionnelle comme un *espace réel* de contraintes scripturaires. Le thème-titre n'y est pas un espace réel, mais l'écriture elle-même qui se décrit autotéliquement. L'entreprise descriptive consiste à amplifier l'effet de référentialité que l'acte d'écrire engendre par un autre niveau d'écriture. Ce procédé de l'autoréflexion, exploité au premier degré chez Bélil et au second degré chez Charbonneau-Tissot, concourt à produire un « effet de réel » dans et par le parcours descriptif.

De toute évidence, les thèmes-titres varient d'un récit à l'autre, mais se rejoignent tous dans l'idée abstraite du dédoublement du monde : chacun fonde généralement le contenu polémique de son discours sur l'idée que l'univers repose sur les bases instables d'un réel apparemment solide et d'un autre réel qui attire, tel un maelström, le réel premier. Finalement, l'image qui concrétise le mieux les procédures d'ensemble régissant les thèmes-titres serait celle du pèlerinage, du passage, de l'oscillation entre deux mondes, entre deux chronotopes irrémédiablement dissemblables, mais discursivement soudés et réellement habités par les acteurs du récit.

CHAPITRE III

LES PROCÉDURES D'ANCRAGE ET DE DÉSANCRAGE DE LA RÉALITÉ PREMIÈRE

VOIR, NE PAS VOIR OU VOIR AILLEURS (DESCRIPTION DU « RÉEL » ET NON-DESCRIPTION)

Il importe maintenant d'analyser plus avant le fonctionnement de certaines procédures descriptives utilisées dans les nouvelles de mon corpus pour marquer les transformations du chronotope et leurs relations avec le locuteur ou le focalisateur. Dans la séquence consécutive à la lecture d'une lettre, dans la nouvelle d'André Carpentier – dans laquelle Luc Guindon apprend l'existence de la Bouquinerie d'Outre-Temps –, le processus descriptif chronotopique entre « en fonction » : l'espace traversé par Luc, le carré Saint-Louis donnant sur la rue Saint-Denis, lieu résolument référentiel, acquiert de l'importance à ce moment non pas en tant que tel, mais comme en creux, en raison du procédé scripturaire employé pour en esquiver précisément la description tout en la faisant, même si c'est de manière très fragmentaire. Le descripteur ancre littéralement son discours dans le référentiel – qui est ici autant piège que motivation[1] – comme pour en prendre la mesure affective et instaurer une distance cognitive à la fois :

1. « Piège » au sens où le récit ne vise pas à reproduire le réel, à s'inscrire en régime réaliste, malgré l'effet de réel qu'il produit ; c'est un trompe-l'œil en quelque sorte. « Motivation » au sens où la création de l'illusion référentielle est nécessaire à l'instauration de l'effet de déréalisation. L'un n'existe pas sans l'autre.

> *Pour la première fois, depuis qu'il habitait* ce quartier qu'il aimait tant, *Luc traversa le carré Saint-Louis* sans penser, comme *il le faisait* habituellement, *à tout* ce qu'avait représenté *ce parc pour de nombreuses générations de francophones ;* il ne chercha pas des yeux *non plus les jeunes étudiantes du cégep du Vieux-Montréal* [...] *Puis soudain,* comme ramené à la réalité [...][2] (Carpentier, 1978c : 129).

Cette description–non-description d'une partie du Montréal contemporain se trouve tout de même à qualifier affectivement[3] le rapport que le protagoniste entretient avec un espace « qu'il aimait tant », à focaliser le discours sur deux négations d'« actions » habituellement effectuées par le protagoniste (ne pas penser et ne pas chercher des yeux) et à orienter la lecture tant de l'acteur que du lecteur abstrait sur une certaine représentation du passé, marquée par le plus-que-parfait et la mention des générations antérieures qui ont habité cet espace. Mais cela n'est déjà plus la réalité, la marche du temps ayant fait son œuvre. Ce qui tient lieu de réel dans cette séquence est piégé, car simultanément le réel est permuté au profit d'une autre réalité. Cette dernière n'est toutefois encore que suggérée, que très légèrement esquissée dans le texte.

La séquence descriptive qui suit prend comme objet focalisé un lieu très réel, un bar de la rue Saint-Denis où sont surtout décrites les actions de Luc : « [I]l s'en alla, comme presque tous les jours, s'attabler à une terrasse et but quelques bières [...] l'humidité écrasait tout sur son passage, ce qui le porta à parler plus intensément que d'habitude et à boire avec plus d'avidité [...] » (p. 130). Cette stratégie permet d'asseoir l'ancrage référentiel, de donner au préalable des signes de stabilité dans la description d'actions (l'habitude d'aller à une terrasse) et, du même coup, de préparer le désancrage par la mention de la fragilité de l'attention de l'acteur dans ce décor (la rupture de deux habitudes : ne plus voir le réel *comme il le voyait d'habitude* et consommer plus d'alcool *que d'ordinaire*). Le discours ne porte pas sur beaucoup d'éléments de la nomenclature urbaine (terrasse,

---

2. C'est moi qui souligne.

3. Et l'on verra que ce prédicat fonctionnel et qualificatif attaché à l'espace a son importance dans le système fantastique lui-même.

client et gestes de client), mais cela suffit à produire un effet descriptif susceptible de créer une illusion référentielle certaine. Elle signale déjà aussi un écart entre le présent et le passé historique, une sorte de déchirure de l'espace et du temps (l'acteur, ici, voit là-bas), ce qui signifie qu'une figure de prédiction est cachée dans la texture descriptive. Le syntagme « outre-temps » se retrouve ainsi dans le texte presque dès le début. On remarquera par ailleurs que, dans la mise en place de l'espace réel, le texte de Carpentier ne donne pas exactement de descriptions mais, par un certain processus descriptionnel, des effets de description et, ce faisant, ses propres effets de référentialité.

Le récit du « Pèlerin de Bithynie » ne dit rien au sujet du chronotope sinon que la séquence initiale se déroule en « [c]e jour particulièrement beau de printemps » (Mathieu, 1965b : 39), précision de quelque valeur, puisqu'il s'agit de l'incipit. Ce détail est surtout symbolique, le printemps s'avérant une période de renouvellement particulièrement idéale, de retour cyclique du même sous une autre forme, ce qui est exactement la thématique de ce récit.

Il faut toutefois attendre la deuxième partie – celle de la séquence de la librairie étrange, annonçant la vente d'un seul livre – pour que l'espace en tant que tel soit *décrit.* Au contraire de chez Carpentier, le descriptif, dans la nouvelle de Claude Mathieu, ne connaît pas de détournement de focalisation. La strate descriptive rend plutôt compte d'un géométrisme absolu[4] dans l'organisation spatiale qui sert de cadre à la première scène descriptive : d'abord, il y a la mention d'une « plaque posée sur la porte de l'escalier qui montait au premier » où Black remarque l'inscription des « deux *singuliers* » : « livre *d'occasion,* livre *rare* [5] » (p. 41). L'étrange s'affiche sous des dehors anodins : le

4. En ce sens, Mathieu reprend un des procédés de Lovecraft, à savoir le géométrisme étrange décrivant un monde précisément étrange : « [l]a *géométrie* du lieu de rêve qu'il avait aperçu était anormale, non euclidienne » (Lovecraft, 1975 : 54-55). Chez Lovecraft, le géométrisme répond à des critères différents de ceux qui prévalent dans le monde de l'environnement de l'auteur, ce qui n'est pas le cas chez Mathieu. L'idée ici, c'est de tracer un parallèle entre des *organisations* fortes de l'espace.

5. C'est moi qui souligne.

terme « singulier » – lié à un petit objet, synecdoque du commerce – qualifie également la séquence et, finalement, le récit tout entier, aussi « singulier » que la plaque signalant le lieu où l'acteur connaît la première « épreuve » d'étrangeté.

En outre, le discours descriptif insiste sur cette plaque en faisant intervenir la question de la temporalité : « [L]a plaque décolorée par *l'âge* ne semblait pas annoncer un *établissement* bien nouveau[6] » (p. 42). Nous avons là l'essence même du chronotope de ce récit : l'espace paraît bien ancré – établi – dans le temps et le temps bien inscrit dans l'espace, preuve qu'il est tout à fait vérifiable et rassurant, mais preuve aussi que rien n'est certain : le faux-semblant (« la plaque [...] *ne semblait pas* annoncer ») peut régner ou les apparences peuvent cacher une autre réalité. Ce sont bien là les marques de la modalisation dont parle Tzvetan Todorov qui, dans un récit fantastique comme « Le Pèlerin de Bithynie », concourent à renforcer l'impression de confusion entre ce qui paraît réel et ce qui ne l'est pas nécessairement, étant donné les connaissances que l'acteur a de ce qu'il croit être la réalité[7] telle que le descripteur la rend dans le discours : après tout, est décrit ce qui est perçu par le protagoniste, et les modalisations du descriptif rendent compte du caractère problématique ou de la vision ou de la réalité elle-même. Donc, dans cette séquence descriptive, apparemment uniquement axée sur le voir, les mots renvoient à un ensemble spatio-temporel pressenti comme pouvant relever tout aussi bien d'autre chose que de ce qui est perçu. Le descriptif souligne le fait que l'acteur se trouve peut-être dans un univers du faux-semblant, puisque même les enseignes commerciales ne font que donner des messages faux ou imprécis.

Chez Michel Bélil, le discours traduit/trahit, dans sa surface descriptive, son appartenance à un genre non purement réaliste : d'entrée de jeu, des éléments lexématiques d'irréel contaminent littéralement le vocabulaire réaliste. Dès la phase d'orientation, le texte est marqué de manière purement descriptive :

6. C'est moi qui souligne.

7. Dans le descriptif, le problème du questionnement sur le réel et la possibilité de l'irréel est souvent difficile à cerner.

> *Le fog avait recouvert de ses* vapeurs irréelles *Corner Brook. Le soir était tombé sur cette ville de la Côte Ouest mais on n'avait pas vu la différence. C'est dans ces conditions que je fis connaissance avec* la maison *du vieil oncle. Elle était* grande, meublée à l'ancienne, *regorgeant de* choses insolites *qui auraient pu constituer* le musée des horreurs *de Terre-Neuve* [8] (1978b : 131).

De prime abord, le thème-objet principal est l'île de Terre-Neuve elle-même[9], comme Montréal l'était dans « La Bouquinerie d'Outre-Temps », mais le discours n'insiste pas vraiment là-dessus – l'appartenance au territoire terre-neuvien n'ayant pas *de sens* dans la problématique générale de ce récit[10] – et glisse vers un micro-espace ou une partie de la nomenclature macrospatiale, une maison avec, elle aussi, sa nomenclature (ses pièces, ses meubles, ses miroirs) et ses prédicats qualifiant l'ensemble d'étrange (« musée des horreurs », avec son double référent au temps passé et au temps arrêté).

Toutefois, malgré que le sous-titre du recueil soit *Contes terre-neuviens,* il appert que les micro-espaces sont plus importants que le macro-espace en raison de l'absence d'un rapport de motivation entre l'île de Terre-Neuve et le protagoniste de « Miroir-miroir-dis-moi-qui-est-le-plus-beau », à un détail près : Terre-Neuve, espace référentiel incontestable, sert de fondement (de fondation) implicite et explicite à la vraisemblance (le descripteur nomme l'île sans insister davantage), à l'ancrage du récit dans un chronotope des plus réels. Cette connexion une fois faite, le descripteur, qui s'attache surtout à décrire le lieu du drame, apporte quelques précisions qualifiantes sur la maison, surdéterminant son caractère d'étrangeté beaucoup plus que sa normalité :

---

8. C'est moi qui souligne.

9. Ce que le sous-titre du recueil, entre parenthèses, donne à lire. *Le mangeur de livres. (Contes terre-neuviens).*

10. Elle peut en avoir pour l'ensemble du recueil, ne serait-ce que dans une problématique idéologique – Québec/Canada – camouflée ou, certainement, dans une problématique de mise en scène, Terre-Neuve en tant que territoire marin offrant des possibilités de *motiver* des brumes étranges où se cachent des monstres (« Celui qui se cache dans le fog ») ou des scènes *crustamorphes* (« Homard, où est ta victoire ? », « Les frères Freeman »).

« Cette maison est relativement *éloignée* de la ville. Elle est *isolée* des rares maisons des alentours par un grand parc qui lui donne *l'aspect d'une maison hantée* qu'on voit dans ces stupides films d'horreur[11] » (p. 132). Le texte de Bélil manifeste son raccordement au réel par le descriptif et, du même souffle, signale des indices de décrochage par les prédicats qualificatifs (la maison semble « hantée »). En gros, le procédé du texte de Bélil rejoint celui du texte de Carpentier même si la modalisation prend une tout autre tournure. Il s'agit toujours d'ancrer et de désancrer, de montrer à la fois la solidité et la fragilité des choses apparemment bien établies dans un espace normal.

Daniel Sernine, plus que les autres fantastiqueurs québécois[12], convie le lecteur dans le domaine du descriptif. Dès l'incipit de « La maison de l'éternelle vieillesse », le descriptif entre « en fonction » :

> *Ce matin-là, Thomas Beaumarchais* [...] en quête de vieilles maisons à reproduire *sur toile, découvrit* aux limites *de Neubourg* hors des murs *de la haute-ville,* une très ancienne demeure, étonnamment bien conservée. *Bien que quelque peu versé en architecture,* il ne put en déterminer avec précision l'époque et le style[13] (1978b : 21).

Chez Sernine, le descripteur s'efforce de donner des indications minutieuses et en apparence inutiles : grâce à cette profusion descriptive, le récit installe avec insistance le fondement réaliste de cette histoire, et cela en dépit du fait qu'elle se déroule dans un espace sans véritable référent identifiable dans la géographie réelle québécoise[14]. Par ailleurs, si l'emplacement de la maison

11. C'est moi qui souligne.

12. Sernine, et peut-être Bélil, est de tous les écrivains du champ fantastique celui qui se voue le plus à l'écriture de ce genre : ses romans et nouvelles, fort nombreux s'inscrivent dans les genres fantastique et science-fictionnel exclusivement. L'étude de son œuvre, tout à fait éclairante, tendrait à prouver que le descriptif lourd serait un des mécanismes privilégiés pour asseoir l'illusion référentielle. Ce qu'un chercheur comme Philippe Hamon ne contredirait certes pas, lui qui a surtout analysé l'œuvre de Zola.

13. C'est moi qui souligne.

14. La plupart des histoires de Sernine se déroulent dans un univers fictif, quoique correspondant *grosso modo* à un certain Québec.

« isolée de la route par un vaste parc entouré d'un mur de pierre » (p. 21) n'est pas sans rappeler le décor imaginé par Bélil[15], son apparence, au contraire, témoigne d'une inversion apparente des procédés dans les deux textes : la maison de « l'éternelle vieillesse » est très bien conservée ; la maison « du vieil oncle » est décrépite, hantée. En outre, le descripteur signale la non-compétence de l'acteur-focalisateur dans la désignation du style de la maison, en dépit de son « savoir » en architecture ; ce « détail » indique à lui seul l'étrangeté de ce micro-espace dans le macro-espace de la représentation.

En résumé, il y aurait quatre procédés relativement distincts de mise en place du chronotope de base (dispersion de l'attention face au chronotope chez Carpentier, géométrisme exacerbé chez Mathieu, contamination prédicative chez Bélil et nomination détaillée mais avec des trous chez Sernine), avec, en commun, la représentation d'un écart spatio-temporel entre le focalisateur et l'objet focalisé, et surtout l'inscription d'une temporalité ancienne ou arrêtée, vers laquelle l'acteur est attiré. Le descripteur focalise toujours à la fois sur l'objet de la représentation – dans des notations de détails situationnels précis – et sur autre chose, ou sur une absence de référent identifiable, qui est précisément l'objet de l'étrangeté.

L'ACTE D'ÉCRITURE COMME ANCRAGE/DÉSANCRAGE DU RÉEL

La description telle qu'entendue habituellement est plus difficile à cerner chez Claudette Charbonneau-Tissot, car ses récits[16] résolument modernes modélisent le plus souvent les retours sur elle-même d'une conscience tourmentée. Sa pratique scripturaire, rattachable à un fantastique de type psychopathologique, est, à première vue, presque strictement et uniquement de

15. Chez Bélil, dans « Miroir-miroir-dis-moi-qui-est-le-plus-beau », la maison « est isolée des rares maisons des alentours par un grand parc » (1978b : 132).

16. Des *Contes pour hydrocéphales adultes* à *Banc de brume ou les aventures de la petite fille que l'on croyait partie avec l'eau du bain,* ils empruntent presque tous la forme du discours de pensée. Même le roman *L'assembleur* se construit comme un récit à trois voix où les trois acteurs prennent la parole tour à tour, actualisant à la première personne les troubles de leur conscience déchirée.

l'ordre du questionnement subjectif, de la réflexion d'un sujet impliqué dans une problématique du trouble psychique. Le processus descriptif tel que pratiqué par les autres écrivains du corpus n'y est pas évident. Toutefois, des marques du descriptif se camouflent dans les textes de Charbonneau-Tissot, servant d'ailleurs fréquemment de point d'appui au questionnement.

Dès la phase d'orientation de « La contrainte », là où le récit met précisément l'accent sur *l'acte d'écrire,* il y a une orientation textuelle de *l'acte de décrire,* précisément de *l'acte d'écrire* et son environnement, ses tâtonnements, qui place le discours d'abord en position de vraisemblance par la description d'une action somme toute fort probable :

> [C]*ette longue marche ne servirait qu'à me ramener à* mon point de départ, *c'est-à-dire à* ce texte *que je n'arrivais pourtant pas à commencer quoique y travaillant depuis déjà trois semaines et qu'ayant déjà écrit plus d'une centaine de* pages que j'avais cependant froissées *au fur et à mesure que je les avais* écrites *et que j'avais ensuite* lancées, derrière moi, *dans la chambre* [17] (1976b : 1-12).

Ce passage renferme bien de la description d'actions, aux prédicats fonctionnels précis (écrire, froisser, lancer) et mesurés (point de départ, derrière moi). Par ailleurs, l'impression produite par le descriptif se nuance et glisse subrepticement vers une forme d'étrange :

> *Certains jours, tout en parlant, je sentais le besoin de marcher, de gesticuler et presque de me débattre comme si les filées de mots, au lieu d'aller* s'accrocher au plafond, *retombaient sur moi,* tel un filet. *Et l'homme, croyant peut-être que c'était là le prix que je devais payer pour avoir laissé* se mêler les fils de la réalité à ceux de la fiction, *ne faisait rien pour m'en tirer* [18] (p. 15).

Ainsi le texte de Charbonneau-Tissot allierait au moins trois des procédures du descriptif dans la phase de position du réel : éléments de géométrisme, par lequel l'acteur se place ; centrifugisme, qui déporte le discours vers une autre réalité (la fiction) ;

17. C'est moi qui souligne.
18. C'est moi qui souligne.

et tendance, qui *étrangéise* le réel (hybridation, mélange de la réalité et de la fiction, métaphorisation de la perception de la réalité : « tel un filet »...).

Les cinq textes du corpus présentent donc une volonté constante de marquer, par une série de procédures, le « réel » par rapport à autre chose. Le discours ne donne souvent cet « autre chose » qu'à l'état de traces minimales dans les interstices d'une nomenclature contaminée par des prédicats fonctionnels ou qualificatifs qui ont pour fonction de montrer le type de relation problématique entre l'acteur et son décor chronotopique, que ce soit sous forme d'une double spatialité référentielle et non référentielle ou d'une question plus abstraite.

LA VISION FLOUE COMME PROCÉDÉ TRANSITIONNEL DU RÉEL À L'IRRÉEL

Que le discours fantastique soit marqué par la description de type voir (ou percevoir) n'a rien d'étonnant. Qu'il soit marqué par le refus ou l'incapacité de voir n'est pas plus étonnant. Ainsi, le procédé tangentiel ou dispersionnel, dans la formalisation descriptive de la scène du carré Saint-Louis dans « La Bouquinerie d'Outre-Temps », ne semble pas innocent, car il prépare de longue main le brouillage puis le biffage de la réalité première du Montréal de 1978 au profit d'un autre Montréal, antérieur d'un siècle. À la différence de la séquence du carré Saint-Louis, dans le segment descriptif de la sortie du bar (Luc Guindon avait passé par le carré Saint-Louis, sans le voir, pour se rendre dans un bar de la rue Saint-Denis), ce n'est plus le gommage du chronotope et le détournement de la focalisation sur un autre espace que l'espace moderne qui prévaut, mais la mise en place d'une vision floue du protagoniste. Le descriptif a déjà planté le décor où Luc est allé boire ; dans ce passage, l'alcool motive ce flou descriptif qui ne fait que commencer à se distinguer de ce qui le précède et à annoncer ce qui vient et qui est encore plus flou :

> [I]l [Luc] vit *qu'*à quelques pas de lui, *dans la rue Saint-Denis, il faisait déjà noir ! La nuit était même opaque. Seules, quelques fenêtres éclairées donnaient* une impression *de vie* à l'extérieur *du café-terrasse.* On eût

> dit une sorte de gigantesque tableau de bord indiquant les coordonnées d'un vol au-delà de la nuit des temps[19] (p. 130).

La figurativisation du réel prend ici la forme d'une métaphore surqualifiante, le vol étrange. Bien que demeurant apparemment anodine, l'image ainsi inscrite fait figure de prédiction, l'espace moderne étant qualifié de tableau indicateur déjà *programmé,* car quelque chose, une direction y est *indiquée,* pour suggérer et permettre le passage « au-delà de la nuit des temps ». Se trouve illustrée à nouveau la figure du Temps et prolongée une partie du titre, « Outre-Temps », dans cette figure métaphorique du tableau de bord indiquant un ailleurs tirant l'acteur vers cette « outre » temporalité. Dès lors, le discours opère un début de décrochage dans la représentation du réel.

La séquence suivante, celle du décrochage ou du *passage* effectif de Luc du réel à l'irréel – de sa transmigration vers un espace Autre que celui dans lequel il devrait normalement évoluer –, est soulignée par deux détails de contenu, une description d'état (le rappel de la perturbation de l'esprit par l'alcool) et une description d'action en apparence banale (une chute au terme de laquelle le protagoniste tombe sur la tête).

Par ailleurs, au cours de cette séquence, la focalisation devient problématique, puisqu'il est difficile de déterminer s'il s'agit d'un discours de pensée ou du discours d'un narrateur extradiégétique. En revanche, comme le récit dans son ensemble est presque toujours en focalisation interne, il est permis de supposer que le décor est perçu et donc qualifié *par* le protagoniste. Le texte est riche en mots qualifiant l'espace d'étrange et désignant le dérapage de la réalité, l'envol ailé vers l'Ailleurs, la création d'un flou généralisé : « le *sol se m*[i]*t à danser* sous ses pieds[20] » (p. 131) (métaphore, mais qui peut être prise au pied de la lettre, compte tenu de la situation, Guindon se trouvant à ce moment en état d'ébriété avancée) ; « c'était compter sans les hasards *étranges* et les *mystères inquiétants* de la nuit noire » ; « âmes *désemparées* [...] corps d'engoulevents [...] *oiseaux de nuit* [...] qui *confondent* le soleil et la lune [...] *clair-obscur*

---

19. C'est moi qui souligne.
20. C'est moi qui souligne.

[...] rues *mal éclairées* [... enfin Luc] souriait à l'*inconnu* » (p. 131-132) ; les mots soulignés sont donc des enclencheurs potentiels hypogénériques de fantasticité.

Tous ces mots ou syntagmes qualifient et surdéterminent tout à fait l'image métaphorique suggérée par la (dé)figurativisation de la rue Saint-Denis (« le vol par-delà la nuit des temps ») donnée dans la séquence antérieure ; ils autorisent la (con)fusion de deux chronotopes, et permettent de jeter un pont entre les deux univers, le Montréal de 1978 et celui de 1878, vraisemblablement incompatibles, mais qui se chevauchent, s'enchevêtrent, se superposent ou se confondent dans le processus de textualisation descriptive.

Cette portion du texte donne lieu non pas réellement à une représentation descriptive au sens strict de la réalité objective de Montréal mais, sous forme de scène très marquée stylistiquement, à la représentation textuelle d'une « zone » de transition, d'un no man's land, comme si une pirouette langagière pouvait parvenir à estomper une certaine réalité donnée et à la remplacer par une autre, qui aurait existé cent ans plus tôt. Cette caractéristique de l'aménagement du descriptif par le flou ou une sorte de fondu enchaîné paraît davantage le propre du cinéma[21].

LIRE OU L'ACTE DE LECTURE COMME PREUVE DE VÉRIDICTION DE « L'IRRÉEL »

Toutes les procédures précédentes assurent un premier plan de référentialité et un premier mouvement de bascule vers l'irréel, préparent l'« entrée en scène » de l'irréel. L'apparition de l'irréel acquiert ainsi au départ un fondement de vraisemblabilité qui semble provenir d'une certaine réalité et non de nulle part. Cette opération a été produite et provoquée par une *entreprise de textualisation* parfois simple, mais parfois aussi très complexe.

Attestant cette complexité, « La Bouquinerie d'Outre-Temps » file la métaphore du vol (dans le décor) et de la chute (du personnage). Le récit finit ainsi par évoquer l'idée de

21. Sans doute serait-il aussi à rapprocher du décrochage/raccrochage de « Continuité des parcs » *(Les armes secrètes)*, de Julio Cortázar.

l'égarement puis de la recherche de sens et d'équilibre de la part de Luc : « Il concentra donc toutes ses énergies à retrouver son équilibre, autant moral que physique » (p. 132). À ce stade du récit, le descripteur pose l'objet du discours comme ayant échappé au focalisateur lui-même qui, à la suite d'un décrochage quasi total, a perdu le contact avec la réalité. Puis, une mise au point est faite de la perception du focalisateur, qui cherche à retrouver des éléments de stabilité dans la réalité. En mettant l'accent sur l'acte de (re)voir avec précision, le discours devient description d'action, action très particulière puisqu'elle représente un lecteur de « microtextes » spatialisés avec précision dans l'espace et, par conséquent, de rassurants indicateurs de spatialité : « [Luc] se mit soudainement à *lire* systématiquement toutes *les adresses* des maisons devant lesquelles il déambulait *péniblement* [22] » (p. 132). En même temps, le texte réactive l'idée d'égarement généralisé, de disjonction spatio-temporelle ou de décrochage : « Il lui parut, tellement il se sentait perdu, *être à la fois dans l'espace et dans le temps* [23] » (p. 132). Au terme de cette séquence marquée par la chute et l'arrivée (la tombée ?) dans le Montréal de 1878, Luc Guindon a encore à lire : « dans [une] vitrine », éclairée faiblement de l'intérieur, « La Bouquinerie d'Outre-Temps » (p. 132).

En résumé, après un long processus descriptif fort peu simple, embrayé par une série de lectures internes et de perceptions axées surtout sur le voir ou le non-voir, le récit en arrive au sous-thème-titre nodal, à cet archilexème, figure synecdochique par excellence du Montréal du XIXe siècle, vers lequel le discours entier converge. De cette figure synecdochique du Montréal ancien découle une nomenclature : le libraire, l'écrivain et le livre, dans sa forme matérielle d'objet palpable et marchandable, dans son contenu et dans son principe de circulation (du savoir). Le sous-thème-titre principal s'y cristalliserait donc dans l'isotopie du savoir livresque – à acquérir –, de l'écriture – à produire –, et dans le descriptif ayant pour fonction de construire l'« espace » du livre, du bouquin, et de faire admettre qu'un historien du XXe siècle puisse devenir un écrivain d'anticipation du XIXe siècle.

---

22. C'est moi qui souligne.
23. C'est moi qui souligne.

Le processus du descriptif ancrerait donc l'isotopie du savoir dans une série descriptive dominante « de type voir » (Adam et Petitjean, 1989 : 93) (marquée par des verbes de perception, qui servent à (re)découvrir le terrain) et une série sous-dominante « de type faire » (p. 94) (marquée par des verbes d'action), graduée selon le rapport qu'elle entretient avec le savoir du protagoniste. Autrement dit, la fonction focalisante détermine ce qu'il est possible de décrire en conformité avec la progression du récit, c'est-à-dire suivant ce que le protagoniste est en mesure de voir, de faire et de savoir à chaque étape du récit. Le descriptif, à ce titre, semble intimement lié au procès actionnel ; en fait, les deux composantes sont en interaction continuelle, et il serait juste de dire que, à un certain moment du récit, le descriptif est le moteur ou l'embrayeur de l'actionnel : le faire détermine le voir (recevoir un lettre –> la lire –> être distrait –> voir un ailleurs), mais le voir détermine aussi le faire (voir flou –> tomber –> se relever –> lire –> voir des adresses –> entrer dans l'ailleurs). Indéniablement, le voir et le faire, le descriptif et l'actionnel s'enchevêtrent dans la nouvelle de Carpentier.

C'est donc véritablement à un parcours (visuel actif) de *lecture* que le récit convie le protagoniste (et le lecteur modèle). La lecture, acte qui construit le sens du monde de l'intérieur même du texte, surdétermine et surqualifie l'acteur en situation d'étrangeté : il lit une lettre enclenchant ainsi le mouvement de la quête d'une bouquinerie, lettre qui le mène à observer une série d'adresses, puis, finalement, une raison sociale, dans une vitrine, objet transparent *à travers* lequel il voit l'autre (l'« outre ») monde, confirmation de l'arrivée dans l'autre univers. À l'isotopie du savoir (à acquérir et qui se construit sur le voir et le faire) se rattache le chronotope de l'Ailleurs, car être plongé dans un espace situé dans l'Ailleurs soulève effectivement un problème de redéfinition d'un savoir acquis et d'acquisition d'un nouveau savoir, dont le processus commence par la lecture des signaux qui renvoient à l'œil, aux *sens* :

> Forçant ses yeux *à prendre du recul, Luc put* lire *peint en demi-cercle* dans la vitrine *: La Bouquinerie d'Outre-Temps.* [...] *Puis il* relut *à deux ou trois reprises le nom de la boutique* dans la vitrine *et* sur l'enseigne *de fer forgé éclairée par la seule lumière*

> *venant de l'intérieur.* [...] *Alors, commença pour Luc une étonnante* quête *de jouissance et* de savoir. Étonnante, *parce que le jeune historiographe, pour une raison qu'il ne saisissait pas très bien, ne se sentait pas vraiment à l'aise, et cela malgré qu'*à première vue *on eût pu dire qu'*il se trouvait dans son élément[24] (p. 132-134).

Le regard du descripteur – qui se confond avec celui de l'acteur-focalisateur, Luc – est à l'œuvre dans un processus très fortement marqué par les mécanismes de la perception de détails qui *dérangent* le percepteur : ces « détails », ce sont des livres – parties constituantes essentielles de l'espace matériel de l'univers de la bouquinerie et partie privilégiée de sa nomenclature. Les livres et les prédicats qui les qualifient – ou servent à qualifier leur effet sur le focalisateur – jouent le double rôle d'indicateur de la réalité de l'irréalité et de point d'appui à la formalisation hypogénérique : un livre d'art procure à Luc « un profond sentiment de confort, mêlé d'*étrange* [25] » (p. 134), le prix des livres « *manque de réalisme* [26] » (p. 135).

En conséquence, le descriptif établit la distance qui sépare le réel et le vraisemblable de l'étrange et de l'invraisemblable, en problématisant l'incongruité de la situation spatiale du protagoniste. Le descriptif, du coup, rend la situation plausible, puisque le personnage est en mesure de vérifier l'exactitude de ces marques d'étrangeté dans l'espace où il se trouve :

> *Cette* hésitation, *plutôt* physique *que morale, lui permit assez rapidement* d'éclairer *son embarras. Il* perçut *en effet la cause de son inconfort inhabituel dans* un univers livresque *: c'était* la marque du temps *! C'est-à-dire l'*époque *de tous ces livres : fin dix-huitième siècle, début dix-neuvième !* [27] (p. 134).

À plusieurs reprises chez Carpentier est exploitée cette concomitance du concept de chronotope, de la liaison/déliaison de l'espace et du temps, dans une mise en texte visant à produire très

24. C'est moi qui souligne.
25. C'est moi qui souligne.
26. C'est moi qui souligne.
27. C'est moi qui souligne.

exactement l'effet d'étrangeté[28]. Cet effet provient dans « La Bouquinerie d'Outre-Temps » de la fusion de deux temporalités distinctes et impossibles normalement à conjoindre ainsi que de leur disjonction ou distinction historique radicale (telle qu'enregistrée par et dans l'Histoire du monde). L'acteur dominant de ce type de description d'action y est, à caractère inchoatif, le personnage *en train de lire,* figure à laquelle le lecteur implicite peut s'identifier fortement. La description de ce faire des plus croyables vient renforcer l'effet de référentialité et ainsi conférer à la situation décrite sa valeur de réalité malgré l'étrangeté totale de la condition du personnage ballotté entre deux chronotopes, entre deux mondes, entre deux *lectures* du monde.

LA VISION GÉOMÉTRIQUE : DESCRIPTION DU SYMÉTRIQUE/DESCRIPTION DU CARNAVALESQUE

Dans « Le pèlerin de Bithynie », l'impression d'étrangeté, si elle se bornait à la microséquence de la plaque « singulière », n'aurait pratiquement aucun effet sur la production de la fantasticité : il est toujours possible de trouver ce genre d'inscription, d'en faire la description et de croire qu'il s'agit là d'une erreur ou d'une incongruité. De plus, rien n'interdit qu'un commerçant vende un seul livre, même si son choix paraît absurde. Il reste que le descriptif amorce le travail de la fantasticité par ce procédé de lecture interne, de perception de la « singularité ».

La suite du récit se charge d'ailleurs de surdéterminer et de renforcer le caractère d'étrangeté inscrit dans cette séquence. Une fois franchie la barrière de la plaque singulière, la description de l'intérieur de la librairie tend à confirmer l'impression première de Black. D'abord, la plaque se répète[29] en haut de l'escalier qui mène au commerce singulier : « Par curiosité, il monta. Il

28. Voir dans *L'aigle volera à travers le soleil* (Carpentier, 1978a) : « Harbouey, 1974 : le Moyen Âge a ravi un coin de terre à l'époque contemporaine » (p. 23) ; « je me sens à l'étroit dans ce décor d'un autre temps » (p. 45).

29. Ce segment descriptif reprend le schème de la répétition de l'étrange mis en œuvre dans le système de la représentation actionnelle.

ouvrit là-haut une porte qui montrait *la même plaque,* vieille elle aussi[30] » (p. 42). Puis, l'organisation de la pièce est trop parfaite pour être vraie :

> *La pièce dans laquelle il entra paraissait entièrement nue et inhabitée.* En cherchant de l'œil, *il ne vit pour tout étalage,* au fond, à droite, *qu'un petit* mur exactement carré, *occupé par des livres* [...] *En attendant,* il regardait *de loin* le carré *d'un jaune grisâtre, brochures défraîchies qui* n'annonçaient rien de bon. *Il n'y avait en fait,* dans la mesure où la distance lui permettait cette certitude, *qu'une reliure,* placée au centre exact du carré, au point de rencontre des deux diagonales, selon une symétrie décorative que le professeur jugea exagérée[31] (p. 42-43).

Cette description rend compte d'une sorte de perfection dans l'organisation matérielle et, en même temps, marque le côté inusité, forcé, « exagéré » (mais par qui ?) de cette organisation. S'y inscrit aussi une figure de prédiction néfaste, les prédicats qualificatifs de la dégradation des objets et des couleurs du décor « n'annonç[ant] rien de bon ». Trop de symétrie, trop d'ordre produit paradoxalement un effet d'étrangeté mais, également, une illusion référentielle parfaite, puisque ce modèle organisationnel demeure tout à fait plausible, même si des éléments modalisateurs viennent nuancer la certitude de la vision (« la pièce [...] *paraissait* » ; « *dans la mesure où* la distance lui permettait *cette certitude* »). Ce goût de la symétrie normale/anormale s'affirme davantage plus le récit avance, car Black, incité par le libraire à fouiller plus avant, découvre au centre exact du mur de « livres » qu'il n'y a réellement qu'*un seul* [32] véritable livre, les autres ne contenant que des « pages [...] complètement blanches » (p. 44-45), confirmant en cela l'exactitude de l'inscription du singulier sur les deux plaques :

> *En regardant de la gauche vers la droite, il arriva insensiblement* au centre du carré *de livres,* au rayon du

30. C'est moi qui souligne.
31. C'est moi qui souligne.
32. Ce prédicat fonctionnel (être seul) et qualificatif (solitaire) rejoint dans un sens l'isolement de la maison chez Sernine et Bélil, et celui de Guindon devant la bouquinerie chez Carpentier.

> centre *et* au centre du rayon, *à la reliure qu'il avait repérée parce qu'elle tranchait sur le papier jauni des brochures environnantes* [33] (p. 46).

Le discours descriptif, sur la lancée programmatique de la curieuse inscription sur la plaque[34], passe au surplus de *l'unique* (livre) à l'extrême *rareté,* Black dénichant chez Théodore Divimunian, le libraire, un ouvrage auquel il avait consacré des recherches, infructueuses jusqu'à ce jour, un livre qui avait été la passion d'une partie de sa vie :

> *Ce qui lui brûlait les mains n'était pas une liasse de feuilles blanches reliées, mais* un livre rarissime, unique *même, dont la trace s'était perdue depuis cent cinquante ans, au point que les* bibliographies savantes *en niaient l'existence : le professeur Black lui-même avait naguère publié mémoire sur mémoire pour prouver que cet ouvrage n'avait jamais eu qu'une* existence mythique. *Incrédule, il relut la page de titre et y vérifia qu'il s'agissait bien du* Rufus Itinerans *publié à Leipzig en 1725* [35] (p. 46-47).

Et, comme chez Carpentier, ce livre dans un rapport avec la librairie, c'est-à-dire dans sa *valeur économique* ou marchande, porte *la marque du temps* et, subséquemment, une marque d'étrangeté : « [L]e livre était *marqué* à deux dollars *dans un temps* où les bouquinistes connaissaient trop leur *profession* pour se défaire d'un *ouvrage rare* sans en demander *un prix* insensé[36] » (p. 47).

Dans cette séquence, le descriptif tend à rendre compte d'un espace à la fois archi-organisé et tout à fait non conforme à ce qu'un homme doit s'attendre dans une situation d'échange verbal (et commercial) normale. L'organisation descriptive de l'espace se fait autour d'un seul élément, un livre, dans un lieu qui a pour fonction d'en contenir des centaines ou des milliers. Caractérisée par le recours à un petit nombre de mots se rapportant à la nomenclature de la librairie en tant que thème-objet (étalage, mur)

---

33. C'est moi qui souligne.
34. Nous avons là un bel exemple du *programme descriptif* contenu dans la plaque.
35. C'est moi qui souligne.
36. C'est moi qui souligne.

et à un grand nombre de termes qualifiant le principal sous-thème-objet qui en découle, le livre, l'ouvrage « rare », « rarissime », « unique », « mythique », de « prix », cette séquence insiste sur la Valeur dans ce qu'elle a de plus précieux. En outre, le discours s'apparente à une toile d'araignée, où tout concourt à attirer l'œil du focalisateur, à travers une série de lignes, vers le centre d'un carré où se trouve un livre mystérieux qui doit conduire l'acteur sur une autre piste, dans un autre lieu où il sera à nouveau « pris au piège » (p. 43). La valeur est donc ici une sorte d'appât. Il y a bien là une bonne partie de la stratégie du discours fantastique, fondée sur l'attraction fatale vers un objet qui donne vie, mort, sens et transfiguration.

Dans la séquence de l'apparition et de la révélation finales, le descripteur établit le nouvel espace réaliste où Black s'est déplacé ; il y met graduellement en place des éléments forcément fragmentaires du chronotope irréel à advenir, celui de la transfiguration de l'espace et de l'apparition d'une déesse de l'Olympe, la déesse Cybèle avec son cortège carnavalesque. L'espace irréel déborde sur celui, réel, de Bithynie, l'efface en grande partie, prend sa place pour ainsi dire (tout comme la Bouquinerie d'Outre-temps envahit complètement l'espace textuel dans la nouvelle de Carpentier). Entre les deux mises en espace, le premier Bithynie et sa transfiguration, il n'y a pratiquement pas de texte de transition – au contraire de ce qui se déroule au cours de la séquence de la vision floue chez Carpentier –, les deux lieux de l'action se rejoignant comme par magie à la fin de la reconstitution minutieusement décrite d'une pierre commémorative (écho à la plaque de la librairie au livre unique) érigée deux mille ans auparavant à la mémoire de la déesse. Le livre et la déesse sont conjoints cotextuellement. Tout se passe comme si le travail archéologique (dans la diégèse) et descriptif (dans la mise en discours) sur le terrain moderne provoquait par lui-même la résurgence de l'espace ancien, la réification de l'univers mythologique gréco-romain dans l'espace moderne. Chez Carpentier, les deux Montréal sont disjoints, puis conjoints par un procédé transitoire fondé sur la vision floue, puis, lors de la seconde apparition de la bouquinerie, ils sont à nouveau conjoints. Dans la nouvelle de

Mathieu, l'espace mythologique se conjoint magiquement à l'espace moderne, mais après une reconstitution archéologique, soigneusement décrite.

Voyons comment le texte se construit dans la séquence finale. D'une part, Black est d'abord campé dans « le petit port turc où [...] le soir précédent [il avait] touché la terre de Bithynie [qui] sentait l'orange et le poisson mort » (p. 57). Espace bien situé, avec sa série de détails visant à produire un effet de référentialité indubitable, le nouveau lieu a même, de par sa simplicité naturelle, plus de poids référentiel, ou du moins un marquage référentiel moins forcé, quant à la perfection symétrique, que l'espace dans la séquence de la librairie étrange. D'autre part, Bithynie est bien identifiée comme un espace turc, ce qu'elle est effectivement depuis le XIIIe siècle, et des marques de réalité olfactives[37] viennent ajouter un effet de réel à cet espace situé dans le monde moderne. Tout en semant dans le même temps des indices d'étrangeté et de familiarité, le récit met un autre sens à contribution, l'ouïe : « Le professeur avançait à pas réguliers, *à travers le grincement des cigales* qui sciaient l'air, dans des *nuages de sable* soulevés par *on ne savait quelle brise* [38] » (p. 57-58). Enfin, la vue entre en fonction. Le descripteur tend à transposer dans le réel ce qui est écrit dans « le » livre trouvé dans la librairie étrange et sur une carte que l'acteur s'est procurée pour retrouver l'ancien dans la topographie moderne : « Il [Black] arriva à une presqu'île qu'il *reconnut avec certitude* pour celle de Rufus, car *tout concordait* à la fois avec les maigres renseignements du voyageur latin et *avec les données de la géographie antique et moderne* [39] » (p. 58). À la suite d'une description assez minutieuse de la presqu'île, surgit le *souvenir* d'un espace similaire, indice qui, dans la finale du récit, devient une marque de la présence de l'Autre (Niger) dans l'Un ou le Même (Black), car toute la stratégie du discours descriptif consiste à systématiser et à problématiser l'idée d'un éternel retour du

---

37. Cette « réalité » a ici son importance puisqu'elle servira tout autant à marquer d'un poids de réalité le chronotope irréel annonçant, comme une sorte de prolepse olfactive, l'apparition de la déesse Cybèle.

38. C'est moi qui souligne.

39. C'est moi qui souligne.

même sous d'autres formes, tout comme les lignes géométriques dirigeaient l'œil de Black vers « le » livre dans la librairie. Nous avons là une autre figure de spatialité (convergence, circularité, spirale) révélatrice de l'organisation fantastique de la nouvelle : « Le souvenir très vague d'*un paysage semblable vu quelque part* au cours de ses voyages *traversa fugitivement la mémoire* du professeur. — Ce doit être en Sicile ; c'est *la même* nature sèche et austère[40] » (p. 58). Comme pour donner encore plus de poids à la présence « réelle » de Black, la vue se fait plus perçante, tandis que le corps entre dans une sorte de lutte avec les éléments terrestres :

> *Il* scrutait la terre, la frappait du talon *pour éprouver le son qu'elle rendait, se mettait à genou, comme s'il suppliait tous les dieux,* pour voir avec plus de précision *et* fouir des mains *certains endroits suspects* [...] il cherchait un signe *par lequel le sous-sol pourrait se trahir* [41] (p. 59).

Un peu plus avant, Black commence à découvrir des indices de ce qu'il cherche. La nomenclature de l'inscription du texte dans la matière réapparaît. Exploitée dans la séquence de la librairie sous forme d'enseigne portant les marques imprécises du temps, elle sert dans le segment de la fouille à le cerner plus clairement :

> *Il reprit sa pelle pour exhumer des briques qui n'avaient pas vu le jour depuis près de deux millénaires, effritées, salies, incrustées de scories diverses, mais* indubitablement romaines *; sur quelques-unes* se lisait *encore* le sceau du fabricant[42] (p. 61).

Les odeurs accompagnent dès lors le discours de la description de l'action visant à rassembler les morceaux de l'inscription ancienne. Immédiatement après la reconstitution de la pierre commémorative – au terme de laquelle Black commence à acquérir un savoir nouveau, se rendant compte qu'il vient de trouver « [s]on nom traduit en latin » (p. 65) –, l'ouïe prend le relais avant que le discours descriptif ne se fixe à nouveau sur une vision fortement étrange, mais réifiée et préparée de longue main,

40. C'est moi qui souligne.
41. C'est moi qui souligne.
42. C'est moi qui souligne.

bien qu'elle semble surgir comme par enchantement, par la réification d'une formule magique (dire un nom ancien à voix haute provoque l'apparition de choses reliées à l'ancien) :

> *— Marcus Cécilius Niger, mais c'est mon nom traduit en latin !*
> *Un froissement de branches se fit entendre derrière lui. Il se retourna d'un bond.*
> *— Oui, Marcus, c'est moi.*
> *La cruelle, la sanguinaire, celle qui préside à tout ce qu'il y a d'indomptable dans les puissances de la vie, celle qui libère les sèves grondantes dans les arbres des forêts et, dans les bêtes fauves, les forces les plus sauvages, l'inhumaine se trouvait debout au soleil, à trente pas de lui, tenant en laisse quatre panthères* (p. 65).

Après un passage où Black s'interroge sur la réalité de « cette présence qui le terrassait », qui le désigne comme un autre lui-même (Mark devient Marcus, Black devient Niger) et qui se révèle tout à fait indubitable, le discours s'étale dans toute sa richesse pour décrire le nouveau thème-objet soudainement apparu, subitement conjoint au réel duquel, paradoxalement, il disjoint l'acteur principal. C'est que ce décor luxuriant contamine et remplace totalement le lieu paisible où Black débarque à peine ; il accompagne l'apparition de la déesse qui a « quitté [s]es bois et [s]es montagnes de Phrygie » (p. 66) pour « accueillir [Marcus Niger] en [s]on lieu de pèlerinage » (p. 66), ce qui constitue, selon Cybèle, un retour à son lieu d'origine. La somme imposante d'éléments fournis par le descripteur concourt à renforcer l'effet de référentialité, par l'accumulation de détails apparemment insignifiants (taches de vin, cheveux en désordre, etc.), ce qui contribue aussi à faire croire à la réification de l'irréel, à produire l'illusion référentielle, tous les sons et tous les sens étant convoqués à cette fête du langage, et même si des prédicats fonctionnels qualificatifs prennent en charge le caractère véritablement incroyable et démesuré de l'apparition carnavalesque ou orgiaque, au sens où le haut et le bas, le sacré et le profane, le divin et le bestial se rejoignent dans l'excès[43] :

---

43. Le descriptif prend ici en charge non pas le pèlerin, qui ne change pas vraiment de forme dans le récit, mais ce qui entoure la

> *Un cortège délirant* dont on ne voyait pas la fin *rejoignait Cybèle. Des* femmes à moitié couvertes de peaux *de tigres,* mouillées de sueur *et de vin, les cheveux* en désordre couronnés *de feuillage, déployaient leur fureur en* se livrant à des danses *farouches* [...] *De nouveaux initiés augmentaient sans cesse la procession ;* haletante *de l'ivresse divine, elle lançait vers le ciel ensoleillé de la Bithynie* une énorme clameur *faite de gémissements, de cris, de louanges et de supplications que* déchiraient les sons *stridents des sistres, des crécelles, des clochettes et des flûtes.* Il régnait une odeur écœurante, *celle de la transpiration, de l'urine, du vin aigri et des fauves.* [...] *Pour venir poser sa tête sur l'épaule de la Grande Mère, Attis s'avança* [...] *Le troupeau sacré n'en finissait plus de passer derrière Cybèle qui le pressait à coups de fouet. Il dévala, tombant, titubant d'ivresse et roulant sur lui-même, la pente douce de la presqu'île pour disparaître dans la mer* [44] (p. 67-68).

Puis, comme en miroir – bien que le récit donne une information ambiguë sur la réalité de ce que le descripteur vient de donner (« C'est dans son âme que le professeur Black, à demi inconscient d'horreur, ressentit l'appel de la déesse et la blessure de son regard », p. 68) –, Black/Niger suit la même trajectoire engloutissante et enivrante que le troupeau : « Marcus se joignit au cortège et entra dans la mer en chantant » (p. 69). La vue de même que l'odorat et l'ouïe sont convoqués pour produire un effet de référentialité dans la description de l'irréel. Voir, sentir et entendre (dans) l'irréel, voilà l'essentiel de cette « *mort exquise* » décrite avec faste dans cette nouvelle et dont Mathieu ne cesse de parler dans son œuvre fantastique. Les prédicats de tous ordres touchant ces modes d'appréhension du monde sont ainsi mis à profit dans le système descriptif afin d'accréditer la réalité d'une mise en relation avec un irréel apparemment tout à fait délirant tant pour l'acteur que pour le lecteur modèle. Ce que Philippe Hamon applique au réalisme reçoit ici une sanction fantastique :

---

déesse nommée dans l'inscription exhumée par celui qui vient de comprendre qu'il était à la recherche de lui-même et qu'il vient de faire sa propre découverte à travers une succession de chronotopes réels et irréels.

44. C'est moi qui souligne.

> *La description ne sera donc souvent que la mise en scène d'un* actant collectif, *souvent doté soit du statut actantiel d'*objet *(objet d'un « besoin », d'un « désir » [...]), soit celui de* destinateur *– c'est-à-dire du même statut actantiel que le sujet pédagogique de l'énonciation : tel décor, tel milieu, tel objet, transmettra un certain nombre de valeurs au personnage, proposera un programme à son action, [...] l'influencera, lui « rappellera » quelque chose, etc.* (1982 : 165).

Cela montre que le récit fantastique élabore lui aussi son discours à partir de certains objets (le livre), de certaines valeurs (le savoir), mais qu'il en tire des conséquences extrêmes, propulsant le détenteur de l'objet (et) des valeurs par-delà le réel.

LA VISION DÉFORMÉE : DESCRIPTION DE LA MONSTRUOSITÉ « INDESCRIPTIBLE »

Dans la nouvelle de Bélil, c'est la description du personnage principal, son apparence extérieure[45] qui est l'objet de la focalisation par le truchement d'un miroir, lui-même objet de la nomenclature de la maison. Le personnage devient le centre écartelé du chronotope, et même une (dé)figurativisation métonymique de celui-ci. La raison en est simple : ce qui compte, c'est ce que reflète le miroir, dût-il être l'objet décrit, dans la description et surtout dans les transformations des « objets » qui s'y reflètent. L'écart entre réel et irréel dans la mise en place de l'espace-temps des autres récits est ici déplacé entre deux aspects d'une figure actorielle à la fois même et autre. Ainsi, lors de la première « réflexion » dans le miroir, le protagoniste voit avec précision ses traits déformés, raison pour laquelle sans doute, bien que le récit soit au « je », il parle de lui à la troisième personne, comme s'il s'agissait de quelqu'un d'autre. En fait, il ne se reconnaît pas, les prédicats qualificatifs ne correspondant pas à son image de beau jeune homme ; ils marquent l'écart entre deux formes physiques, qui sont pourtant le même objet :

---

45. J'analyse ici non pas l'aspect éthologique, que j'aborde dans le chapitre suivant de cette partie, « L'acteur comme dénomination : les prédicats éthologiques », mais l'aspect descriptif externe, le processus des transformations et des dégradations physiques du personnage.

> [M]es yeux *se sont arrêtés sur une personne* d'allure athlétique, jeune *et pleine de vigueur. Sur* son *visage* commençaient *à apparaître les* rides *de la* vieillesse. *Chose plus désagréable, des petites* bosses de pus verdâtres *se formaient à* ses *joues. Je le regardai d'autant plus attentivement qu'il s'agissait de moi... ou plutôt de* l'image que je projetais dans le miroir[46] (p. 133).

De manière antithétique, oxymoronique, l'acteur faisant disparaître ou réduisant l'écart entre lui et son image se décrit ensuite en se regardant dans un autre miroir, qui n'est pas maléfique et, Narcisse, se rassure : « Je me trouvai beau et mesurai mon pouvoir de séduction aux mensurations de mes biceps » (p. 133).

La deuxième manifestation de la transformation dans le miroir s'effectue après un retour à la maison (l'entrée effective dans le descriptif est marquée par le passage du passé simple, actionnel, à l'imparfait, descriptif). Ce fragment descriptif signale prédicativement la lente évolution de la dégradation du protagoniste :

> *Je ne revins chez moi que deux jours plus tard. La maison se cachait sous les arbres.* [...] *J'y retrouvai toutes ces pièces meublées et froides.* L'image *que me renvoyait le miroir-miroir avait encore* vieilli *de cinq ou dix ans. Sur le visage se laissait deviner un relief vert* répugnant, puant *la* lèpre *et la* charogne. *C'était censé* me représenter, ça, *cette* chose-là *! Le miroir-miroir était fixé à la porte. Je lui fis faire un quart de tour* [47] (p. 134).

Autant le prédicat fonctionnel unique est marqué par le refus d'accepter la transformation (« c'était censé me représenter »), autant les prédicats qualificatifs, qui sont nombreux, dénotent la dégradation de l'image représentée. On pourrait dire qu'il y a blocage de la capacité fonctionnelle de l'acteur et prolifération conséquente des marques de sa « disqualification » que sont les noms (« lèpre », « charogne ») et les prédicats qualificatifs négatifs (« répugnant », « puant »). Puis, lors d'une troisième manifestation, le descripteur poursuit la progression négative des qualités du portrait : « Deux jours plus tard, cédant à la curiosité,

---

46. C'est moi qui souligne.
47. C'est moi qui souligne.

je fis pirouetter le miroir-miroir maudit. La porte refit son quart de tour. Devant moi, se tenait *un début de monstre, vert et violet et bavant le pus*[48] » (p. 135). Enfin, dans la quatrième et dernière manifestation, la fin du processus semble atteinte, le monstre n'étant apparemment plus en progression, mais arrivé à sa forme définitive, marquée par une description d'action effective, et encore ici distanciée par un « il », qui est toujours un « je » :

> *J'allais refermer les rideaux (qui faisaient comme une sorte d'écran face à la nuit) lorsque la lumière a donné sur la vitre. Juste devant moi,* horrible à voir et à sentir, *se tenait à quatre pattes un monstre. Il me regardait férocement, prêt à m'attaquer et à me dévorer. Son visage était barbu, peuplé de rides verdâtres. C'était le monstre du miroir-miroir !* (p. 136).

Cependant, le processus de dégradation se poursuit encore plus avant, accumulant l'un sur l'autre le facteur temps (accélération de la dégradation...) et le facteur spatial (... d'un corps dans l'espace), conjoignant des éléments disjoints et témoignant ainsi de l'accélération du processus de disqualification, de *monstruosification* du personnage en tant qu'être purement humain par l'adjonction de termes le qualifiant de bête immonde :

> *Cette* chose *dans la glace* s'enlaidissait *sur* deux niveaux. *D'abord, elle vieillissait à une* vitesse *défiant l'imagination. Ensuite, son visage, ses mains et son corps (je m'étais déshabillé complètement afin de pousser l'expérience jusqu'au bout) devenaient* infects, bestiaux, *dignes des pires* horreuritudes[49] (p. 135).

La récurrence du substantif « monstre » et du qualificatif « verdâtre » d'une description à l'autre laisse entendre que ce qui apparaît dans la vitre est très certainement un reflet du protagoniste, trop troublé pour se reconnaître, d'où les fréquents va-et-vient entre le « il » et le « je », bien que le narrateur-focalisateur spécifie que c'est du « monstre du *miroir* » qu'il s'agit, donc d'un reflet de *lui-même*. Il semble toutefois que le descriptif veuille entraîner l'interprétation du côté de la scission

48. C'est moi qui souligne.

49. À part « chose », les mots soulignés sont de moi.

du moi, de la duplication du même, sorte de scissiparité de l'un en l'Un et l'Autre dans la séquence de la morale/sanction. Détail révélateur dans cette nouvelle de Bélil, le dernier mot entrant dans la composition du descriptif est précisément le mot « indescriptible », qui illustre de manière antithétique par cette pseudo-prétérition qu'une lecture univoque n'est guère possible et que l'entreprise descriptive remplit bien malgré tout sa fonction qui est ici de *sur*qualifier tout en *dis*qualifiant un personnage en en montrant (*monstr*ant) les transformations/déformations physiques jusqu'à la limite de ce qui est perçu comme descriptible : « Ce qui compte c'est de faire le plus de malheur possible [...] Au moins, je ne serai pas le seul à avoir vu apparaître à la vitre cette monstruosité *indescriptible* ! [50] » (p. 137).

Le thème-titre glisse ici d'une représentation du réel (un miroir, un acteur) à une représentation de l'irréel qui s'installe dans le miroitement d'une image de l'acteur qui se réfléchit en se déformant dans un miroir. Le processus du descriptif vise donc essentiellement à mettre en relief le processus étrange de la dégradation de l'acteur. Le thème-titre principal est bel et bien l'acteur, dont la description passe par le miroir, et la nomenclature, tout ce qui se reflète dans le miroir, s'y définit (dans le double sens de haute définition et de définition encyclopédique), toutefois en s'y déformant (dé-formant). Le processus prédicatif péjoratif, dans sa progression et sa prolifération se terminant sur un mot qui contredit tout ce qui vient d'être dit (indescriptible), domine chez Bélil. De plus, le discours est exemplaire de la formalisation de la monstruosité, l'acteur étant défini par le recours au lexique écartelant de deux règnes hétérogènes, l'animal et l'humain. Nous sommes à mi-chemin entre la forme floue de Carpentier et le géométrisme détaillé de Mathieu dans cette nouvelle de Bélil : le descriptif rend compte avec force détails de la transformation du focalisateur-focalisé. Sans doute pourrions-nous parler de tératomorphisme : d'esthétique du déformé par le recours aux prédicats disqualifiants et par le mélange d'épithètes valables pour deux règnes opposés.

---

50. C'est moi qui souligne.

LE DESCRIPTIF DE TYPE DIRE ENCLENCHEUR DU DESCRIPTIF DE TYPE VOIR/NE PAS VOIR

Dans la nouvelle de Sernine, la séquence de la rencontre-conversation du peintre Beaumarchais avec le concierge, Sevestre, porte en partie sur l'histoire de la maison en décrivant un certain nombre d'actions perçues par le focalisateur comme étrangement répétitives. De manière très différente de la scène de la traversée du carré Saint-Louis chez Carpentier, dans cette séquence le descripteur rend compte de non-actions ou d'actions non posées ou plutôt d'actions qui semblent n'avoir aucune conséquence au niveau actionnel, puisqu'elles ne font que générer leur répétition. C'est en soi, peut-on dire, une forme de conséquence, par le vide, et c'est en bonne partie cette sorte d'action étrange qui force l'acteur principal, intrigué par l'étrangeté de ce qu'il voit, à entreprendre sa quête, d'où l'importance de ce type de descriptif dans la généricité de la fantasticité.

Par ailleurs, ce type d'information, l'acteur principal le reçoit non seulement de sa propre observation, mais par le truchement de la parole, du dire d'un autre acteur. Il apparaît, en effet, que le récit dans le récit, prenant la forme d'une série descriptive de type dire, soit l'enclencheur de la fantasticité en cela qu'il soumet à l'attention de celui à qui le discours est destiné (le concierge parle à Beaumarchais, l'acteur principal) une forme d'énigme localisée dans l'objet focalisé, que l'acteur-auditeur cherche à résoudre. Ainsi, la notation descriptive sur le mode du dire suscite *le désir de voir,* puis la quête – le *faire* –, c'est-à-dire le récit proprement dit où le voir est dominant dans la série descriptive : « Comment se chauffaient, s'éclairaient, s'habillaient, et surtout comment se nourrissaient les gens qui habitaient cette demeure, *cela restait un mystère insondable* [51] » (p. 23). Ce segment se termine sur la description d'une action vue, observée, fortement récurrente et dont la mention génère autant de mystère que le reste de la description ; cela vient donc renforcer l'accrochage de l'acteur-auditeur au mystère de la maison :

> *Sevestre n'avait* vu *de près qu'un seul des habitants de cette demeure : une vieille dame qui venait chaque*

51. C'est moi qui souligne.

> *jour* jeter un coup d'œil à travers l'une des fenêtres *du rez-de-chaussée. Or depuis vingt et un ans, la même* vieille dame venait regarder par la fenêtre, toujours exactement *à la même heure. Depuis vingt et un ans elle ne semblait pas avoir vieilli et portait toujours la même robe du temps jadis. Depuis vingt et un ans,* elle posait toujours les mêmes gestes, exactement *dans le même ordre* [...] *Depuis vingt et un ans* [...][52] (p. 23-24).

Cette présence massive de la redondance descriptive d'actions répétitives, perçues et reliées à un espace et à un temps fixes, concourt grandement, sinon tout à fait, à lancer le récit dans une direction très précise : la contamination ou le désir irrépressible de Beaumarchais d'aller *voir* ce qu'il y a derrière ce décor. Dès lors, la description parvient à jouer un rôle de premier plan dans ce récit. Certes, il s'agit bien d'un type de descriptions, la description d'actions (DA), mais qui sont tellement figées et en dehors du schéma actionnel du protagoniste qu'on ne peut pas parler d'actions proprement dites : elles font visiblement partie d'un décor tout à fait fixe, figé[53], beaucoup plus que d'une série actionnelle transformative. La fonction de ce type de description est de montrer comment l'impression d'étrangeté se crée chez le protagoniste et de motiver la curiosité de ce personnage pris dans les filets de ce qui est décrit : « Thomas [...] retourna à la vieille maison au crépuscule, se posa devant la grille et *observa longuement* la façade de *cette bâtisse énigmatique* [54] » (p. 24). Et comme dans la description d'actions étranges, Thomas passe lui-même son temps à revenir devant la maison, thème-titre obsédant de cette nouvelle :

> *Le lendemain, Beaumarchais se posta sur le bord de la route,* en face de la vieille maison, *et* observa *de rares signes de vie. Il fut* témoin de la scène que lui avait décrite le concierge *la veille : une femme au costume démodé apparut à une fenêtre du rez-de-chaussée* [...] restait à savoir si, *comme* [le concierge] *le prétendait, cette scène* se reproduisait *exactement chaque jour.* [...]

52. C'est moi qui souligne.

53. Alors que le personnage, lui, ou du moins son sort, se transforme au contact du décor figé : il passe précisément du mouvementé au figé, se fondant dans le décor.

54. C'est moi qui souligne.

> *Sa curiosité définitivement éveillée, Thomas Beaumarchais décida de s'introduire le soir même dans cette demeure* [55] (p. 25).

L'effet du descriptif de type dire (marqué par des verbes de parole : explicitement « décrire » verbalement) sur l'actionnel est ici aussi très marqué : c'est bien là une preuve de la pertinence fonctionnelle du processus descriptif dans le système du récit fantastique.

Dans la séquence consécutive *et* conséquente à cette mise en place, l'étrangeté est une fois de plus produite avant tout par un descriptif de type voir, prenant la forme d'un jeu de la focalisation de Beaumarchais sur les détails observés à travers une série de portes[56] (huit mentions dans la seule page 26), de couloirs et d'arches dans la maison étrange, comme pour bien faire sentir que l'acteur a pénétré dans une sorte de labyrinthe, de piège, où il doit/peut forcément se perdre (la prolifération dédaléenne des encadrements, plutôt que la symétrie (chez Mathieu), a pour but de produire un effet labyrinthique où l'acteur est pris au piège[57]).

Le discours cherche tout autant à créer un effet de référentialité, la traversée de portes se trouvant à conférer un cadre matériel et discursif tout à fait plausible à l'histoire. Sont ainsi décrites les actions des personnages de la maison telles que vues dans chaque embrasure. Là toutefois, l'étrange se signale et ce, de manière

55. C'est moi qui souligne.

56. Franchir des seuils, c'est toujours un peu passer du côté de l'étrange dans le récit fantastique. Hamon insiste sur l'importance de cette « thématique "vide" récurrente (le regard, la fenêtre ouverte, la porte ouverte [...]) qui *encadre* la description » (1982 : 164) dans le récit réaliste : être posté quelque part, dans une ouverture en tant qu'observateur de la chose à décrire est tout aussi important dans le fantastique que dans le réalisme. Cela montre la parenté évidente entre les deux esthétiques.

57. Deux formes de piège sont indéniablement actualisés dans mon corpus : la toile d'araignée chez Mathieu, au géométrisme parfait (scène de la librairie), et le labyrinthe chez Sernine, encore que l'on pourrait voir du labyrinthique dans tous les textes étudiés. Le mythe du piège dédaléen au bout duquel se terre une forme déformée du Minotaure est vraiment au cœur du discours fantastique.

patente (lexicalement par le prédicat épithétique « insolite » et par une figure typique du temps et de l'espace figé, le « musée[58] ») :

> *Tout cela n'avait rien de bien extraordinaire. À un* détail *près, un* détail insolite *: tous ces gens étaient vêtus comme au début du siècle* [...] *Et toute la maison semblait meublée et* décorée presque comme un musée *; on n'éclairait qu'à la chandelle et à l'huile, comme si l'usage du gaz n'avait pas encore été inventé*[59] (p. 27).

Le descriptif a donc ici pour fonction particulière d'inscrire une anachronie dans le chronotope, comme dans « La Bouquinerie d'Outre-Temps » de Carpentier et « Le pèlerin de Bithynie » de Mathieu : la notation par le protagoniste de marques temporelles « insolites » concourt à produire un effet d'étrangeté[60].

Mais bien plus, par-delà le jeu de l'observation de porte en porte qui s'emboîtent dans le texte et s'inscrivent dans le décor de manière aussi répétitive que les actions répétées de la vieille dame, jeu qui mène à l'observation du détail de l'anachronie, il y a aussi un jeu de non-vision du protagoniste par ceux que, lui, voit bien. Le descriptif, inverse exactement ce que l'on trouve dans la scène du carré Saint-Louis de Carpentier : l'acteur voit sans être vu ; la fantasticité à ce niveau est produite par le fait que le focalisé est humain, qu'il devrait y avoir échange de focalisation entre le focalisateur et le focalisé, car ils se croient dans la même maison, mais il n'y a rien qui passe entre les deux pôles de la focalisation. Encore une fois, ce « musée » est vraiment le lieu du non-échange. Dans ce contexte, il va de soi que la

58. Mais il a ici une fonction légèrement différente de l'utilisation qui en est faite chez Bélil où l'image du musée représente plutôt l'idée de collection : chaque héritier amassant implicitement sa propre collection de victimes, conservées synecdochiquement dans ses objets personnels, qui s'accumulent dans la maison-piège, dont ils héritent par testament.

59. C'est moi qui souligne.

60. À cette exception près que, chez Carpentier et Mathieu, les lieux insolites sont des lieux d'échange (de livre(s), de paroles...), alors que, chez Sernine, il ne s'échange rien, l'échange vénal du début du texte mis à part.

scène ne soit pas préparatoire (proleptique) de l'étrange, l'acteur étant déjà plongé en pleine situation étrange :

> *Le vieillard, quand il était entré, était* à deux pas *de Thomas et lui* faisait face. *Maintenant, c'était la vieille femme qui lui* faisait face. *Or ni l'un ni l'autre ne semblaient le* voir *! Et pourtant, ils n'étaient* pas aveugles [...] *En un éclair de folie, le jeune homme comprit qu'il n'existait pas pour eux, qu'il leur était en quelque sorte* invisible[61] (p. 27).

Par la notation descriptive de détails insolites, la focalisation sur l'espace ou sur des personnages engendre la fantasticité ; à l'opposé, la non-focalisation ou la notation de la non-perception au moins dans un sens, malgré la possibilité apparente de voir, peut aussi produire l'effet d'étrangeté.

Au cœur d'une autre complication étrange, lorsque Beaumarchais est à nouveau dans la maison, les choses sont (re)décrites avec insistance, le discours du descripteur étant cette fois modalisé à la première personne, sous forme de journal intime. Or, ce discours entier se compose de plus en plus de mots ou de syntagmes dénotant carrément l'étrangeté, mais il est toujours mêlé à des mots qui arpentent et font l'inventaire, pour ainsi dire, de l'espace :

> *Je suis arrivé à cette* mystérieuse *maison* [...] *et je suis entré comme hier* par la porte d'en arrière. [...] *Je me suis* planté au centre du couloir [...] *Un vieux couple est apparu* [...] *Je les ai suivis. Il y avait* autour de la table, *avec les* deux *que je venais de rencontrer,* cinq *vieillards et* six *vieilles dames, âgés de* soixante *à* quatre-vingt dix *ans. C'était* une situation fantastique, hallucinante *: c'était* comme *si j'assistais à* une pièce de théâtre *sur la scène même, parmi les acteurs, sans pourtant que ceux-ci me voient,* comme si je n'existais pas[62] (p. 30-31).

La fin de cette séquence, où Beaumarchais note tous les détails et les mouvements de personnages dans la maison, se termine par ces mots révélateurs : « N'ayant plus *rien à voir,* je suis

61. C'est moi qui souligne.
62. C'est moi qui souligne.

sorti[63] » (p. 32), comme si le descripteur avait épuisé le matériel décoratif et senti la vacuité de la situation. Pourtant, au début de la séquence qui suit immédiatement celle-là, le récit recommence par ces mots : « Arrivé comme hier à l'heure du souper, je me suis *remis à observer* les résidents. Ils ont eu *le même* menu [...] *les mêmes* personnes se sont retrouvées aux mêmes endroits [...][64] » (p. 33). Chose révélatrice, le texte comporte une quarantaine de récurrences de l'adjectif « même », comme si le texte pouvait ne pas avoir de fin dans sa propre répétition et dans la notation des indices descriptifs repris sans cesse dans l'univers représenté. Mais ici, c'est plus pour répéter indéfiniment les mêmes détails à propos des mêmes objets de description que pour décrire d'autres parties du thème-titre : « Tous les gestes des résidents sont *minutieusement répétés dans les moindres détails*, quotidiennement, et ce depuis des décennies, s'il faut en croire le témoignage de Sevestre[65] » (p. 35). Puis, le protagoniste-narrateur de sa propre histoire intime (son journal) a soudain conscience du procédé dont il est victime : « [J]e répète les *mêmes observations,* presque rigoureusement dans les *mêmes termes* [66] ». Et comme le protagoniste est tombé dans *le piège de la description* infiniment répétée d'actions figées d'une série de personnages prisonniers d'un cycle quotidien, il tente d'en sortir : « Il me faut sortir au plus vite pour échapper à cette routine où je m'enlise » (p. 38).

L'œuvre de Sernine est exemplaire du domaine du descriptif, car même les fonctions descriptives ont leur morale dans la hiérarchie des valeurs de la nouvelle : la description est le véritable piège de ce récit, le descripteur étant manipulé par sa propre curiosité qui l'amène à reproduire textuellement ce qu'il cherchait à reproduire sur toile, à savoir une vieille maison étonnamment bien conservée ou une maison de l'éternelle vieillesse. En somme, le récit de Sernine est marqué surtout par du descriptif actionnel répétitif (de type dire qui déclenche celui de type voir), et ce mouvement scripturaire est le déclencheur ou le créateur de

63. C'est moi qui souligne.
64. C'est moi qui souligne.
65. C'est moi qui souligne.
66. C'est moi qui souligne.

la fantasticité puisque le fantastique, formalisé dans la répétition du même, se retrouve représenté tautologiquement par la récurrence de séquences descriptives identiques.

En ce sens, le fantastique naît chez Sernine de la prise de conscience de la « réalité » d'un monde retiré du monde, d'un non-monde, qui n'a d'existence que pour lui-même, forme de narcissisme s'il en est, et qui est régi par le principe de non-relation avec autrui, de non-communication. Un monde de non-vie. Entrer dans cet univers équivaut à pénétrer dans l'enfer du vide répétitif. Cela tendrait à prouver ou à illustrer le fait que le sens naît de la relation entre les éléments d'un univers. Pas de relation et le sens tombe ou plutôt le sens surgit ailleurs, dans son envers, dans le non-sens désespérant. Privé de sens, le monde tourne à vide, se répète de manière absurde et, dans ce cas-ci, de manière fantastique.

LA DESCRIPTION DE TYPE DIRE (SE DIRE)

Le mécanisme du descriptif de type voir est parfois réenclenché dans le récit fantastique par le discours de pensée du descripteur qui, pour comprendre ce qui lui arrive, tente de dresser la cartographie de l'espace irréel dans lequel il a été plongé. Le focalisateur se dit, se rappelle alors qu'il a perçu quelque chose d'étrange et en note les détails, qu'il replace dans son chronotope. Ainsi, dans « La Bouquinerie d'Outre-Temps », dans la phase de transition entre les deux séquences étranges, alors que Guindon est remis provisoirement en situation de « normalité », dans le Montréal moderne de 1978, l'acteur *se remémore* certains *détails* remarqués lors de son passage dans l'« autre » univers :

1. le *souvenir* de *bruits de calèche* et de *galop de chevaux* [67] (p. 136) ;

2. le souvenir d'*une facture* que le libraire lui avait donnée pour les livres mis de côté ; Luc la retrouve et relève « un petit détail de cette facture [qui] allait le *replonger* dans de *troublantes méditations* ! *La date* : le 18 août 1878 ! [68] » (p. 138).

67. C'est moi qui souligne.

68. C'est moi qui souligne.

Par la notation descriptive, le focalisateur note l'écart entre deux chronotopes par un « détail » qui prend de la sorte valeur fonctionnelle dans le récit et concourt à l'établissement de la fantasticité. L'effet de renforcement de l'irréel en tant que réel, tel qu'il est créé par le descriptif de type (se) dire, agit comme un principe actif visant à ôter tout doute ou une partie du doute sur le caractère improbable du passage du protagoniste dans l'ailleurs, dans le chronotope alternatif. Il accentue de toute manière l'aspect *polémique* du discours fantastique. L'improblable, s'il demeure étonnant pendant toute la durée du récit et même dans la séquence de l'état final, *tend* néanmoins à s'imposer comme probable par le procédé du retour de la conscience descriptive polémiquant sur des « détails » perçus à la fois comme étranges et comme quelque chose qui serait réellement survenu. Dans le déroulement du processus descriptif, ce n'est pas un hasard si les principaux procédés descriptifs sont utilisés par Carpentier : le voir, le faire et le dire sont modalisés certes avec toutes sortes de prédicats introduisant le flou, le doute, la polémique, et leur (ré)utilisation finit par produire, par saturation, l'effet d'ancrage de l'irréel dans la réalité de la représentation :

> *C'était le* bruit *d'une autre époque : celui d'une* calèche, *rythmé par le* galop *énergique* d'un cheval *! Et* cela, *mêlé aux* lampes à l'huile *dansant sur le* comptoir *et sur le premier rayon, mêlé aussi à* l'allure romantique [du libraire], lui ouvrit les yeux sur le sens véritable des événements *des derniers jours* [69] (p. 140).

L'effet de liste, prenant la forme de la nomenclature des diverses dénominations d'espace dans les deux Montréal, avec leur appareil prédicatif, leur décor, moderne dans un cas, ancien dans l'autre (avec ses *chevaux* au galop énergique, ses calèches, son libraire à l'allure *romantique* fin XIXe siècle, sa librairie éclairée *à l'huile*...), assure la fonction référentielle qui donne corps à l'irréel ainsi transformé ou perçu en tant que réel. C'est sans doute pour cette raison que la nouvelle se termine encore sur un long discours, le descripteur – par le truchement du focalisateur qu'est Guindon – prenant plaisir à décrire par le menu les costumes des hommes et des femmes de 1878, les rues dont il

69. C'est moi qui souligne.

connaissait bien la petite histoire, univers connu par les livres et l'érudition qu'il était heureux de trouver/retrouver. Signalons enfin que le dire à soi (se dire) débouche toujours sur le voir et que le voir fait à son tour très souvent décrire le monde sur le mode du dire.

LE DESCRIPTIF DE TYPE DIRE (ÉCRIRE, CRÉER ET VOIR)

Le discours s'organise de manière sensiblement différente dans « La contrainte » de Charbonneau-Tissot, bien que le régime du descriptif de type dire soit dominant et qu'il permette l'enclenchement sur le descriptif de type voir. La différence tient surtout au fait que la narratrice-descriptrice est toujours « en train » d'écrire, donc de dire son propre discours. Le caractère inchoatif du phénomène étrange – déjà mentionné dans l'œuvre de Carpentier à propos de l'acte de lire – provient ici de l'intérieur même d'une diction faite d'une seule et même coulée créatrice de fantasticité. Tout se passe comme si l'acte d'écrire, le fait d'être en train d'écrire, de créer de la fiction produisait en lui-même la fantasticité.

Ce n'est toutefois qu'au terme de la première complication étrange[70], celle des démêlés de la narratrice avec « l'homme » qui la harcelait, que le descriptif proprement irréalisant et visualisant entre en jeu : la narratrice-écrivaine est placée en position de diction (dire/écrire) et en position de focalisation (voir) sur l'homme alors qu'elle regarde à travers une ouverture vitrée :

> *Je refermai la porte et allai jusqu'à* une fenêtre *pour le* regarder *s'éloigner. Soudain, il y eut une légère explosion et* je vis *les seuls arbres qui eussent pu lui servir de* repères *ou de* balises *s'enflammer au solstice de l'été. Et comme s'il n'avait été lui-même qu'un* repère *de plus dans cet univers uniforme,* je le vis s'embraser et tomber en cendre *comme les arbres autour de lui* [71] (p. 21).

70. Si on exclut le fait que l'ensemble de la nouvelle de Charbonneau-Tissot est traversé et porté par l'étrangeté du processus de l'écriture qui permet à la narratrice de vivre à la fois dans le quotidien et dans les univers fictifs qu'elle crée par l'écriture.

71. C'est moi qui souligne.

Le géométrisme (repères, balises) n'est pas absent de cette sorte d'arpentage de l'espace. Des signes ténus (m'enfermer, m'éloigner) signalent par ailleurs le va-et-vient constant entre deux univers – la maison où la narratrice écrit et l'univers créé par l'écriture – dont les frontières matérielles ne sont pas du tout certaines :

> *Pour échapper à cet être infernal sous l'envoûtement duquel j'étais encore plus que jamais, je sortis* [...] *espérant que je finirais* [...] *par* sortir de cet univers désespérant pour revenir au monde normal des vivants, *monde duquel le dieu qui me soumettait avait jadis dû me tirer par quelque subterfuge ou mensonge alléchant au sujet de cette terre promise qui s'était vite révélée n'être qu'un traquenard inventé pour me prendre et* m'enfermer dans cette maison *de laquelle, malgré ma course effrénée, je n'arrivais pas à* m'éloigner[72] (p. 22-23).

Dans la séquence de la seconde apparition de l'étrange, plus précisément de l'apparition du double de la narratrice, les seuils de la maison (vitres, portes, fenêtres à travers quoi le décor et l'action sont décrits) jouent un rôle aussi important que chez Sernine : « Puis un matin, alors que je pleurais, *le front contre la vitre,* je vis apparaître un point, *très loin,* dans ces vastes champs[73] » (p. 27). Le rapprochement permet de préciser de plus en plus ce qui est donné à voir :

> *Bientôt elle fut* tout près *de la maison* [...] *elle avait même* orienté [sa trajectoire ...] vers *la* fenêtre *où je me tenais et de laquelle elle* s'approcha *peu à peu jusqu'à ce qu'elle fut* tout près, à la même distance que moi de la fenêtre, *mais* de l'autre côté. [...] *elle s'immobilisa,* [...] *ses cheveux retombèrent* [...] *dégageant de la sorte* son visage qui, trait pour trait, était identique au mien. [...] *De la main, je fis voler la* vitre *en éclats.* Derrière *la* vitre *brisée,* mon reflet ne bougea pas[74] (p. 28).

Le géométrisme (tout près, de l'autre côté, derrière) est donc très fort dans ce texte et donne, par le marquage de toutes ces

72. C'est moi qui souligne.
73. C'est moi qui souligne.
74. C'est moi qui souligne.

mesures, du poids à l'irréel. On se rappelle aussi le va-et-vient un peu comme chez Bélil entre le « il » et le « je », qui manifeste une prise de distance, le « je » ne se reconnaissant pas encore dans le « il ». Au terme de ce rapprochement spatial, le mouvement peut ainsi se continuer, mais sur le registre de l'étrange, puisqu'il va jusqu'à la fusion, très loin du monstrueux comme chez Bélil, plus près de la fusion euphorique des Guindon et des Black/Niger, de la narratrice et de son double. La notation descriptive du phénomène, toutefois, ne se fait pas du tout chez Carpentier, l'un devenant l'autre sans que le descriptif ne s'en mêle, pourrait-on dire, alors que chez Charbonneau-Tissot, l'événement est décrit par l'établissement d'un écart, c'est-à-dire par le truchement de ce que voit la narratrice devant un miroir, objet-relais, comme le thème-objet de la vitre, où le double apparaît *en train de* se transformer : « En passant devant un miroir, je vis mon reflet dans la glace et je me souvins que mes yeux n'avaient acquis cette dureté que le jour où le pacte avait été conclu entre elle et moi » (p. 31).

Ainsi, le système descriptif de cette nouvelle de Charbonneau-Tissot se manifeste par des inscriptions lexématiques minimales (une maison, des fenêtres, une vitre, un miroir) où se joue, par l'écriture, un va-et-vient entre le réel, son miroitement et le fictif, mais où le fictif paraît et miroiter et se réifier. À preuve, l'apparition du double dans la vitre y reste en place après le bris de la vitre à travers laquelle il est perçu par la narratrice focalisatrice. Ainsi, l'écriture et ses contraintes comme objet de sa propre description autotélique engendrent des effets d'autoréférentialité qui, en retour, créent une illusion référentielle. Toutes les circonvolutions descriptives de « La contrainte » tentent de créer cette double référentialité.

CHAPITRE IV

L'ACTEUR COMME DÉNOMINATION : LES PRÉDICATS ÉTHOLOGIQUES

Le présent chapitre sert à déceler les qualités « morales », psychologiques, professionnelles et sociales, donc d'ordre plutôt non palpable, non matériel, que je qualifie d'éthologiques, au contraire de la partie précédente qui portait sur les éléments du décor spatio-temporel, s'attachant à l'aspect matériel, physique des êtres et des choses. Je cherche ainsi à voir comment, à travers certaines figures actorielles, la fantasticité s'inscrit dans le récit. J'observe, dans un sens, le fonctionnement de la figure discursive que la rhétorique classique appelait l'éthopée : « L'Éthopée est une description qui a pour objet les mœurs, le caractère, les vices, les vertus, les talens, les défauts, enfin les bonnes ou les mauvaises qualités morales d'un personnage réel ou fictif » (Fontanier, 1977 : 427). À cela, j'ajoute aussi le portrait social qui entoure la représentation du personnage. Ce faisant, le travail devrait permettre de dresser une carte de la configuration intérieure, morale (une étho/sociographie) de l'acteur et des enjeux personnels et sociaux auxquels il est mêlé dans le récit.

LES FIGURES DE LA TRANSFORMATION

L'ÉCRIVAIN-HISTORIEN –> L'ÉCRIVAIN D'ANTICIPATION

Luc Guindon est le personnage vers lequel l'ensemble du discours narratif converge dans « La Bouquinerie d'Outre-Temps ». En soi, il est un des thèmes-objets. D'entrée de jeu, dans la phase d'orientation, le discours focalise l'attention sur les caractéristiques générales et particulières de Guindon, donnant des indices qui « expliqueront » en partie les événements étranges du récit. Le descripteur décrit d'abord Luc, toujours vivant, puis Lucien, décédé, de manière à la fois similaire et antithétique – inscrivant au tableau une forme oxymoronique, celle, très étrange, du mort-vivant. Ainsi, les deux partagent un état de fait, un *état* social et un *faire* – être écrivain –, quoique la pratique littéraire et l'accueil par la critique du milieu artistique et social de chacun les différencient :

> *À 35 ans, Luc Guindon était* un jeune écrivain *fort* apprécié *dans les cercles littéraires. Le public, également, avait réservé à ses trois premiers romans* un accueil significatif. *Il faut dire que ces trois œuvres, dont les actions se situaient au cœur du Montréal francophone du 19e siècle, étaient arrivées en pleine* mode rétro. *Toutefois, pour Luc Guindon, il ne s'agissait pas là de l'effet d'une mode, mais plutôt d'une* passion *que son activité d'historiographe rendait à la fois justifiée et plus facile. Car Luc était surtout* connu *comme* historiographe[1] (Carpentier, 1978c : 125).

De ce portrait marqué par la survalorisation qualitative externe (sociographique) de la reconnaissance et de la légitimité de l'œuvre, celui de Lucien Guindon, l'écrivain d'anticipation du XIXe siècle, prend l'exact contre-pied :

> *Luc était maintenant* surtout connu *comme le petit-fils de Lucien Guindon (1845-1923), critique littéraire et musical à* La Minerve *puis à* La Presse *et* célèbre écrivain d'anticipation *de la fin du dix-neuvième siècle. En fait, le seul écrivain d'anticipation de notre histoire littéraire. Et quel* génie *de la* prospective [...]. *Sans compter de nombreuses découvertes scientifiques, médicales et même artistiques de notre siècle qui, à la fin du sien, lui valurent* l'odieux du ridicule *et les* risées *générales de la* société francophone bien-pensante *de Montréal et de Québec, menée en cela par le clergé ainsi que par quelques intellectuels inquiets de l'époque* [2] (p. 126).

---

1. C'est moi qui souligne.
2. C'est moi qui souligne.

Ce portrait de l'écrivain fait bien voir des oppositions qui, radicales, se répondent tout à fait symétriquement dans leur hétérogénéité même : entre l'historien et l'anticipateur, l'homme du présent qui s'intéresse à ce passé au cours duquel son grand-père était anticipateur. À tout le moins, les oppositions illustrent leurs spécialités respectives en tant qu'écrivain : l'un, en 1978, est tourné vers l'histoire du passé, l'autre, à partir de 1878, écrit des histoires d'anticipation. Bien plus, Luc lui-même se trouve à faire « maintenant » et à rebours la gloire de Lucien, car si Lucien est célèbre, cette célébrité lui est venue *avec le temps* et surtout grâce aux travaux de son petit-fils qui ont légitimé sa pratique (l'écriture postérieure légitimant ici l'écriture antérieure) :

> [C]*e n'est que* maintenant, *plus de cinquante ans après sa mort, que l'on redécouvre* ce grand visionnaire *! Et cela grâce à un ouvrage remarquablement bien documenté, écrit et publié à compte d'auteur par son petit-fils, Luc Guindon. Et à la suite du grand succès de ce livre, intitulé* Lucien Guindon, le visionnaire, *Luc a pu rééditer déjà plus d'une trentaine des quelque deux cent vingt-cinq nouvelles écrites par son ancêtre entre 1878 et 1899* [3] (p. 127).

L'*ethos* de Luc Guindon tient donc d'abord dans la déclinaison des qualités rattachées à ses principaux rôles sociaux. Écrivain, historiographe, il est aussi chroniqueur à la radio de Radio-Canada, tâche d'importance pour le système descriptif éthologique puisque, dans ce discours rapporté en ondes, Guindon parle de la petite histoire de Montréal, de sa passion pour cette ville, thème-titre principal de « La Bouquinerie d'Outre-Temps ». En outre, sa filiation à Lucien Guindon le représente comme en un miroir inversé : écrivain, nouvelliste *d'anticipation* (« génie de la prospective », p. 126), critique littéraire, le grand-père est le double mais aussi l'envers d'un petit-fils qui, comme lui, est écrivain et critique littéraire, mais également romancier *historique* et *historiographe.*

Quant aux qualités « psychologiques » de l'historien, elles découlent de la carrière choisie et sont déterminantes, elles, dans l'économie du système descriptif et dans la production de la

3. C'est moi qui souligne.

fantasticité. Luc est un passionné (« passion » (p. 125) pour le passé de Montréal, son histoire, surtout la petite) et, en même temps, il est « *satisfait* de sa façon de vivre [car ...] il [a] la chance [...] de travailler au hasard de ses goûts et à son propre rythme[4] » (p. 127). La satisfaction de l'historien n'a pourtant rien à voir avec le sentiment de sécurité, car Luc, bien que travaillant en « scientifique », semble vivre comme un artiste ou comme un pigiste, sans attache, sans avenir assuré. En conséquence, il est *libre de son temps* – de son espace-temps – et de son rythme de travail. Ces détails, pour anodins qu'ils paraissent, cadrent bien dans la problématique du transfert spatio-temporel mis en discours dans la nouvelle : un être *passionné* pour le passé de Montréal, *libre de son temps,* semble tout à fait qualifié et surdéterminé pour retourner dans le chronotope pour lequel il se passionne, puisqu'il enfreint déjà les règles du comportement habituel de l'homme contraint par un travail routinier. On voit encore à quel point les remarques de Mikhaïl Bakhtine sur le chronotope paraissent justes et comment le temps est le moteur du couple chronotopique, sinon du genre dans lequel il s'inscrit.

Pour toutes ces raisons, motivées ou surdéterminées par le descriptif éthologique, il est logique que Luc soit finalement campé comme une figure du désir dont la force permet justement la réification de ses désirs et sa réunification avec une de ses formes génétiquement antérieures, son grand-père :

> *N'était-il pas* [...] *de ce genre d'hommes qui préfèrent prendre leurs désirs pour la réalité plutôt que la réalité pour leurs désirs ?* [...] *il se sentit pleinement intégré à cette époque, quoique tenant de ce savoir issu du siècle de l'atome, de l'électronique et des gratte-ciel* (p. 141-142).

L'ÉCRIVAIN CRÉATEUR –> LE NON-ÉCRIVAIN

Chez Claudette Charbonneau-Tissot, le descriptif éthologique semble très ténu et dispersé dans le processus de textualisation. Il n'en reste pas moins que le personnage est bel et bien qualifié lexématiquement dans le texte. En fait, le descriptif

4. C'est moi qui souligne.

« contamine » presque tout le récit. Ainsi, la narratrice révèle qu'elle a le goût ou le désir de la solitude (« [J]'avais *décidé de m'isoler* quelque temps pour en finir avec cette histoire[5] », 1976b : 12). Cette marque éthologique rejoint à un autre niveau le dispositif de l'isolement spatio-temporel mis en place dans toutes les autres nouvelles du corpus, dispositif qui relève pour ainsi dire des hasards des *péripéties,* sauf dans « La contrainte » où il touche le caractère même de l'acteur, prend forme dans sa *stratégie* (le *stratagème*).

Isolement volontaire ne signifie pas pour autant absence de conflit, absence d'oppression et de victimisation. L'aspect conflictuel et constamment polémique du discours est d'ailleurs un des dispositifs de la fantasticité dans « La contrainte ». D'entrée de jeu, la narratrice est habitée par un double, Autre elle-même, exigeant, qui est d'abord décrit ou perçu comme une divinité manipulatrice externe, la narratrice possédée par la manipulation ayant oublié l'origine du « mal » qui la ronge. Les qualifications sont donc ici attribuables autant à l'Une qu'à l'Autre (désignée en tant qu'Autre dans la séquence d'orientation, mais qui est la seule et unique narratrice) :

> [J]*e savais que le dieu qui m'habitait et qui exigeait périodiquement de moi une nouvelle histoire ne tolérait ni la facilité ni la perfidie.* [...] *le dieu qui séjournait en moi ne s'assouvissait que d'histoires obscures et sanglantes dans lesquelles j'étais amenée à baigner et à vivre immergée puisque, sitôt un texte entamé,* je subissais *automatiquement un dédoublement et une métempsycose suivant lesquelles, chaque fois,* je devenais *non seulement* l'auteur *et le* narrateur *de ce texte mais aussi son* personnage central[6] (p. 12-13).

Ces fonctions qualifiantes (prédicats fonctionnels du devenir et du cumulatif), la narratrice les assume aux deux niveaux fictionnels du récit : celui où elle écrit la fiction et celui où elle la vit. Ainsi, il est difficile de savoir à quel niveau de fiction se situe le récit dans les premières séquences, alors que la narratrice est aux prises avec un homme (invariablement nommé « l'homme »), « inquisiteur tortionnaire » (p. 15) qui la ligote

5. C'est moi qui souligne.
6. C'est moi qui souligne.

et qui se montre si cruel à son égard qu'elle en devient amnésique. Elle-même se qualifie (prédicats fonctionnels et qualificatifs) négativement comme « victime » éternelle :

> *Au début, il m'arrivait souvent de le supplier de me libérer et de lui demander les raisons d'une telle* cruauté *mais bientôt, il se produisit en moi une sorte d'*amnésie progressive *suivant laquelle il me sembla que cet homme n'avait jamais été autre chose que cet* interrogateur, *et suivant laquelle il me sembla que j'étais depuis toujours dans cette* position d'assaillie[7] (p. 16).

La suite révèle que l'assaillant est peut-être quelqu'un, réel ou fictif, peut-être personne, ce n'est pas clair, qui essaie de libérer la narratrice de son joug, mais de manière ambiguë, en établissant une sorte de relation sadomasochiste entre les protagonistes-partenaires. Ce sont peut-être deux des aspects *hétérogènes* de la narratrice qui se font intérieurement la lutte puisqu'elle-même cherche à se délivrer du mal étrange qui la ronge : « Malgré ses excuses, ses soins et le fait qu'il ne m'ait *soumise* à une telle torture que dans le but de hâter ma délivrance du sortilège qui me liait, je perçus bientôt, à son regard, qu'il avait pris plaisir à me harceler et à me molester[8] » (p. 17).

Le descripteur insiste beaucoup sur la « qualité » de victime de la narratrice, qualité que la narratrice tend toutefois à *transformer* en se débarrassant de son manipulateur. La principale qualité de la narratrice serait, plutôt que d'être victime, de se battre pour secouer le joug, d'où la dominante prédicative du courage, qui d'épithétique devient fonctionnelle, puisqu'elle engage l'action de la narratrice dans un sens actionnel. Le descriptif influerait ici sur l'action, et l'on voit que la caractérisation motive l'action et l'engage dans un sens particulier, car c'est la polémique entre des facettes multiples du même acteur qui est ici à l'œuvre : « Il [l'homme] dit que même s'il partait, je resterais *victime*. Je ne compris pas le sens de ses paroles mais, croyant qu'il cherchait encore à me mystifier pour m'obliger à poursuivre cette *relation morbide,* je lui *ordonnai* de partir[9] » (p. 21).

---

7. C'est moi qui souligne.
8. C'est moi qui souligne.
9. C'est moi qui souligne.

De victime, la narratrice se transforme subitement en une personne de pouvoir, qui commande à son « bourreau ». L'homme parti, sous la poussée injonctive des mots de « l'auteur-narrateur-personnage » et même presque magiquement disparu en fumée, réduit en cendres, il finit par acquérir une « qualité » tout à fait fictive, la narratrice ayant cette faculté de créer ses propres « monstres » intérieurs et, semble-t-il, de les matérialiser, d'où cette autre dominante éthologique de la narratrice : elle est créatrice, dans un sens démiurgique, c'est-à-dire qu'elle parvient à matérialiser l'univers de ses désirs, tel Luc Guindon dans « La Bouquinerie d'Outre-Temps » :

> [J]*e revins dans cette maison où toutes traces avaient aussi disparu de cet homme qui n'était donc,* probablement, *qu'une* création de plus de mon esprit, *que le personnage d'une nouvelle histoire que j'avais dû créer sous le joug oppresseur de ce dieu qui était encore là et qui n'était donc pas, comme je l'avais cru, l'homme* [10] (p. 22).

Remarquons toutefois le manque de certitude dans l'assertion. Libérée temporairement du joug et de l'homme et de son dieu (« cet être infernal », p. 22), la narratrice explicite bien, entre les deux séquences contenant des manifestations de complications étranges (la disparition de l'homme et l'apparition de son propre double), la complexité de sa situation éthologique :

> *Rien ni personne ne me pressait et il m'arrivait de* croire, *certains jours, que* toute ma vie *passée n'avait été* qu'un mauvais rêve inventé par mon esprit oisif. *D'autres jours, je croyais que le dieu qui m'avait* oppressée *avait réellement existé, sous les traits de l'homme, mais qu'il était mort avec lui ce jour où,* brisant le lien *qui m'unissait à lui, je l'avais tué en lui* enlevant *la condition essentielle de son existence d'oppresseur, soit* mon statut de victime[11] (p. 23-24).

Or, de par son caractère ambivalent, la narratrice, revenue à la quotidienneté après la disparition de « l'homme », tend à regretter non pas le temps de l'oppression, mais les possibilités qui lui étaient offertes lorsqu'elle était soumise au dieu obscur qui

10. C'est moi qui souligne.
11. C'est moi qui souligne.

était en elle : encore une fois, il s'agit de la récurrence de la dominante créatrice, de l'invention comme qualité/fonction visant à sortir d'un espace-temps donné pour entrer dans un autre. Ainsi se rejoignent, sous une figure scripturaire non traditionnelle, les motivations éthologiques sous forme de prédicats fonctionnels et qualificatifs permettant d'emboîter un personnage, un espace, une histoire, un niveau, un récit dans un autre :

> *Je passais à présent tout mon temps près du feu, commençant à* regretter *en secret le temps de l'oppression pendant lequel* j'inventais *des histoires* [...] *comme s'il avait fallu, pour que je puisse respirer librement,* que je sois catapultée, *par quelque phénomène de métempsycose, dans d'autres vies qui auraient élargi la mienne et m'auraient* délivrée du sentiment de claustrophobie *qui progressivement* se développait en moi *au fur et à mesure que j'en étais* réduite à ne vivre que ma vie[12] (p. 24).

L'*ethos* du personnage est dominé par le prédicat du regret, du désir, du manque, « le besoin d'écrire [...] le besoin d'entrer dans une vie fictive » (p. 24-25), de passer d'un espace à un autre, par la partie qualifiante du prédicat qui se double réellement de sa partie fonctionnelle (désirer –> écrire –> réaliser le désir). « La contrainte » – dans un contexte tout à fait différent toutefois – reprend en partie le schéma de « La Bouquinerie d'Outre-Temps » où Luc Guindon accède au monde du désir secret, reprend aussi l'isotopie de la supplication liée au désir[13], à l'appel à la divinité dont se sert Claude Mathieu (1965b : 61) dans « Le pèlerin de Bithynie », au moment où Black est sur le point de voir apparaître sa déesse tutélaire :

> [...] *je me suis mise à marcher dans chaque pièce en* invoquant *sa puissance, le* [l'homme ou le dieu] suppliant *de revenir et l'*implorant *de remettre à mon cou ce joug qui, bien que me blessant, donnait un sens à ma vie.*

---

12. C'est moi qui souligne.

13. On pourrait sûrement parler de *l'isotopie du désir réifiant* comme caractéristique de la fantasticité, comme une isotopie fantastique qui traverse plusieurs textes, sinon le genre.

> [É]crire *ces histoires qui, bien qu'étant souvent* pénibles *et* cruelles, *me faisaient* accéder à des mondes insolites *où je ne connaissais* pas l'ennui[14] (p. 26, 25).

Or, cette incantation, si elle n'a pas d'effet, de conséquences immédiates pour la narratrice, a une sorte d'écho peu de temps après, puisque la protagoniste, dans la même séquence, « v[oit] [s]on double entrer » (p. 29) dans sa maison.

Ce double apparu dans « La contrainte » est-il un « simple » double ? Ce double ne pourrait-il pas être un Autre personnage provenant d'un Autre monde et doté de qualités tout à fait exceptionnelles et magiques ? C'est ce qu'une analepse dans la séquence finale révèle peut-être :

> [J]*e me* souvins *alors du jour où, esprit errant en quête d'un corps, elle s'était présentée à moi, pour la première fois, et m'avait parlé de mondes insolites dont elle seule connaissait les chemins balisés.* Pour échapper au monde *dans lequel* ma vie s'étiolait *alors et pour qu'elle me conduise de repère en balise* jusqu'à ces mondes fantastiques *dont elle m'avait parlé, j'avais* accepté de vivre sous sa tutelle *et lui avais* permis de s'incarner en moi[15] (p. 30).

La clé du récit se trouverait dans ce rappel descriptif d'une action passée, révélatrice du *désir* de vivre *dans l'ailleurs*. Évidemment, il ne s'agit pas là d'une description au sens propre du terme, mais ce segment textuel contient de l'information sur l'*ethos* du personnage et surtout explique l'arrière-fond psychologique de la conscience précédant la phase créatrice de la protagoniste, toutes choses qui permettent de se faire une idée du portrait global d'un personnage et de déceler les fondements de l'ultime dimension configurationnelle fantastique du récit.

Chez Charbonneau-Tissot, les informations étant dispersées et camouflées dans un tissu textuel complexe, il faut se livrer à ce genre d'exercice pour arriver à reconstruire le caractère du personnage avec ses motivations, ses ambiguïtés, ses limites et surtout ses pouvoirs de dédoublement. C'est la condition pour comprendre ce qui donne au texte, à ce niveau, sa dimension

14. C'est moi qui souligne.
15. C'est moi qui souligne.

d'étrangeté : sous le brouillage scripturaire se dégage une réification et une « désambiguïsation » des formes du désir manifesté. Chose étonnante, toute cette construction se dissipe dans la finale, puisque l'état initial, prévalant avant que la narratrice soit possédée par un double qui la pousse à créer, est réinstauré dans l'état final de la narratrice : elle est abandonnée par son double et redevient simple ménagère. Ce qui ne veut pas dire que le récit perd sa fantasticité, mais plutôt qu'il réduit le pouvoir de la narratrice à zéro après une phase d'intense activité créatrice au cours de laquelle son imagination a semblé se réifier.

L'ARTISTE-PEINTRE CRÉATEUR -> LA STAGNATION, LA REPRODUCTION

Dans la nouvelle de Daniel Sernine, le mouvement du descriptif formalise l'inversion de ce qui est attendu d'un créateur (ici un peintre qui tient un journal). Tout glisse vers la stagnation, la répétition de la même journée. Dès l'incipit, Beaumarchais, le protagoniste, est bien défini socialement (« artiste-peintre », 1978b : 21). Puis, le descripteur précise que l'artiste est un être curieux[16] après son premier contact avec la maison qu'il cherche à peindre : « Ayant conçu *une grande curiosité* au sujet de cette maison et de ses habitants si discrets et tranquilles, Beaumarchais se mit à bavarder avec son guide[17] » (p. 22). Après avoir vérifié l'étrange comportement d'une vieille dame à la fenêtre de la maison, la curiosité s'amplifie chez Beaumarchais : « Il fut témoin de la scène que lui avait décrite le concierge la veille [...] *Sa curiosité définitivement éveillée,* Thomas Beaumarchais *décida* de s'introduire le soir même dans cette demeure[18] » (p. 25). Le discours insiste énormément sur cette qualité surdéterminante dans la progression de la « machinerie » fantastique, le prédicat qualificatif déclenchant l'actionnel. Le concierge remarque lui-même ce trait de caractère chez Beaumarchais et s'en méfie :

16. Ce qui semble être ici une qualification négative dont le détenteur aura à payer le prix.

17. C'est moi qui souligne.

18. C'est moi qui souligne.

> *Le méfiant concierge semblait redouter que Beaumarchais,* par sa curiosité, *n'aille* provoquer *quelque chose de fâcheux,* quelque changement néfaste *à l'ordre établi, quelque bouleversement dans la vie strictement ordonnée des habitants de ce domaine. Comme si* ce jeune homme trop curieux *allait démasquer un mystère dont il se sentait complice* [19] (p. 28).

Trait de caractère amplifié d'ailleurs lorsque Sevestre se rappelle ce qui est arrivé à un autre jeune homme, des années auparavant :

> *Le gardien prévint Beaumarchais qu'une quinzaine d'années auparavant, un autre jeune homme s'était intéressé à cette mystérieuse maison et que depuis, on ne l'avait pas revu. Sevestre prétendait que ce* fouineur poussé par la curiosité, *s'était introduit nuitamment dans la demeure, pour n'en jamais ressortir* [20] (p. 29).

Comme manipulé par son propre désir, Beaumarchais a une idée fixe : « Thomas s'en alla, le front soucieux, *obsédé* par ces mystères qui défiaient son imagination et dépassaient son entendement de pauvre mortel[21] » (p. 29). Une fois dans la maison étrange, l'artiste devient nerveux (« La *nervosité* de Beaumarchais s'accroissait à chaque instant[22] », p. 26). Au sortir de sa première traversée de l'étrange, il commence à subir des *transformations* caractérielles, et le descripteur marque l'intrusion de la folie, le détraquement des nerfs, dans la conscience de l'artiste : « [C]'était de la *démence* [...] Longtemps encore la raison de Thomas chancela, prête à *sombrer* dans le gouffre de la folie[23] » (p. 28). Puis le discours souligne la persistance du même état d'esprit avec, en prime, de manière antithétique, hétérogénique, et comme chez Charbonneau-Tissot, le courage nécessaire pour affronter l'épreuve : « Au risque de perdre la raison, et malgré tout son être qui se révoltait à la perspective de revivre cette terreur, Beaumarchais *décida* de retourner ce soir-là dans la demeure mystérieuse[24] » (p. 30). Par contre, dans la

19. C'est moi qui souligne.
20. C'est moi qui souligne.
21. C'est moi qui souligne.
22. C'est moi qui souligne.
23. C'est moi qui souligne.
24. C'est moi qui souligne.

partie sous forme de journal, le discours s'attache moins à décrire Beaumarchais lui-même, qui parle (qui écrit), qu'à décrire les actions répétitives des personnages qu'il voit. Toutefois, à quelques reprises, il note la montée de l'angoisse en lui (« Devant ce mystère qui défie la raison, je suis envahi par une angoisse terrible », p. 32), de « l'anxiété [qui] ralentit [s]a faculté de raisonner » (p. 34). Les nerfs de Beaumarchais se dégradent à mesure que le récit avance :

> *Mes nerfs et ma raison sont* affectés *par la tension que m'impose cette situation hallucinante.*
> [I]*l m'a fallu trois jours pour comprendre tout cela, tant mon cerveau était* affecté *par toutes ces aberrations qui m'environnaient* [25] (p. 36, 37).

En somme, le système descriptif parvient à montrer la dégradation de la conscience d'un artiste créateur pris au piège de la répétition aberrante. Artiste trop curieux, il est affecté à la reproduction du discours tenu dans le lieu même qui a piqué sa curiosité. C'est le piège fantastique – la boîte de Pandore – dans son versant dramatique.

LE PROFESSEUR-CHERCHEUR –> LE « SUJET » DE LA RECHERCHE

Dans « Le pèlerin de Bithynie », le nom Mark Cecil Black, donné dès le début, est primordial, car l'acteur ainsi nommé découvre dans la finale du récit, au terme de son pèlerinage, qu'il est, par-delà les siècles (presque deux millénaires), la réincarnation, la figure « métempsycotique » du personnage historique dont il est à la recherche, Marcus Cécilius Niger. Le protagoniste est aussi le « pèlerin » (prédicat fonctionnel) du titre de la nouvelle. De plus, d'entrée de jeu, il est qualifié socialement : « professeur », « directeur de l'Institut de langues classiques de l'Université de X. » (Mathieu, 1965b : 39). Cela sous-entend que, prédicativement, il est savant, « philologue » (p. 40), universitaire, spécialiste des civilisations et des langues classiques, des religions anciennes, ces deux dernières précisions – celle de la religion surtout – orientant la fantasticité du récit,

25. C'est moi qui souligne.

puisque Black est spécialiste de la période au cours de laquelle vivait précisément Niger (l'homme qu'il est et qu'il était deux mille ans auparavant –> l'homme qui traverse le Temps). En tant que directeur, il occupe une fonction sociale importante dans l'univers représenté. Tous ces prédicats donnent un poids certain au caractère de l'acteur principal : être rationnel, scientifique, érudit et responsable, il constitue un (arché)type de personnage à qui, en règle générale, l'improbable n'arrive pas[26], pas plus qu'il n'arrive à quiconque, mais le fait d'être présenté de cette façon archirationnelle concourt à donner un fondement particulièrement réaliste ou vraisemblable au récit.

Autre « qualité » à mentionner, Black est curieux, comme le Beaumarchais de Sernine[27] : « Par curiosité, il monta » (p. 42) à la librairie de Théodore Divimunian qu'il venait de découvrir. Toutefois, et bien que le résultat soit le même, c'est plutôt la curiosité *scientifique,* celle du chercheur, qui l'anime et non la curiosité pour l'étrange telle que la ressent Beaumarchais[28]. Entré en possession du livre de Rufus, le *Rufus Itinerans,* donné par le libraire étrange, Black entreprend la vérification de la pièce rare. C'est l'occasion pour le descripteur d'établir les rapports déjà préexistants entre le philologue et l'objet de sa récente découverte : Black est un exégète sérieux s'intéressant à une période précise du passé – comme Luc Guindon dans « La Bouquinerie d'Outre-Temps » –, et, professeur, il

26. À Luc Guindon non plus qui, en tant que chercheur historiographe, est qualifié socialement de scientifique. Mais semblable à la narratrice de « La contrainte » et à Beaumarchais dans « La maison de l'éternelle vieillesse », Guindon est aussi un artiste et, à ce titre, est relégué dans des « postes » moins strictement rationnels.

27. Preuve que les prédicats qualificatifs peuvent être appliqués à des fonctions relativement opposées et conserver toute leur justification.

28. En ce sens, le texte de Sernine est résolument orienté en fonction de la production de la fantasticité, ce qui n'a rien d'étonnant de la part de ce praticien qui a voué sa carrière au fantastique et à la science-fiction, alors que l'intrusion de Mathieu dans le domaine fantastique est beaucoup plus ponctuelle. Ce qui n'empêche pas de le rapprocher de Michel de Guelderode qui n'a publié qu'un seuil recueil de nouvelles fantastiques, mais de nombreuses pièces à caractère fantastique.

donne sur ce même sujet des leçons courues – comme Luc Guindon produit des ouvrages appréciés sur l'histoire de Montréal et sur l'œuvre de son grand-père :

> *Rufus avait trouvé depuis des centaines d'années des* exégètes de toute qualité *et dont le moindre n'était pas, au vingtième siècle, le professeur Mark Cecil Black. À cause de* leçons très remarquées *dans des universités anglophones et de mémoires dispersés dans des* revues savantes, *travaux qui avaient tous* contribué à renouveler nos connaissances *sur Rufus, le* professeur *avait toujours conservé pour le magistrat romain la* tendresse *que ressent l'artisan* pour une œuvre *qui lui a demandé beaucoup d'effort* [29] (p. 49).

Le rapport émotif – de tendresse – à l'objet étudié surdétermine donc autant le caractère de Black que sa compétence. De plus, dans le texte du *Rufus Itinerans,* Rufus décrit celui qui se révélera être Black, à l'époque romaine, ce qui illustre une des facettes du caractère dispersé, fragmentaire, omniprésent aussi, du descriptif dans les différentes strates textuelles : le texte dans le texte donne une image distanciée de l'objet même de la recherche de Black, objet qui sera lui-même, par conséquent, image réfléchie autant que distanciée, rapprochée autant qu'éloignée – rappel de Luc Guindon travaillant sur le personnage historique qui, tout à la fois, était son grand-père et (est) lui-même : « Je me suis laissé dire [écrit Rufus, dans un texte cité par le narrateur et lu par Black] par les gens du cru qu'un *riche et noble Romain* a fait élever l'an dernier sur la fine pointe du promontoire de Magnabella un autel à Cybèle, la Grande Mère des dieux[30] » (p. 51). À la suite de cette lecture, c'est la portion congrue de la curiosité scientifique du caractère de Black qui assure le relais, et le descripteur prend bien soin de noter cette caractéristique de son *ethos* qui a trait à la noblesse du sujet, établissant ainsi un rapport entre le même (Black le chercheur) et l'autre (Niger le Romain) :

> *D'autres se seraient simplement réjouis de tomber sur un livre précieux ; lui* [Black] *se croyait maintenant* une vocation supérieure, *à laquelle il s'agissait de répondre*

29. C'est moi qui souligne.
30. C'est moi qui souligne.

> *sans la connaître. Mais il pouvait encore choisir de se dérober à ces prodiges en rendant le livre au bouquiniste* [31] (p. 53).

Après la première complication étrange, Black, oscillant entre le désir et le refus, prend la même tangente que Luc Guindon : il devient « distrait » (on songe ici à l'origine latine, *distrahere* « tirer en sens divers »). Le descriptif d'actions rend compte de ce trait :

> *Dès lors il devint* d'une grande distraction. [...] *Il lui arrivait de parler seul et à haute voix,* le plus souvent en latin. *À l'université, il* [...] *se demandait la raison de sa présence dans cette salle* [...] *Lui qui d'ordinaire donnait des leçons non seulement très au point mais aussi si persuasives qu'elles semblaient, relevant de* l'apostolat *autant que de la science, vouloir* convertir les auditeurs aux religions orientales *du monde romain, il ne parlait plus désormais que d'une façon terne* [32] (p. 53-54).

Le prédicat fonctionnel autant que qualificatif de la distraction concourt à créer un effet d'isolement et d'écartèlement de Black par rapport au présent, à son entourage et, par contraste, à créer une sorte de rapprochement avec le monde romain qu'il étudie/enseigne. L'inscription aussi d'un « vouloir convertir » annonce par ailleurs la propre conversion de Black, qui se tourne non vers Dieu mais vers une déesse.

L'aspect scientifique du caractère de Black vient encore assurer le relais, un savant étant souvent décrit d'ailleurs comme un être un peu distrait, ses préoccupations d'ordre scientifique y étant pour quelque chose :

> *Peu à peu l'aspect scientifique du problème avait pris le dessus ; et le professeur se savait le seul à pouvoir le résoudre. Il n'avait pas en vain l'habitude de ces recherches ingrates où* l'homme de science *se débat dans* l'isolement. *Jadis, au début de sa carrière, il avait accepté cette règle du jeu en choisissant le point précis des connaissances humaines qui allait devenir son champ d'exercice propre. Depuis, en souris*

31. C'est moi qui souligne.
32. C'est moi qui souligne.

> *patiente, il y* creusait aveuglément *son trou qui, avec le temps et le travail, était devenu si étroit et si profond que personne d'autre ne pouvait plus y entrer*[33] (p. 55).

Cette comparaison avec un animal n'a rien à voir avec la monstruosité dans la nouvelle de Michel Bélil, puisque la souris n'est qu'une figure métaphorique qui ne se matérialise pas et ne s'incorpore pas du tout au portrait réel de Black. Cela montre surtout qu'il est mystérieusement manipulé et que, en tant que chercheur/creuseur, il est lui-même l'objet de ses propres recherches. Le mot « aveuglément » n'est certes pas innocent non plus : c'est la question de la passion aveugle du professeur pour la science (comme la passion de l'histoire chez Luc Guindon) qui est en jeu ici ou plutôt la question du mélange de non-savoir (aveuglement, néant) et de savoir (lumières, totalité) et de volonté de savoir (l'ensemble de son parcours) : « [L]a *cruelle passion* le poussait de *savoir* toujours un peu plus, de comprendre toujours un peu mieux. Mais *savoir* et comprendre quoi au juste, c'était trop demander[34] » (p. 56). Et la passion devient une idée fixe, le personnage étant littéralement travaillé, mu par ce moteur psychologique de l'action, qui est aussi une des particularités de sa conscience et de son *ethos* : « Lui dont un seul lieu, *une seule idée fixe* aiguillaient les pas et l'esprit[35] » (p. 57).

Par la suite, le caractère scientifique de Black est surdéterminé par l'acte posé à l'endroit exact où sa passion, son idée fixe l'a mené : creuser la terre comme l'on cherche en scientifique ; Black est une figure du fouineur « désenfouisseur » dans cette description d'action :

> [I]*l lui vint à l'esprit qu'*il creusait toujours un trou *et que celui-ci, fût-il matériel, s'identifiait à l'autre qu'il forait dans la science depuis des années. Il creusait toujours,* à la recherche de quelque chose qui ne portait pas encore de nom. *Il pressentait cependant que c'était*

---

33. C'est moi qui souligne. L'isolement de l'acteur n'est pas exactement de même nature que dans « La contrainte », mais il est aussi, dans un sens, volontaire.

34. C'est moi qui souligne.

35. C'est moi qui souligne.

> cette vieille terre usée *par les civilisations qui* devait lui apporter une lumière *définitive* [36] (p. 60-61).

Une autre description d'action est significative du caractère profond de Black que sa recherche précisément commence à dévoiler juste avant la manifestation de la deuxième et dernière complication étrange, l'apparition de la déesse qui le révélera à lui-même. Toute la carrière de Black, son intérêt pour la philologie romaine, prend ici *son sens,* les décisions d'orientation professionnelle acquérant du coup une dimension supérieure, car il passe de « spécialiste » des religions romaines à « croyant » romain : « Le professeur *se surprit à réveiller par des prières latines* les vieux dieux morts écrasés sous le poids des offrandes. Enfin son âme, quittant sa frayeur, s'ouvrit et s'apaisa dans l'attente d'une sereine révélation[37] » (p. 61).

En revanche, après que le descripteur eut donné des indices du retour de l'ancien dans le moderne (Niger, le Romain, l'homme de prière, le suppliant *versus* la conscience scientifique du XXe siècle), il est « normal » en régime fantastique que le discours oscille entre les deux tendances antithétiques ou paradoxales : le côté scientifique du chercheur reprend le dessus, Black s'aidant, par sa rigueur, à résoudre le problème de sa recherche :

> [D]érouté *par le casse-tête de ses pierres inscrites – et si* humilié *de l'être* – [...] *il se résolut* [à] recourir à la méthode scientifique. [...] *Il photographia l'ensemble et le détail des vestiges, prévoyant les communications savantes qu'il en écrirait et la surprise du monde lettré* [38] (p. 62-63).

Sa recherche porte fruit ; Black met au jour la plaque dont parlait le livre de Rufus, sans en donner la transcription toutefois, et découvre que le Marcus Cécilius Niger de la plaque n'est, en fait, personne d'autre que lui-même, le nom de celui-là étant la traduction latine du nom de celui-ci. Aussitôt la déesse à qui la pierre est dédiée apparaît, de manière magique, et aussitôt le

36. C'est moi qui souligne.
37. C'est moi qui souligne.
38. C'est moi qui souligne.

descriptif entre en fonction (ici le discours passe du passé simple au présent – manifestant la force de la manifestation – et à l'imparfait – manifestant sa pérennité) :

> *Un froissement de branches se fit entendre derrière lui.*
> *—Oui, Marcus, c'est moi.*
> *La cruelle, la sanguinaire, celle qui préside à tout ce qu'il y a d'indomptable dans les puissances de la vie, celle qui libère les sèves grondantes dans les arbres des forêts et, dans les bêtes fauves, les forces les plus sauvages, l'inhumaine se trouvait debout au soleil, à trente pas de lui, tenant en laisse quatre panthères* (p. 65).

La réaction à cette manifestation de l'étrange, que le scientifique a permis d'actualiser, s'inscrit pour une part dans le descriptif, dans *la transformation de la consistance* du personnage de Black lui-même, bien qu'ici les figures soient avant tout métaphoriques : « Le professeur sentit littéralement ses os fondre et ne plus le soutenir, son corps *devenir* un objet *mou* et *indéfinissable* apte à épouser la forme du lieu où il s'affaissait[39] » (p. 65).

Le ramollissement et l'incorporation à l'espace sont les dernières marques véritables du descriptif de Black/Niger, le reste définissant son questionnement et les derniers échanges entre lui et la déesse, détaillant aussi le décor et la composition de l'ensemble du cortège carnavalesque, surdéterminant, il faut le dire, le caractère grandiose de la déesse Cybèle revenue chercher son fidèle, son pèlerin (« Marcus, enfin te voilà de retour chez toi », p. 66), et les modalités horriblement exquises de son engloutissement dans la mer. Le savant rationnel, le praticien de la recherche dure et pure se convertit en un mol sujet qui s'engouffre, heureux, dans le liquide originel.

L'AVENTURIER COURAGEUX –> LA VICTIME APEURÉE

Dans la nouvelle de Bélil, le narrateur protagoniste se « qualifie » d'entrée de jeu, comme dans la plupart des nouvelles du corpus, dans la séquence d'orientation ; il se qualifie, de surcroît, en surdéterminant le caractère étrange du récit, la qualité ou

39. C'est moi qui souligne.

l'état d'être « bizarre » renforçant lexématiquement et sémantiquement la potentialité fantastique du texte : « J'ai toujours eu de ces goûts [...] de ces goûts *bizarres* qui m'ont très tôt *séparé du commun des mortels* [40] » (1978b : 131). La tendance au bizarre sépare l'un des autres, sans compter que l'expression « commun des mortels » annonce par antithèse que le narrateur n'est pas ou ne sera pas commun parmi les mortels. Ce dernier donne également une partie de son « curriculum vitæ » : « Mes emplois dans le Grand Nord canadien, puis en Afrique centrale » (p. 131), se signalant ainsi comme un aventurier. En parallèle, l'autre « personnage », le donateur du legs est décrit comme quelqu'un qu'on « disait fou » (la sanction sociale, doxologique, a ici son importance) : « On le disait fou... ou du moins assez original » (p. 131) (opinion que le narrateur fera sienne seulement dans une séquence ultérieure : « Ce vieux fou avait fait sa fortune dans les pâtes et papiers », p. 132). La progression du descriptif montre d'autre part que cette folie se transmet *par contamination* et que, par conséquent, ce qui est accordé prédicativement à l'un vaut pour l'autre. Puis, toujours dans cette phase d'orientation, dans le même paragraphe, le narrateur énonce cet aveu, révélateur d'un penchant : « Quoi qu'il en soit, j'acceptai avec enthousiasme cette nouvelle vie de *fainéant*... vie dont j'avais toujours *rêvé* [41] » (p. 131). Par ailleurs, antithétiquement, ce « fainéant » en devenir se caractérise par son courage et sa force nerveuse : « J'ai appris à *vaincre la peur* [...] Ma *vie mouvementée* m'y a préparé (l'immensité arctique... la solitude poignante d'un désert de sable...)[42] », p. 132-133) ; « Je ne suis *pas de nature nerveuse* [43] » (p. 133).

Attiré par le miroir, qui lui renvoie une image toute déformée, vieillie, purulente, le narrateur doit vaincre le désir de se voir (avoir le courage de vaincre le narcissisme) : « [J]'avais réussi à *vaincre ma curiosité* et à ne pas regarder le miroir[44] » (p. 134). Les premières marques de transformation dans le

40. À part « bizarres », les mots soulignés sont de moi.
41. C'est moi qui souligne.
42. C'est moi qui souligne.
43. C'est moi qui souligne.
44. C'est moi qui souligne.

caractère se signalent lorsque le descripteur dit du protagoniste qu'il est *en voie de devenir* craintif : « Je commençais à *ressentir* ce qu'était la *peur,* la vraie, celle qui vous pogne aux tripes et qui vous empêche de dormir[45] » (p. 134-135). Puis il perd le contrôle : « [C]édant à la *curiosité,* je fis pirouetter le miroir-miroir maudit[46] » (p. 135).

Après la dernière manifestation de la complication étrange, le discours opère un retour du descriptif éthologique pour marquer l'installation définitive de la « Peur », surdéterminée par la majuscule, et de l'abandon de la caractéristique de l'être non « nerveux », par l'inscription de la caractéristique de la *folie* : l'oncle *était* fou, le narrateur le *devient*, comme s'il se produisait un phénomène de transfert : « Une crise *nerveuse* s'est alors emparée de moi. *Je ne pouvais me raisonner*. Je croyais *devenir fou* furieux. [...] Sous le choc, mes cheveux avaient blanchi. [...] Choc émotif. Je venais de vivre *la Peur,* celle qui tue[47] » (p. 136).

Dans l'état final, le caractère du protagoniste devient encore plus différent de ce qu'il était au début, certains lexèmes manifestant le rapprochement des deux opposants que sont l'oncle et le neveu. Ce qui motive l'acte final et le sens du récit, c'est le goût de la vengeance sur une autre personne. La haine manipulait l'oncle et la haine manipule le neveu. La transmission d'une « qualité » négative, par l'action testamentaire, transforme le caractère profond du personnage d'abord physiquement, puis psychologiquement, enfin actionnellement :

> [J]*e vais rédiger mon testament par lequel je lègue tout ce que je possède à une jeune et jolie femme que* je déteste *cordialement depuis qu'elle m'a laissé tomber* [...] *Elle aussi va savoir ce qu'est la Grande Peur !* [...] *Ce qui compte c'est de* faire le plus de malheur possible *pendant qu'il en est encore temps, tout en se faisant passer pour philanthrope*[48] (p. 136-137).

45. C'est moi qui souligne.
46. C'est moi qui souligne.
47. C'est moi qui souligne.
48. C'est moi qui souligne.

C'est donc encore une forme de représentation de la duplicité que l'entreprise descriptive formalise dans la caractérisation éthologique. Le plus souvent d'ailleurs, c'est le métier de l'acteur – avec tout ce qu'il comporte de préconstruit – qui (sur)détermine son devenir ou sa dégradation.

* * *

UNE MOUVANCE CONTINUE

Au terme de ce chapitre sur le descriptif, une première constatation s'impose : les contraintes réalistes, telles qu'elles ont été relevées par Philippe Hamon, se retrouvent presque toutes, bien que parfois modifiées, dans le récit fantastique. En effet, il n'est pas surprenant de retrouver l'essentiel des « charges » du « cahier des charges » du projet réaliste dans un genre dont le fondement repose sur des positions de « réel » : comme dans le récit réaliste, « le monde est riche, divers, foisonnant, discontinu », le discours peut en rendre compte par la transmission d'une information qui cherche à copier le réel de telle sorte que le lecteur en vienne à croire à la vérité de cette information. Tout se fait dans le but de rendre le réel et l'irréel parfaitement lisibles par le processus d'un dépliement souvent complexe des différentes couches de « réalité » de la chose décrite dans le processus de narration. D'ailleurs, les processus du descriptif servent souvent de fondement à un développement ou à un rebondissement de l'action quand ce n'est dans et par le descriptif lui-même que la fantasticité prend forme.

Là où les voies du réalisme et du fantastique semblent devoir dévier, c'est dans le degré de présence du « geste producteur du message » (Hamon, 1982 : 133) : ce dernier geste « (style, énonciation, modalisation) doit s'effacer au maximum » (p. 133) en régime réaliste et se faire remarquer en régime fantastique. L'entreprise discursive parvient ainsi à donner un poids indubitable autant à l'irréel qu'au réel par le marquage systématique des dénominations. Sans se faire véritablement encyclopédique comme dans le réalisme, la définition des termes de la nomenclature du chronotope est suffisamment riche pour donner le change au lecteur implicite et faire croire à travers l'épaisseur des mots que ce qui est énoncé a un poids de réalité.

Ainsi, le piège référentiel semble évité, car le texte, s'il s'appuie parfois sur des référents connus et indubitables pour l'acteur, est organisé surtout autour de l'entreprise langagière. C'est par le langage que le descriptif s'inscrit dans le récit fantastique ; c'est par des procédés d'écriture – en perpétuelle mouvance, quoique produits par un énonciateur fixe – que le réel et l'irréel sont posés, puis imposés. Ce qui compte, finalement, ce n'est pas la reproduction fidèle du réel, mais la reproduction de l'illusion référentielle. En cela, les procédures descriptives mises en œuvre dans le récit fantastique y concourent de tout leur poids en produisant tant pour le réel que pour l'irréel cette illusion d'un référent. De telle sorte que l'acteur finit toujours par avoir l'air d'être dans un espace qui, s'il n'apparaît pas vraisemblable au premier coup d'œil, finit indubitablement par s'imposer à son regard et à ses sens.

Pour ce faire, le descripteur fait passer le récit par des procédures d'ancrage et de désancrage de la réalité première : il s'agit alors de voir en détail – même si c'est par fragments – puis de ne pas voir ou de voir ailleurs. La vision floue sert d'assise au procédé transitionnel du réel à l'irréel, et l'acte de lecture sert souvent de preuve de véridiction de « l'irréel », le voir enclenchant essentiellement le descriptif, habituellement, le descriptif de type voir, directement avec ses verbes de perception qui sont forcément connectés au focalisateur en situation d'étrangeté, qui permet la description de l'irréel sous forme du flou, du géométrique, du symétrique, du carnavalesque ou du monstrueux déformé. Le descriptif de type dire avec ses variantes (se dire, écrire, créer, l'acte même d'écriture, l'acte de parole, etc.) sert aussi d'enclencheur du descriptif de type voir/ne pas voir ou se voir, donc de manière autotélique dans une entreprise de dédoublement du sujet du voir.

Quant à la représentation de l'acteur, elle vient elle aussi s'inscrire comme dénomination et comme figure de la transformation. L'artiste crée et veut entrer dans sa création (Charbonneau-Tissot), veut reproduire en peinture et est forcé de s'intégrer à l'objet de sa trop grande curiosité (Sernine) ; l'historien étudie une partie de l'Histoire, désire entrer puis entre dans ce chronotope à la fois étrange et familier (Carpentier) ; le chercheur fait de même, aidé par sa propre science, mais englouti par le résultat de sa recherche dont il est lui-même le sujet et l'objet (Mathieu). Enfin, l'aventurier fainéant est victime de sa propre bravoure qui se transforme en peur et qui le transforme en monstre hideux et purulent (Bélil).

Tout, dans le descriptif, bouge, agit, se transforme dans le récit fantastique et les figures pour décrire le phénomène sont aussi mouvantes que les formes de sa propre diction, bien que certains procédés servent de balises sinon de contraintes formelles.

TROISIÈME PARTIE

LE DIALOGISME FANTASTIQUE

CHAPITRE I

PROBLÉMATIQUE GÉNÉRALE

En abordant la problématique des transformations narratives, dans la première partie, j'ai surtout touché à la dimension pratique – à la *praxis* actionnelle ou, selon la définition d'Aristote, à la *mimesis praxeos* [1] – de la diégèse, c'est-à-dire aux transformations (formelles et contenuistes) d'états des acteurs à travers la chaîne des épreuves que représentent les macropropositions complicatives et leurs résolutions. J'ai également esquissé la valeur des autres composantes qui entrent dans la construction macropropositionnelle de la narration, composantes qui, sans être proprement actionnelles au sens pratique ou spécifiquement performatif, s'inscrivent tout à fait dans la problématique des transformations d'états des acteurs : il s'agit des macropropositions se rattachant à la dimension cognitive globale, qui trouvent forme et sens dans la chaîne des évaluations des actions, des événements et des épreuves menant à la sanction inhérente à la

1. « Aristote parle de *mimesis praxeos,* de l'imitation d'une action [...]. Les "histoires" sont conçues à l'origine comme des imitations de l'action humaine *(praxis),* ou comme des structures verbales permettant de décrire certaines actions bien spécifiées » (Frye, 1969 : 105). Cela dit, je conviens que la parole est toujours une forme d'action qui n'a pas seulement pour finalité de décrire ou de montrer des actions pratiques, mais aussi d'agir sur le monde par la seule forme – la seule force – de l'élocution. Depuis Austin ([1962] 1970), la chose est généralement admise et c'est à cette dimension locutoire que je m'attache dans le présent chapitre.

morale ou à l'état final. C'est précisément à ce niveau que se situe la problématique du dialogisme dans le récit. C'est à ce niveau binaire (évaluation –> sanction) de la chaîne quinaire[2] que je situe une des principales pierres angulaires, sinon la plus importante, qui permet de déterminer l'appartenance d'un texte à l'hypogenre fantastique. Dès lors, je formule l'hypothèse selon laquelle le discours évaluatif et sanctionnel – étayé[3] par les complications actionnelles et par le principe actif du descriptif – serait le lieu formel où le récit acquiert sa forme véritablement fantastique. Avant d'analyser le fonctionnement du dialogisme évaluatif et sanctionnel dans les nouvelles du corpus, j'établirai quelques notions sur lesquelles je fonde mon approche et mes analyses.

LANGUE, ÉNONCÉ, DISCOURS

De la série de concepts qui servent à comprendre le fonctionnement du discours fantastique, quelques-uns paraissent fondamentaux : la langue (matériau de base de l'écrivain), de même que l'énoncé, le discours, le dialogisme et le plurilinguisme.

La question de la langue présuppose l'existence d'un système de signes arbitraires (les signifiants) renvoyant à un ou des signifiés et à un ou des référents. Elle repose ainsi sur un système de conventions communicationnelles et, partant, sur un code[4] ou un système de signes :

> *Le signe est utilisé pour transmettre une information, pour dire ou indiquer une chose que quelqu'un connaît et veut que les autres connaissent également. Il*

2. Je rappelle qu'il s'agit toujours de la chaîne des orientation (ou état initial), complication, évaluation, résolution et morale (ou état final comportant une composante sanctionnelle).

3. Comme le sont les cathédrales gothiques par des contreforts et des arcs-boutants latéraux. En ce sens, le dialogisme ferait figure de véritable organisateur de la spécificité du récit, l'actionnel et le descriptif tenant lieu d'arcs-boutants.

4. « La langue se définit comme un code, en entendant par là la mise en correspondance entre des “images auditives” et des “concepts”. La parole, c'est l'utilisation, la mise en œuvre de ce code par les sujets parlants » (Ducrot et Todorov, 1972 : 156).

> *s'insère donc dans un processus de communication de type : – source – émetteur – canal – message – destinataire* (Eco, 1988 : 27).

Donc, les hommes vivent dans un monde où des règles s'établissent autour d'ensembles de signes, de règles qui visent à déterminer une régulation dans les échanges : dans ce sens, en plus du code de la langue, il y a des codes, utilisés, consciemment ou non, formés par des ensembles relativement réguliers et régulateurs de normes qui régissent telle ou telle pratique verbale ou non verbale. Il y a les codes sociaux, culinaires, musicaux, ceux propres à l'échange quotidien même[5].

Dans la pratique scripturaire – celle qui m'intéresse spécialement –, il y a le code premier, celui de la langue, c'est-à-dire cet ensemble de données codifiées dans les diverses grammaires qui régit moins les règles de l'énoncé ou du discours que celles des unités linguistiques (proposition, phrase). Je ne m'attarde pas à cet aspect proprement linguistique, si ce n'est pour rappeler la contrainte à l'origine de toutes les autres que la pratique de l'échange verbal engendre.

Il y a aussi les codes seconds, qui dictent les différentes pratiques de la parole, des échanges verbaux spécifiques. Le code premier régit la langue – et c'est avant tout l'objet d'étude de la linguistique –, les codes seconds (les règles d'un art, d'une esthétique, d'une pratique sociale, culturelle, politique, scientifique, etc.) régissent les genres du discours, d'un type de discours précis ou d'un ensemble plus ou moins socialisé, culturalisé[6]. Selon Mikhaïl Bakhtine :

---

5. « Comme Jourdain chez Molière [...] nous parlons en genres – variés – sans en soupçonner l'existence. Dans la conversation la plus relâchée, nous moulons notre parole dans des formes précises de genres, parfois standardisés et stéréotypés [les divers genres phatiques, pour les félicitations, les vœux, les échanges de nouvelles [...] [qui] varient en fonction des circonstances, de la position sociale et de la relation personnelle des partenaires : on aura le style [genre] élevé, strictement officiel, [...] le style [genre] familier], parfois plus souples, plus plastiques et plus créatifs. L'échange verbal dans la vie courante n'est pas sans disposer de genres créatifs » (Bakhtine, [1979] 1984 : 284-285). Le passage entre crochets est à la p. 286.

6. Maîtriser une langue ne signifie pas maîtriser nécessairement tous les genres du discours : « Nombreux sont ceux qui, maîtrisant

> [L]*e locuteur reçoit donc, outre les formes prescriptives de la langue commune (les composantes et les structures grammaticales), les formes non moins prescriptives pour lui de l'énoncé, c'est-à-dire les genres du discours – pour une intelligence réciproque entre locuteurs ces derniers sont aussi indispensables que les formes de langue. Les genres du discours, comparés aux formes de langue, sont beaucoup plus changeants, souples, mais, pour l'individu parlant, ils n'en ont pas moins une valeur normative : ils lui sont donnés, ce n'est pas lui qui les crée. C'est pourquoi l'énoncé, dans sa singularité, en dépit de son individualité et de sa créativité, ne saurait être considéré comme une* combinaison absolument libre *des formes de langue* ([1979] 1984 : 287).

J'ajoute que si les genres du discours sont beaucoup plus souples que les formes de la langue, c'est que, surtout en art, l'individu peut transformer presque à chaque œuvre, s'il en a le désir ou les capacités, les contraintes du genre. Comme le souligne Tzvetan Todorov,

> [l]*e concept de genre (ou d'espèce) est emprunté aux sciences naturelles* [...] [pour lesquelles] *l'apparition d'un nouvel exemplaire* [un tigre par exemple] *ne modifie pas en droit les caractéristiques de l'espèce* [...] *Il n'en va pas de même dans le domaine de l'art ou de la science.* [...] toute *œuvre modifie l'ensemble des possibles, chaque nouvel exemple change l'espèce* (1970 : 10).

Ce qui ne signifie pas pour autant qu'il faille rejeter l'idée de genre. Généralement, et bien que l'on parle depuis quelques années de la mort du genre, les œuvres obéissent à des règles relativement précises, quoique le plus souvent invisibles, impalpables, elles sont normées pour que la communication soit établie au maximum (ou au minimum lorsque l'artiste, par exemple, recherche l'hermétisme et le public des *happy few*). Ces règles évoluent ou changent, le créateur jouant avec elles, selon

---

magnifiquement la langue, se sentent vite démunis dans certaines sphères de l'échange du fait que, précisément, ils ne maîtrisent pas, dans la pratique, les formes du genre d'une sphère donnée » (Bakhtine, [1979] 1984 : 286).

les époques, les écoles, les cercles, les genres, etc. Même les tenants de l'idée de la mort du genre s'évertuent à contrer un ensemble de règles établies par la tradition, l'institution littéraire, et à forger leur propre système d'autorégulation.

Si la problématique du genre est parfois difficile à cerner, c'est peut-être parce qu'elle touche précisément à des questions d'énoncé et d'énonciation, c'est-à-dire de *mise en forme* et *en discours* d'énoncés fluctuant selon les situations auctorielles et actorielles. Le problème de l'énoncé et du discours est complexe et Bakhtine fait remarquer que peu de chercheurs ont vraiment réussi à le régler avec rigueur[7] :

> *Le* mot *vague de « discours » qui renvoie indifféremment à la langue, au processus de la parole, à l'énoncé, à une suite (d'une longueur variable) d'énoncés, à un genre précis du discours, etc., ce mot, jusqu'à présent, n'a pas été transformé par les linguistes en un* terme *rigoureusement défini et circonscrit dans sa signification* ([1979] 1984 : 276).

Tentant de démêler ces concepts, Bakhtine propose, comme le feront tous les pragmaticiens, de concevoir l'énoncé comme posant en fait le problème de *l'actualisation* de la langue, car il est intimement lié, tout en en étant subtilement distinct, au discours dans l'acte de l'énonciation même. Selon Bakhtine :

> *L'indétermination et la confusion terminologiques sur un point méthodologique aussi central dans la pensée linguistique résultent d'une méconnaissance totale de ce qu'est* l'unité réelle *de l'échange verbal* – l'énoncé. *La parole n'existe, dans la réalité, que sous la forme concrète des énoncés d'un individu – du sujet d'un*

---

7. S'intéressant aux « formations discursives » et aux « systèmes de dispersion » et d'irrégularités, même Michel Foucault, dans *L'archéologie du savoir,* se rapproche sensiblement de la pensée de Bakhtine et s'excuse au préalable d'utiliser de manière « sauvage » les termes énoncé et discours : « Deux séries de problèmes, je le vois, se présentent aussitôt : l'une – je vais la laisser en suspens pour le moment et je la reprendrai plus tard – concerne l'utilisation sauvage que j'ai faite des termes d'énoncé, d'événement, de discours ; l'autre concerne les relations qui peuvent être légitimement décrites entre ces énoncés qu'on a laissés dans leur groupement provisoire et visible » (1969 : 44).

> *discours-parole.* Le discours se moule toujours dans la forme de l'énoncé *qui appartient à un sujet parlant et ne peut exister hors de cette forme* [8] (p. 277).

Le discours est donc une prise en charge subjectivisée de la parole à travers un énoncé par une personne, un personnage, un acteur, un narrateur précis, qui communique un « message » clair ou hermétique, selon la forme choisie pour l'expression du message. Le discours prend ainsi la forme d'un énoncé, bref ou long, et chaque énoncé prend alors la forme d'une réplique qui s'adresse à quelqu'un, de qui on attend ou non une réponse, mais qui « se moule toujours » sur ce rapport de bipolarité, d'interinfluence et d'interlocution.

Selon le concept de base de la théorie bakhtinienne, la longueur de l'énoncé peut varier puisque l'énoncé exprime obligatoirement *une pensée achevée* ; il peut donc correspondre à une opinion, à un roman entier ou, dans de rares cas, se confondre avec les limites de la phrase. Pour Bakhtine, le va-et-vient entre deux ou plusieurs locuteurs est capital, car un énoncé est toujours grandement déterminé par la personne à qui le message s'adresse, par l'orientation de la parole qui s'énonce. Par conséquent, l'enchaînement des phrases dans un texte – ou mieux la relation métaphrastique des énoncés qui peuvent s'interpeller par-delà la simple contiguïté verbale, le simple enchaînement d'un dialogue, la simple conversation rapportée – et leur réalisation, leur actualisation, leur procès, leur énonciation, ne sont que les deux faces d'un même processus. L'accent est mis ici sur le procès, l'échange, le caractère « vital », non statique, *in progress* de l'entreprise.

8. À part « l'unité » et « l'énoncé », les mots soulignés sont de moi. J'ajoute que les travaux sur la pragmatique de l'énonciation ont jeté beaucoup de lumière sur cette question depuis les commentaires de Bakhtine qui s'adressaient surtout aux linguistes formalistes russes des années 1920 (voir la préface de Todorov, p. 23). Il n'en reste pas moins qu'il est fort utile de rappeler que les choses n'ont pas toujours été très claires et que la réflexion doit sans cesse chercher à démêler l'écheveau des concepts qui régissent les actes de parole.

Enfin, si pour Bakhtine l'énoncé – qui doit être un tout achevé, marqué par l'idée de l'achèvement[9] – est si important, c'est que sa forme détermine le genre du discours :

> *L'idée que nous avons de la forme de notre énoncé, c'est-à-dire d'un genre précis du discours, nous guide dans notre processus discursif. Le dessein de notre énoncé, dans son tout, peut ne nécessiter, pour sa réalisation, qu'une seule proposition, mais il peut aussi en nécessiter un grand nombre et le genre choisi nous en dicte le type avec ses articulations compositionnelles* (p. 288).

Ces remarques serviront dans l'analyse, lorsque j'observerai le fonctionnement textuel et le niveau intra ou extradiégétique du message narratif (un auteur-destinateur s'adresse à un lecteur-destinataire, un narrateur intradiégétique à un narrataire intradiégétique, un narrateur extradiégétique à un narrataire extradiégétique, un acteur à un autre acteur, ou encore ils dialoguent avec eux-mêmes).

PLURILINGUISME, STRATIFICATION DES LANGAGES, DIALOGISME ET HYBRIDATION

C'est en observant ce processus complexe d'échange et de composition que j'en suis venu à constater que le récit fantastique devait être en soi un genre particulier de la parole, un genre distinctif du discours assemblant de manière spécifique des séries d'énoncés qui problématisent, entre autres choses, une certaine fascination individuelle, mais aussi collective, sociale, pour l'impossible, l'impensable, l'incroyable, l'étrange, le magique, le maléfique, les pouvoirs, toutes choses qui ont pour fonction la production d'effets tout autant spécifiques que le genre dans lequel cette fascination s'inscrit. Les actes de parole, dans le récit

9. « [D]ans toutes les sphères d'activité de la langue, les frontières les plus substantielles s'effacent [...]. Il s'ensuit (il en résulte) que l'on perd la notion d'achèvement, critère principal de l'énoncé, compris comme unité effective de l'échange verbal, c'est-à-dire la notion d'aptitude à conditionner une attitude responsive active chez les autres partenaires de l'échange » (Bakhtine, [1979] 1984 : 289).

fantastique, aux différents niveaux de locution (illocution, perlocution), problématisent toujours plus ou moins les situations de communication : par exemple, la situation de l'acteur mis en position d'étrangeté dans le système de l'échange verbal où *l'objet* du discours (le phénomène étrange) entre en relation problématique avec *les sujets* du discours ; la situation du narrateur par rapport au narrataire et, même, la situation de l'auteur réel par rapport au lecteur réel. Ce pourrait être précisément ce système d'échanges qui produirait l'effet de terreur, de stupeur ou de peur, ultimement de questionnement devant l'imposition de l'étrange, propre au fantastique.

Bakhtine rappelle justement à ce sujet qu'« [u]n énoncé est tourné non seulement vers son objet mais aussi vers le discours d'autrui portant sur cet objet » (p. 302). C'est dans ce va-et-vient entre les acteurs et l'objet (de la peur ou de l'étonnement) que semble se jouer le discours fantastique. Individualisation et socialisation du discours, par l'échange d'énoncés à propos d'un objet précis, amènent le discours à se faire « dialogique », c'est-à-dire à jouer de l'intra ou de l'intertextualité littéraire certes, à opérer aussi la rencontre conflictuelle ou harmonieuse du discours (du texte de soi au discours d'autrui dans une même série d'énoncés formant un tout, une configuration discursive), sans qu'une position précise puisse être décrétée la seule véridique possible. Selon la conception que je dégage des positions bakhtiniennes, le dialogisme est la forme des échanges qui s'instaurent dans une représentation verbale où se mettent en discours différents langages individuels, culturels, esthétiques et sociaux, où se rencontrent différentes manières de poser les voix, d'exprimer le monde, les idéologies en tension, etc. En règle générale, l'échange verbal est presque toujours régi par un jeu de positions discursives qui déterminent l'appartenance du type d'échange à un genre du discours. Le discours, toujours adressé à quelqu'un dans la sphère des échanges socioculturels, est proféré forcément en fonction[10] d'un certain type de destinataire : « Chaque réplique, aussi brève et fragmentaire soit-elle, possède un achèvement

10. Ou, dans le cas du pamphlet, *contre* un certain type de destinataire.

spécifique qui exprime la *position du locuteur* – il est possible de répondre, il est possible de prendre, par rapport à cette réplique, une *position responsive* » (p. 278).

Cette problématique est capitale, puisque l'apparition de l'étrange provoque le plus souvent dans le texte fantastique un type de mise en discours extrêmement dramatique, extrêmement polémique, les acteurs se tenant sur la défensive ou passant à l'offensive. La relation entre les diverses positions narratives et actorielles est donc capitale dans la détermination des enjeux conflictuels à l'œuvre dans le récit. André Belleau le constate, « le dialogisme désigne expressément *la relation* des divers discours qui modèlent l'énonciation romanesque[11] » (1988 : 10). Et il faut bien distinguer – ce que suggère Belleau – les concepts de plurilinguisme, de stratification, de dialogisme et d'hybridation ici en jeu :

> *Bakhtine ne confond pas la pluralité des discours dans le roman, qui est un processus de stratification, avec le dialogisme, lequel définit les relations entre ces discours, pas plus qu'il ne la confond avec la bivocalité et l'hybridation, qui sont les effets de ces relations* (p. 12).

De la même façon, le fantastique, forme d'hybridation et de bivocalité ou de multivocalité, peut être conçu comme l'effet produit par un certain type de relation entre les langages ou les voix à l'œuvre dans le récit. Un ensemble verbal donné se compose essentiellement, à ce niveau, de langages qui sont transmis par des voix qui parlent toutes d'un lieu précis, ou imprécis parfois, et qui établissent de ce lieu et dans les énoncés qu'elles articulent leur position idéologique ou, du moins, le sens qu'elles donnent à leur relation au monde représenté dans le récit. C'est dans cette optique qu'il faut comprendre d'abord la question du plurilinguisme et de la stratification des langages, puis celle du dialogisme et, enfin, celle de l'hybridation et de la bivocalité qui seraient dans le récit fantastique ce qui produirait spécifiquement l'effet fantastique par la mise en relation dialogique de plusieurs strates discursives et aussi par la mise en relation de l'acteur avec sa propre conscience.

11. C'est moi qui souligne.

Les acteurs fictifs sont le plus souvent déterminés sociologiquement et parlent le plus souvent d'un lieu qui paraît important dans la détermination des enjeux idéologiques produits par le discours : un récit, telle une symphonie, fait entendre des voix le plus souvent aussi perceptibles qu'un premier violon, une section de cuivres, des percussions, qui s'interpellent, sonnent ou dissonent, distinctes, mais tout autant fondues dans le tout, harmonique ou non. La difficulté de l'analyse à ce niveau est de distinguer les voix. Bien sûr, le texte stratifie, donne une *représentation* verbale (reflets des croyances, des mythes et des idées en circulation et en tension dans une société et un temps donnés et représentés), un concert, une théâtralisation de mots, d'énoncés, de discours, de langages, chaque personnage ou acteur ayant une vision du monde, une opinion, une pensée, qui peut cacher un système à faire valoir au cours d'une réplique, d'une nouvelle, d'un roman... Il faut alors tenir compte du facteur fragmentaire du discours, surtout dans la forme brève, car un énoncé d'acteur voile plus souvent qu'il ne dévoile une vision du monde. Les rapports dialogiques qui s'établissent entre ces voix, ces strates langagières, ne forment évidemment pas un tout chaotique, plutôt, ils fondent un système complexe, dont le sens et la forme, ne sont pas immanquablement clairs. Semblable au tissu social, le plurilinguisme permet l'instauration d'une sorte de démocratie et d'hybridation, de métissage des savoirs, des opinions ou des paroles par le mélange des discours.

Poser le réel et l'irréel dans la fiction implique au plus haut point ces échanges où même les détails statiques ne sont pas innocents dans l'économie du récit fantastique, qui se compose souvent d'une seule voix qui semble dialoguer avec elle-même alors que, en fait, elle convoque dans son propre discours – sous le couvert du monologue intérieur, du sommaire, de la description d'un lieu, d'une époque, de la mention d'une lettre, etc. – des discours sociaux, d'autrui en somme, des opinions communes, la doxa, des idées reçues, des croyances envers lesquelles elle établit des distances ou fait des rapprochements. Le dialogisme, établissant des relations entre les langages dont les voix ne transmettent la plupart du temps que des fragments, parvient à créer l'effet d'hybridation par le mélange des langages individuels et sociaux. Il est donc possible de poser l'hypothèse que l'effet fantastique résulterait de l'effet du dialogisme, qui est un effet des relations engendrées par les échanges dialogiques complexes entre les voix des acteurs du récit.

L'analyse du discours (fantastique) se rapproche d'une description phénoménologique du genre, puisque, dans sa dynamique interne, le texte fantastique apparaît comme une discussion esthétisée sur l'intrusion de l'incroyable dans un système de la normalité où s'articulent des acteurs aussi différenciés qu'ils le seraient dans la quotidienneté. Dans la pratique discursive, le travail auctorial consiste à montrer les méandres de la conscience humaine et de la conscience sociale (la doxa), déchirées entre des représentations dichotomiques du monde, des acteurs étant plongés dans l'improbable, et d'autres les classant parmi les anormaux, les fous, les hallucinés, les rêveurs, les visionnaires, les sorciers, etc. Le discours fantastique serait ainsi caractérisé par une relation dialogique conflictuelle entre un sujet individuel et des objets problématiques adoptant une forme d'anormalité ; par une forme de fascination et de résistance du sujet à l'égard de l'objet irréel ou de l'anormal ; et, enfin, par une relation problématique entre le sujet et le discours social, qui peut aussi bien être intégré de manière problématique au discours du sujet comme extérieur à son propre discours et prendre la forme de la réplique de type dramatique.

La recherche de la production de l'effet fantastique est donc déterminée par la recherche de modèles langagiers (le plurilinguisme, la stratification et leurs effets de métissage), de modèles d'échanges verbaux et de relations entre les discours (le dialogisme), de types d'intrication qui sont des formes textuelles de représentations verbales conflictuelles. Aussi, il importe de concevoir le texte littéraire comme une sorte de terrain où se produisent/reproduisent les mêmes enjeux que ceux du réel. Des langages sont à l'œuvre, articulés par des acteurs qui entrent en interrelation, et dont le résultat débouche sur une forme, sur un genre du discours. Todorov ne suggère-t-il pas avec justesse « qu'il n'y a pas un abîme entre la littérature et ce qui n'est pas elle, [et] que les genres littéraires trouvent leur origine, tout simplement, dans le discours humain » (1978b : 60) ? Des personnages sont ainsi placés dans une situation de conflit que le récit cherche à résoudre sous un angle précis : par le métissage de ses scénarios discursifs, le texte vise l'effet réaliste, l'effet tragique, l'effet comique, l'effet science-fiction, l'effet merveilleux, l'effet policier, l'effet fantastique, etc. Je crois que l'esthétique langagière prend forme dans le jeu des voix, ce qui est particulièrement pertinent dans l'hypogenre fantastique. Des voix prennent position, occupent une strate particulière, se heurtent à d'autres strates, mimant ainsi les représentations sociales ; ces voix entrent en conflit en énonçant leurs croyances, leur « point de vue » (au sens ici d'opinion). Il en ressort forcément un effet d'hybridation. Le récit fantastique est basé sur un système de voix résolument non monologique, non réductible à tout discours univoque, au contraire, orienté vers la polyvalence des idées, des opinions individuelles et sociales. Prolongement théorique en quelque sorte de la poétique de l'incertain (Bessière) ou de l'hésitation (Todorov).

S'il y a des lois qui président à la fabrication du récit fantastique, c'est dans un tel processus d'échange qu'il se produit. Il s'agit de voir comment le discours individuel, de personnage, identifié à telle fonction narrative et à tel statut social, et le discours social, la doxa, les « on-dit », les idéologies dominantes fonctionnent dans le récit fantastique. C'est un peu dans ce sens que se conçoit la notion de système, car un texte se constitue comme un système d'échanges, selon diverses règles d'intrication, toujours visant la communication ou, son contraire, l'enraiement de la machine communicationnelle, c'est-à-dire une forme de problématisation conflictuelle entre les sujets, par l'assemblage des discours multiples, homogènes et hétérogènes, qui y sont à l'œuvre et qui traduisent/trahissent des positions sur des questions personnelles, politiques, sociales, des croyances, des faits, des événements. Cet aspect montre l'interpénétration osmotique du social et de l'individuel dans le texte, et c'est en mimant dans plus d'un sens les langages du quotidien, ou en s'en distanciant plus ou moins, que le texte s'affirme dans son hypogénéricité.

AUTEURS, LECTEURS, NARRATEURS, NARRATAIRES ET ACTEURS

Pour démêler l'écheveau textuel des discours, du dialogisme et de ses fonctions et effets, je reprends quelques mises au point empruntées à Jean-Michel Adam. Dans le chapitre « Aspects de l'énonciation narrative » (1985 : 172-200), Adam note les différents niveaux de distinction auctoriale, scripturaire et lectoriale. D'abord, il distingue l'« Auteur Concret » et le « Lecteur Concret », instances biographiques que je n'écarte pas complètement de mon analyse, décision très délicate néanmoins étant donné que je n'entends pas définir la spécificité du récit fantastique en mettant en relation les intentions d'un auteur et les attentes d'un lecteur, tous deux en chair et en os. Toutefois, cette question est loin d'être totalement escamotable, puisque les niveaux internes et externes d'un récit de quelque genre que ce soit ne sont pas toujours parfaitement étanches. Puis, Adam souligne le problème de l'« Auteur Abstrait » et du « Lecteur Abstrait » :

> *Retenons que : a) l'idéologie d'une œuvre est celle de l'Auteur Abstrait, b) les énoncés plus ou moins sentencieux proviennent des acteurs et surtout du narrateur : « Le narrateur et les héros pourront, il est vrai, servir de porte-parole à l'auteur abstrait, mais il n'empêche que ce sont eux qui énoncent l'idéologie et seule une idéologie approfondie de la structure d'ensemble du roman permet d'affirmer que l'auteur abstrait partage le sens idéologique de leur discours »* [...] *En d'autres termes, l'Auteur Abstrait est le produit (de la lecture) du texte narratif* (p. 175).

L'Auteur Concret serait le producteur le plus extérieur ; l'Auteur Abstrait le producteur le plus « profond » qui, proche du narrateur, serait déjà lui-même le premier distributeur de rôles, de fonctions, de prédicats. L'auteur qui m'intéresse dans la construction du sens, c'est évidemment l'Auteur Abstrait, car il est déjà partie prenante d'un construit, d'un procès de lecture, il est déjà distancié par rapport à lui-même, par le processus de la mise à distance scripturaire opérée par l'Auteur Concret. Mais ce dernier serait « Unique[12] » et privé, l'autre serait multiple et

12. Si tant qu'une personne puisse être unidimensionnelle : en fait, elle a ses opinions qui n'ont que peu à voir avec le récit qu'elle fabrique et où elle distribue des croyances multiples qui ne sont pas nécessairement les siennes, sauf exception. Admettons que l'auteur concret est multiple, mais qu'il construit sa multiplicité par le truchement de l'auteur abstrait.

public, (se) parlerait à travers d'« Autres » et rapporterait dans son texte la rumeur tant privée que publique, les croyances dispersées dans le social... Le public, c'est le texte, et c'est le sens que je cherche à (re)(dé)construire à travers un processus de textualisation. Quant à son pendant, le Lecteur Abstrait, il correspond tout à fait au Lecteur Modèle d'Umberto Eco, dont Adam connaissait assurément les travaux préliminaires à la théorie pragmatique énoncée dans *Lector in fabula* (Eco, 1985) :

> [C]*'est ce lecteur idéal, implicite, que programme le texte, avec lequel le scripteur (l'instance productrice au cours de son écriture) a dialogué tout au long de son activité d'écriture. Il s'agit d'une image du destinataire présupposé, d'un lecteur qui accéderait au(x) sens de l'œuvre* (Adam, 1985 : 174).

Cela implique qu'il faut tenir compte des instances narratives proprement dites, en l'occurrence du narrateur et du narrataire. Ce dernier « se définit par son caractère fictif, à la différence du lecteur postulé par le texte (Lecteur Abstrait) ou en contact physique avec le livre (Lecteur Concret) » (p. 176). Pourtant, la distinction entre ces deux instances que sont le narrataire et le destinataire n'est pas aisée, ni nécessairement toujours applicable. Gerald Prince, dans « Introduction à l'étude du narrataire », prend soin de distinguer le narrataire du destinataire et des diverses formes de lecteur – ce qui théoriquement est assez facile –, puis il souligne que « la variété de narrataires qu'on trouve dans les narrations-fictions est prodigieuse » (1973 : 179) même si, « en un certain sens, tout narrateur est son propre narrataire. Mais la plupart des narrateurs ont également d'autres narrataires qu'eux-mêmes » (p. 179, note 3).

Les propos de Prince recoupent en grande partie ceux de Bakhtine sur la question des formes et des genres : postulant que le texte est constitué de séries de signaux dont certains servent à construire l'image du narrataire, et constatant que certains auteurs commettent des maladresses techniques dans la composition de leur récit, Prince souligne le fait que « quels que soient les problèmes posés, les difficultés soulevées, les maladresses commises, il est évident que le genre de signaux employés, leurs nombres respectifs, leur distribution déterminent jusqu'à un certain point les différents types de récits » (p. 186). Par ailleurs, abordant dans un sens la question du dialogisme, il écrit que, « dans tout récit, un dialogue s'établit entre narrateur(s), narrataire(s) et personnage(s) » (p. 190) et que

> *ce sont ces rapports, ces distances qui déterminent en grande partie la façon dont certaines valeurs sont louées et d'autres rejetées au cours d'une narration, dont certains événements sont mis en relief et d'autres escamotés, et qui décident du ton, de la nature même d'un récit* (p. 191).

En le suivant sur ce terrain, je crois que l'on peut arriver à cerner une partie de la problématique du récit fantastique, et, qui sait, de tout genre ou de toute manière de parler, d'échanger.

Quant au narrateur proprement dit, il « est appelé à remplir deux fonctions : une fonction de représentation et une fonction de régie (il distribue les discours des acteurs, précise leur ton, etc.) » (p. 177). C'est surtout lui qui envoie des signaux au narrataire et qui donne l'occasion aux acteurs de se mettre en valeur et de se distinguer les uns des autres :

> *Le langage se fonde par la relation à l'Autre et se perpétue par son échec permanent à établir une relation fusionnelle. Tout acte de discours contient un espoir d'être cru, d'obtenir une inconditionnelle adhésion favorisant la fusion. Le doute, lié à l'imprévisibilité du jugement final de l'Autre, instaure une rhétorique pratique de l'échange : le narrateur veille sans cesse (plus ou moins consciemment) à la façon dont ses propos sont reçus et à leur disposition par rapport à ce qu'il imagine être le désir qu'il – et qui l' – interpelle. C'est là un autre aspect du* dialogisme *: tout récit se modèle sur l'écoute d'un Autre, se développe en face d'une réponse toujours déjà là et sur/avec laquelle il est nécessaire de compter/conter. Le sens du discours narratif est le produit d'une relation qui fait éclater l'unité du sujet parlant, « responsable » de son récit, en une position fondamentalement dialogique.* [...] *Faire faire en faisant oublier et en instituant du réel, en hiérarchisant les pratiques sociales, par valorisation des unes et dévalorisation des autres, telle est la fonction pragmatique du récit. En transmettant les règles pragmatiques constitutives des liens sociaux, le récit définit ce qui*

> *peut être légitimement* dit *et* fait *dans un groupe ; en retour, étant aussi une partie de la culture de ce groupe, il s'en trouve légitimé* (Adam, 1985 : 202-203).

Sur le narrateur, pivot de la narration et de l'énonciation, se greffe l'acteur qui « remplit avant tout une *fonction d'action* et, par son attitude, ses réactions et ses paroles, une *fonction d'interprétation* » (p. 177-178). Par le biais de l'acteur s'opère la série des transformations actionnelles pratiques, mais aussi celle des opérations cognitives, de ses relations évaluatives et sanctionnelles en rapport avec le monde et les phénomènes qui s'y produisent (dans la représentation fictionnalisée). C'est de ces composantes que je m'occupe dans les chapitres suivants à travers les procédures d'échanges verbaux à différents niveaux de la narration.

> *Raconter, c'est établir des rapports d'ordre chronologique et causal, transformer la réalité sur la base d'une théorie – consciente/inconsciente, individuelle/collective – de la causalité. Dès lors, l'énonciation narrative induit des rapports entre des objets-événements et, surtout, utilise la capacité de la langue à transformer la réalité dans l'intérêt de l'énonciateur. Dans la machine narrative comme dans toute opération discursive, le sujet, son dire et le monde se trouvent pris, déplacés* (p. 201).

Gardons en mémoire que le discours a une visée idéologique, c'est-à-dire qu'il cherche l'adhésion de l'Autre à ce qu'il dit, surtout lorsque ce qu'il cherche à se dire semble dénué de sens et de fondement pratique, semble improbable, incroyable, comme dans certaines séquences du récit fantastique. Colette Moreux soulève qu'« une idéologie est d'abord un discours » (1978 : 9). Je dirais, pour ma part, avec Moreux, qu'un discours est essentiellement porteur d'une idéologie, fût-elle des plus simples, comme le fait d'endosser une croyance ou d'afficher un scepticisme total à l'égard du surnaturel. Je rappelle qu'en plus de définir l'idéologie comme un discours (donc assimilable autant à un « je » individuel que collectif), Moreux la définit *grosso modo* comme porteuse à travers ses sujets d'un savoir qui est plutôt un pseudo-savoir, puisqu'il est fondé sur une croyance : « [L]e langage idéologique explicite un savoir d'un caractère spécifique que nous appellerons un pseudo-savoir » (p. 9).

J'examinerai cette problématique à travers les nouvelles du corpus afin d'en dégager les règles du fonctionnement dialogique et idéologique (au sens d'opposition de positions de croyance), en m'attachant surtout aux discours des diverses instances narratives et actorielles, en cherchant à cerner dans les marques textuelles, dans les mots, les points de jonction et de disjonction qui permettent la production de l'effet fantastique. Se dégageront ainsi les articulations entre les mots (les marques textuelles), les énoncés et l'énonciation. Je tenterai de prouver que c'est précisément l'énoncé qui détermine le choix des mots et, finalement, le genre du discours. À ce sujet, Belleau rappelle ceci :

> [P]*our Bakhtine, le niveau supérieur explique toujours le niveau inférieur et jamais l'inverse.* [...] *contrairement à ce que la plupart des gens pensent, c'est l'énoncé qui détermine les mots* [...] *les personnages n'ont pas pour fonction de parler les événements mais* [...] *ce sont les événements qui ont pour fonction de faire parler les personnages* (1988 : 13).

Le niveau supérieur renverrait ici à l'énoncé, et le niveau inférieur aux mots. Cette hiérarchie n'infirme pas ma propre hiérarchisation des genres en hypergenre – le narratif – et en hypogenre – le fantastique –, le plus « bas » pervertissant le plus « haut », mais ne le privant pas de sa logique syntagmatique. Ce qui est ici en jeu, c'est l'hypogenre fantastique en tant qu'énoncé spécifique, composé de mots choisis en fonction de l'énoncé hypogénérique dans lequel ce choix s'inscrit.

CHAPITRE II

LES RAPPORTS ENTRE NARRATEUR(S) ET NARRATAIRE(S)

Gerald Prince le rappelle, « dans tout récit, un dialogue s'établit entre narrateur(s), narrataire(s) et personnage(s). Ce dialogue se développe et, par conséquent, le récit aussi – en fonction des distances qui les séparent les uns des autres » (1973 : 190). En m'attachant aux diverses implications pragmatiques, je vais étudier ces relations plus ou moins distanciées, plus spécifiquement les relations entre les énoncés et les marques du narrateur et du narrataire.

L'ÉTABLISSEMENT DU TERRITOIRE COMMUN

« La Bouquinerie d'Outre-Temps » d'André Carpentier est parsemée de rares mais significatifs signaux du narrataire qui aident à voir effectivement comment s'organise la fantasticité à ce niveau. Je souligne d'abord que le narrateur extradiégétique se confond presque totalement avec l'acteur principal, Luc Guindon, car la quasi totalité du récit peut être transposée du « il » au « je » sans que rien de fondamental soit changé au texte. Les deux instances ne doivent cependant pas être systématiquement prises l'une pour l'autre, car la stratégie narrative joue précisément sur cette dichotomie des niveaux narratifs et rend possibles certaines interventions directes du narrateur qui, lui, à ce moment, ne peut être confondu avec l'acteur principal. Mais dans la séquence d'ouverture, avant la réception de la lettre, narrateur et acteur-protagoniste sont pratiquement les mêmes et, de ce fait, les signaux destinés au narrataire sont émis à partir de cette double antenne discursive. Or, une difficulté existe dans l'analyse textuelle qui touche aux rapports entre les instances de même niveau :

> *Comme le narrateur, le narrataire est un des éléments de la situation narrative, et il se place nécessairement au même niveau diégétique ; c'est-à-dire qu'il ne se confond pas plus* a priori *avec le lecteur (même virtuel) que le narrateur ne se confond nécessairement avec l'auteur. À narrateur intradiégétique, narrataire intradiégétique* [...]. *Le narrateur extradiégétique, au contraire, ne peut viser qu'un narrataire extradiégétique, qui se confond ici avec le lecteur virtuel, et auquel chaque lecteur réel peut s'identifier* (Genette, 1972 : 265-266).

On aura compris que je me place ni plus ni moins sur le double terrain de la pragmatique et de la narratologie, puisque, au dire de Gérard Genette, « tout discours [...] s'adresse nécessairement à quelqu'un, et contient toujours en creux l'appel au destinataire » (p. 266). Cette remarque, qui rejoint celles de Mikhaïl Bakhtine et des théoriciens de l'énonciation et de la pragmatique, soulève un peu la difficulté à débusquer, surtout à décoder, les signaux – fréquemment placés en filigrane dans les récits de mon corpus – qui permettent, dans les textes vocalisés en mode extradiégétique, mais en focalisation interne, de construire le sens qui se dégage dans le discours du narrateur entre son propre discours et celui à qui il s'adresse implicitement ou explicitement.

Dans « La Bouquinerie d'Outre-Temps », ces signaux touchent précisément, de manière révélatrice et significative – le récit mettant en discours un univers du livre –, l'univers autotélique de la littérarité, soit l'écriture romanesque et nouvellistique (écrire de la fiction), historiographique (écrire l'histoire, la petite et la littéraire) et alimentaire (vivre de sa plume) : « *Chacun sait* que les droits d'auteur ne rapportent pas de quoi tremper son pain dans la soupe[1] » (Carpentier, 1978c : 126). Cette dernière notation m'intéresse parce qu'elle est d'ordre économique et que, par le renvoi au « savoir » de « chacun », donc à un champ partagé de connaissances ayant trait au sens commun, il se crée un incontestable effet de référentialité : la référence à une certaine doxa ou à ce *topos* de la condition modeste de l'écrivain. Ce signal, pour banal qu'il paraisse dans l'économie du récit, étaye pour ainsi dire les procédures de mise en place du « réel » et indique au narrataire extradiégétique, par une figure apparemment triviale, où se situe une partie de la problématique du récit[2] qui tourne autour du bonheur et de la difficulté d'être écrivain.

Ensuite, toujours dans la phase d'orientation où le narrateur est tout autant le descripteur, la logique du récit introduit Lucien Guindon, l'autre écrivain, le grand-père de Luc, « le seul écrivain de *notre* histoire littéraire[3] » (p. 126). Le déictique, l'adjectif possessif « notre », marque visiblement l'appartenance des interlocuteurs à un même objet culturel et signale de ce fait que narrateur, acteur et narrataire partagent une même histoire littéraire. À son tour, le discours narratif insiste sur cette communauté culturelle, en montrant que les trois instances partagent aussi la même « petite histoire » :

> *Dans une certaine mesure,* on *aurait pu dire que Luc était satisfait de sa façon de vivre.* [...] *Il entretenait, par exemple, un volumineux courrier avec de nombreux historiens, ou tout simplement (et c'est ce qui lui plaisait le plus) avec des personnes âgées pouvant témoigner de différents faits de* notre petite histoire[4] (p. 127).

Dans le même ordre d'idée, la récurrence du pronom personnel indéfini « on » confirme, de par sa valeur de « je » collectif, une véritable communauté d'intérêt dans la connaissance, l'apprentissage et la reconnaissance d'un même objet culturel qui dépasse cette fois le sens commun et qui a à voir

---

1. C'est moi qui souligne.
2. Sans doute est-ce là une constante de la forme brève, qu'exploite le plus souvent au maximum le fantastiqueur : étant donné la brièveté, tous les « détails » servent à la production du sens, y compris les plus anodins.
3. C'est moi qui souligne.
4. C'est moi qui souligne.

avec une forme de « science » ou de savoir, un « nous » connotant un bien partagé : « Or, ce n'est que *maintenant,* plus de cinquante ans après sa mort, que l'*on* redécouvre ce grand visionnaire ! [5] » (p. 127). En outre, le narrateur se situe dans le temps présent (« maintenant ») pour bien signifier sa relation à l'immédiateté de la communication avec le narrataire, et relever la prédilection de l'acteur pour le passé en jetant un pont (on s'écrit) et en créant une distance (on ne se voit pas)[6] entre les instances de la narration.

Bref, dès la mise en place du discours, le narrateur lance des signaux qui permettent avant tout une communication et une communauté culturelle avec le narrataire. Les signes sont ténus, mais ils sont là et ils posent le sens et un savoir communs. Cette entreprise vise à asseoir le « réel » par un échange actif entre les « partenaires » extradiégétiques[7] de la chaîne narrative installés dans l'ici-maintenant.

Puis, le récit procède à un renversement de perspective entre les instances par l'introduction d'une autre voix narrante, celle d'un épistolier : l'acteur (le « narrateur » caché sous le « il ») se mue en narrataire du narrateur épistolier. Ce ne sont plus alors des signaux épars seulement qui aident à décoder le rapport entre les voix, car la forme épistolaire parle d'elle-même : la lettre permet la transparence à ce niveau ; toutefois, le narrateur devenu intradiégétique, le narrataire, Luc Guindon en l'occurrence, est forcément intradiégétique. Bien plus, dans une perspective globale du récit, il est intéressant de constater que le narrateur épistolier, à son insu, croyant établir la communication avec le seul Luc Guindon, parle aussi à Lucien, puisque le récit est construit en fonction de cette problématique du Même qui est Double, de Luc qui devient – est – Lucien. Davantage intéressant est cet autre renversement de la situation, lorsque, dans la lettre, le narrateur

5. C'est moi qui souligne.

6. À ce moment du récit, le pont est établi, mais la distance n'est qu'une figure proleptique camouflée, que l'on décode en tenant compte de la sanction finale : Luc aime avoir des contacts « avec des personnes âgées », car il est lui-même un homme du temps passé autant que du temps présent.

7. Bien qu'il soit très difficile d'exclure totalement tout contenu ou toute forme intradiégétique.

épistolier donne indirectement la parole à Lucien Guindon lui-même, sous forme de citation d'acteur et de rappel de « paroles », dans le but de souligner un mystère qui n'a pas encore été résolu et que le récit résout dans la finale. Ce faisant, l'épistolier dans son propre discours – sous une forme de plus en plus abyssale et labyrinthique – est son narrataire et sert ainsi de relais au destinaire de la lettre :

> [I]*l* nous *fut toujours impossible,* à mes amis et à moi *qui l'admirions tant, de l'amener à* nous *dévoiler les raisons véritables qui l'avaient conduit à cette carrière tardive d'écrivain d'anticipation. Il ne consentit en effet jamais à* nous *révéler ce « lourd secret » auquel il faisait quelquefois allusion et qui fut, du moins* s'il faut en croire ses dernières paroles, *à l'origine de cette étonnante carrière* [8] (p. 128).

À la suite de ce passage où s'entrecroisent les marques déictiques de la communauté des personnes impliquées dans le discours, viennent des remarques sur « une petite erreur » (p. 128) que Luc aurait commise dans son ouvrage nouvellement paru sur Lucien Guindon, remarques qui n'ont pour but que de banaliser, en les vraisemblabilisant dans un sens, les motifs étranges de la lettre. Enfin, la lettre se termine par un procédé du récit fantastique traditionnel[9], légèrement modifié ici, car ce que l'épistolier veut faire croire à son destinataire est tout à fait croyable : « Monsieur Guindon, je *vous* demande de *me croire*... Ce libraire, c'était mon père, Antoine, qui fut l'ami intime de Lucien Guindon[10] » (p. 128).

Après la séquence de la lecture de cette lettre, le texte revient au narrateur extradiégétique et donne pendant un bon moment peu ou pas de signes du narrataire. Cela explique en partie mes commentaires – dans la partie sur le processus descriptif – sur le caractère décroché, nébuleux et de type fondu enchaîné cinématographique du processus descriptif dans la séquence où Luc Guindon est ivre et où « le sol se [met] à danser

8. C'est moi qui souligne.

9. Ce procédé consiste à insister sur le fait qu'il faut croire celui qui parle même si ce qu'il raconte semble n'avoir aucun bon sens. Cela est courant dans les contes folkloriques à teneur fantastique.

10. C'est moi qui souligne.

sous ses pieds » (p. 131). Là, le texte perd alors presque complètement son ancrage dans le « réel », et l'absence de renvois au narrataire illustre que le projet dans cette séquence quasi onirique est justement de montrer que le récit se déleste de la quotidienneté. Or, au terme de cette séquence, après la chute de Luc Guindon sur le trottoir, le narrataire est à nouveau interpellé par le truchement d'une comparaison comprise par l'ensemble de la communauté culturelle : « [I]l s'affala lourdement sur le trottoir après avoir emmêlé ses pieds, *comme on le voit souvent dans les films de Charlot* [11] » (p. 132). Ce rappel comparatif[12] du partage d'un bien culturel s'intègre par ailleurs fort bien, comme par antithèse, à ce qui ressemble à une technique de fondu enchaîné dans la microséquence qui précède immédiatement la scène de la chute. Le modèle cinématographique implicite – et probablement inconscient – se fait explicite par le renvoi au répertoire du cinéma classique – à une époque où la technique du fondu enchaîné n'existait pas encore. De plus, ce signal au narrataire assure la cohésion de la communauté d'un savoir et d'un référent culturel, ici universel plutôt que strictement québécois, entre les instances narratives.

Dans la séquence de la découverte ou de l'apparition étrange de la Bouquinerie d'Outre-Temps, lors de la première complication étrange, le narrataire extradiégétique est inscrit cette fois dans une référence non plus à la culture, mais à la temporalité, à une temporalité partagée toutefois par des contemporains (c'est l'idée du partage qui prévaut) : comme le descriptif est surdéterminé avec force dans cette nouvelle par « la marque du temps » inscrite dans l'âge des livres, de vieux bouquins (p. 134), le narrataire se signale par ce qu'il est possible de voir ou de ne pas voir à l'époque où narrateur et narrataire se trouvent en principe placés dans la fiction elle-même, c'est-à-dire à Montréal, à la fin de la décennie 1970. Observant un livre, le narrateur dit : « De plus, pouvait-*on* lire sur une page de garde, écrit à la main avec une élégance *que l'on ne voit plus de nos jours* : La Bouquinerie

---

11. C'est moi qui souligne.
12. « Les comparaisons et les analogies qu'on trouve dans une narration nous donnent également des indications plus ou moins précieuses » (Prince, 1973 : 185).

d'Outre-Temps[13] » (p. 134-135). Les deux pronoms « on » n'ont pas exactement la même valeur : le premier adopte la vision restreinte de l'acteur et le second élargit la communication par une autre marque déictique, spatio-temporelle celle-là, à tous ceux qui « de *nos* jours » sont en mesure de constater que « l'on » ne peut plus avoir une telle posture. Le narrataire est pris à témoin, il est mis lui aussi, avec l'acteur, sur la piste de l'étrange.

Entre les deux séquences qui se déroulent dans la bouquinerie étrange, la narration subit un accroc : le narrateur extradiégétique, qui jusque-là avait généralement adopté le point de vue de l'acteur Luc Guindon, s'interroge directement – en faisant intervenir la notion d'Histoire puis un espace connu (la rue Saint-Laurent) commun aux deux pôles de l'instance narrative –, cherche de toute évidence à s'insinuer dans la conscience du narrataire extradiégétique qui, à son tour, doit se poser le même type de questions compte tenu des événements étranges et incroyables qui viennent d'être narrés (l'apparition de la Bouquinerie d'Outre-Temps) :

> *Dans la clameur étouffée de la multitude endormie, celle-là par qui l'Histoire régénère ses maillons,* il est difficile de comprendre *ce qu'il advint du jeune commerçant de livres tandis que,* de son côté, *Luc s'en allait finir la nuit* [...] *dans une boîte sombre de la rue Saint-Laurent* [14] (p. 136).

Poursuivant ce type de discours fondé sur le questionnement indirect, narrateur et narrataire semblent, par la suite et jusqu'à la sanction finale, confondus dans l'enchaînement des interrogations sur le statut du réel et la vraisemblance des événements improbables qui se produisent. Le récit entre alors dans une des phases les plus importantes sur le plan du dialogisme, puisque, au delà du narrataire, c'est la doxa, le sens commun qui est littéralement (re)mis en scène dans un discours où se rencontrent les trois principales positions narratives, soit le narrateur, l'acteur et le narrataire :

---

13. C'est moi qui souligne.
14. C'est moi qui souligne.

> *Luc avait un peu mal au cœur.* Il ne comprenait pas *ce qui lui arrivait.* [...] *il traversa la rue, histoire de se donner un peu de recul, et voir s'il ne s'était pas tout simplement trompé de maison. Après tout, cette bouquinerie* ne pouvait pas *s'être volatilisée en quelques heures sans laisser de traces ! À moins que, dans son ivresse de la veille, il ne se fût retrouvé dans une autre rue, ce qui était* peu probable... *ou bien que... Ou bien qu'il avait simplement rêvé toute cette histoire !* Commençait-il à confondre le réel et l'imaginaire, à fabuler ? Perdait-il lentement la raison ? [15] (p. 137).

Même les points de suspension tiennent lieu ici de narrataire, traduisent son questionnement ouvert, sa perplexité, le vide ou le creux que son discours pourrait combler, en ajoutant d'autres questions du même type. L'inscription de la notion de « raison » marque pour sa part la présence du narrataire, d'un narrataire généralisé par l'inscription du principe de la rationalité problématisée.

Les interrogations ne sont pas limitées à cette seule séquence, elles sont reprises maintes fois jusqu'à la fin du récit : « Luc *se demandait* encore si, en heurtant le sol et la borne-fontaine, son cerveau ne s'était pas tout simplement mis à gambader, actualisant ainsi un certain nombre de désirs refoulés[16] » (p. 138). Ces interrogations, du genre de celles que le narrataire peut légitimement avoir, reprennent la série des problématiques relatives à la logique du sens commun (est-ce possible ?) et à la logique des possibles historiques, culturels (l'Histoire produit-elle de tels effets ?) :

> *Il est difficile de déterminer ce qui joua le plus dans ce que Luc* interpréta *comme un hiatus temporel ; était-ce la volonté débridée de l'Histoire ? L'insatisfaction de son temps, ou le désir effréné de Luc de pister son héros ancestral ? Ou tout simplement le hasard méthodique de sa folie ?* [17] (p. 140-141).

Finalement, c'est par le marquage de preuves reliées à l'Histoire et à une « science » à laquelle tous les narrataires potentiels peuvent se référer que le texte jette des ponts entre nar-

---

15. C'est moi qui souligne.
16. C'est moi qui souligne.
17. C'est moi qui souligne.

rateur et narrataire. De cette manière, le texte parvient à ancrer la certitude dans la conscience du narrateur et de l'acteur, et cherche à en faire autant dans celle du narrataire par la mise en place d'une symétrie entre le *logos* (le discours, la raison, la force de la logique) et l'irréel qui s'affirme dans le système du récit comme si c'était le réel : « [L]a *logique de l'Histoire* le ramena à *la réalité de son nouveau siècle* [18] » (p. 141). C'est par l'action de la pensée rationnelle, par un travail de la logique que l'irréel résiste à l'entendement puis s'impose, par une des formes les plus communément partagées par les hommes dans leur appréhension du monde réel. La force de conviction de toutes les instances du récit dicte donc la sanction fantastique.

En résumé, une stratégie se profile sous des mots apparemment banals à l'œuvre dans les énoncés entrant dans la relation narrateur(s)-narrataire(s). Cette stratégie vise à établir une communication et à donner l'assurance de l'invraisemblance de l'étrange et, sous le couvert d'une parfaite logique, de sa vraisemblance et de son imposition. À ce niveau, le discours emprunte ses procédés moins à la logique argumentative qu'à certaines propriétés du langage énonciatif, en faisant jouer différents paliers de culture à travers des déictiques qui désignent l'appartenance commune des instances du récit à des données à la fois simples et étonnantes.

Dans « Le pèlerin de Bithynie », l'image du narrataire n'est pas dessinée avec autant de netteté que dans « La Bouquinerie d'Outre-Temps », et Claude Mathieu esquisse dès le départ un mouvement inverse par rapport à celui de la nouvelle de Carpentier. Le récit place d'abord le rapport narrateur[19] extradiégétique-narrataire extradiégétique sur le terrain de la logique formelle, aux sens « philosophique » (argumentatif) et narratif (diégétique), commune aux deux instances qui « se » parlent : « Éperdu de surprise et trop proche des faits, il [Black] ne distingue pas encore précisément *la logique interne de l'engrenage* ni ses intentions, et encore moins s'il en est la

18. C'est moi qui souligne.

19. Le récit de Mathieu, comme celui de Carpentier, est au « il », mais ce « il » camoufle un « je », puisque la presque totalité du récit est focalisée à l'interne.

victime ou le héros[20] » (1965b : 39). D'entrée de jeu, un questionnement dialogique s'installe, qui permet de voir fonctionner les signaux destinés au narrataire sous forme d'interrogations qui montrent la difficulté du narrateur de séparer les pièces du puzzle en train d'être constitué et qui génèrent la confusion dans la conscience de l'acteur. Un problème encore informulé, un questionnement, une confusion, voilà ce que le narrataire constate. D'ailleurs, le narrataire est lui aussi, à ce moment du déroulement du récit, trop proche (du texte) pour distinguer précisément la logique interne du discours.

Comme dans le texte de Carpentier, le questionnement refait surface à certaines étapes du récit, lui permettant de soulever le type d'interrogations que le narrataire – ici le lecteur abstrait incarné par l'isotopie de l'|être humain ordinaire| sous une nomenclature quasi infiniment extensible (l'humain heureux, le baigneur, le danseur) – doit normalement poser au récit ; et cet humain de la quotidienneté est confronté à un professeur, son double distancié du reste des humains, mais appartenant tout de même à un autre groupe d'êtres relativement familiers, les savants : « Que cherchait le professeur, *si loin de la surface où les humains sont heureux, vont baigner dans un lac, dansent toute la nuit du samedi ?* Il ne savait trop. Mais il cherchait quelque chose. Comme sans doute *les savants de toutes les disciplines* [21] » (p. 55-56). Ces signaux peuvent ne pas être perçus très exactement comme des signaux destinés au narrataire. Toutefois, ils métaphorisent de manière antithétique une relation visiblement destinée à figurativiser une situation et à en rendre sensible le caractère différencié par rapport à l'agir normal de l'homme : la représentation des deux pôles du comportement humain, le simple et le complexe, augmente les chances de toucher à peu près tous les types de narrataires ou de destinataires du discours. On voit poindre ici le parcours identique du narrataire et de l'acteur à la fois « trop proche » et si loin du texte et des faits.

Par ailleurs, conformément à la problématique centrale de l'œuvre qui est de refaire le lien entre les millénaires en remontant

20. C'est moi qui souligne.
21. C'est moi qui souligne.

le cours du temps de façon scientifique, sur les modes de l'exégèse philologique et de la fouille archéologique, narrateur, narrataire et acteur se placent tous à l'enseigne du savoir. Dans ce sens, un des signes les plus évidents de la relation narrateur/narrataire se trouverait dans le partage, par toutes les instances du récit, d'une science spécifique ou, du moins, de la connaissance implicite d'un savoir constitué qui sert de point de repère à tous dans le temps, dans l'espace et dans le monde de la science. Ainsi sont présentées, le plus souvent en incises, de manière relativement anodine, certaines pièces du dossier narratif, telle la référence au chronotope universitaire du XXe siècle où se renouvellent « nos » connaissances sur un objet de savoir, en l'occurrence les textes anciens, même fictifs – il s'agit bien de fiction dans la fiction ici –, dont le *Rufus itinerans* :

> *Rufus avait trouvé depuis des centaines d'années des exégètes de toute qualité et dont le moindre n'était pas,* au vingtième siècle, *le professeur Mark Cecil Black. À cause de leçons très remarquées dans des universités anglophones et de mémoires dispersés dans des revues savantes, travaux qui avaient tous contribué à renouveler* nos *connaissances sur Rufus, le professeur avait toujours conservé pour le magistrat romain la tendresse que ressent l'artisan pour une œuvre qui lui a demandé beaucoup d'effort* [22] (p. 49).

En s'appuyant sur la logique du hasard ou, plutôt, sur la conviction que ce ne pouvait être par hasard que Black s'était retrouvé ce jour-là en possession du *Rufus itinerans,* ouvrage rarissime qu'il recherchait depuis des années, le narrateur inscrit le discours implicite d'autrui (« d'autres », « comme on fait ») dans un énoncé qui correspond à une adresse au narrataire par le biais d'éléments cotextuels opérant une mise à distance d'un « autrui » généralisé – signes renvoyant au(x) narrataire(s) (« d'autres », « on ») par rapport à l'acteur personnalisé (« lui ») :

> D'autres *se seraient simplement réjouis de tomber sur un livre précieux ;* lui *se croyait maintenant une vocation supérieure, à laquelle il s'agissait de répondre sans la connaître. Mais il pouvait encore*

22. C'est moi qui souligne.

> *choisir de se dérober à ces prodiges en rendant le livre au bouquiniste.* [...] *Le professeur mit alors le Rufus sous clé dans un tiroir,* comme on le fait *pour les objets précieux et qui causent des soucis* [23] (p. 53).

Le discours insiste sur l'étonnement de figures possibles du narrataire : « Il photographia l'ensemble et le détail des vestiges, *prévoyant les communications savantes* qu'il en écrirait et *la surprise du monde lettré.* [...] Quels remous cette découverte et celle du livre vont créer *dans le monde de la science !* [24] » (p. 63-65). Cet étonnement n'est cependant pas lié à l'impossible ou à l'étrange, il vient davantage du lent dévoilement d'une découverte pressentie et dont Black ignore tout de la nature extraordinaire. Ce n'est qu'une fois la déesse Cybèle apparue, une fois l'improbable survenu, que le texte trace la figure antinomique de la réaction attendue du narrataire – représentée par celle de l'acteur –, le discours mettant en scène la raison qui résiste à l'apparition improbable d'une déesse de l'Olympe, tout en obligeant cette raison à croire en l'étrange qui s'impose avec force : « Hagard, barbouillé de poussière et de sueur, écrasé sur le sol, *le professeur eut* pendant une fraction de seconde *le sentiment de son ridicule et celui du doute.* Mais, à la douce horreur qu'il en ressentait, *il ne pouvait refuser de croire* à cette présence qui le terrassait[25] » (p. 66).

Les signes envoyés par le narrateur au narrataire se camouflent tout le long du texte de Mathieu sous le couvert de la généralité (l'humain) et de la spécificité (l'acteur), touchant ainsi à peu près l'ensemble des narrataires, et même des destinataires, possibles. La problématique à ce niveau rejoint tout à fait celle de la nouvelle de Carpentier qui consiste à trouver un terrain propice au jeu du partage entre le sens commun et la recherche savante. Autrement dit, pour rejoindre son ou ses narrataires, le narrateur recourt à des stratégies qui définissent les qualités spécifiques de l'acteur en particulier et celles de l'humain en général.

---

23. C'est moi qui souligne.
24. C'est moi qui souligne.
25. C'est moi qui souligne.

LE BALAYAGE DES JEUX DE POSITION

Le cas de Daniel Sernine est exceptionnel dans mon corpus, car, dans l'organisation du système des voix, « La maison de l'éternelle vieillesse », récit autonome, est également un récit dans le récit. En effet, pour une compréhension globale de l'acte de communication, il faut savoir que le recueil *Les contes de l'ombre,* dans lequel s'insère cette nouvelle, comporte un « Prologue » sous-titré « La voix de l'ombre ». La technique n'est pas originale en soi, puisque de nombreux récits traditionnels l'exploitent depuis des siècles. Formellement, elle équivaut au procédé du manuscrit trouvé[26]. Par contre, chez Sernine, le texte est comme dicté par une voix venue d'ailleurs qui s'actualise par le truchement du récepteur qu'est le narrateur, intradiégétique dans le prologue et extradiégétique dans les 16 récits du recueil :

> *Je vis seul dans une maison ancienne au cœur de la forêt, au vieux pays du Québec.* [...] *Lorsque le feu baisse, que j'éteins ma lampe, quand le silence n'est plus troublé par le craquement des bûches et le lourd tic-tac de l'horloge, c'est alors que* la Voix me parle, *la Voix de l'Ombre*[27] (Sernine, 1978c : 7).

Le narrateur occupe indubitablement une position de narrataire – le déictique « me » le montre bien –, car c'est à lui qu'une troisième personne, une Voix mystérieuse s'adresse. Certes, c'est toujours le récepteur qui parle, c'est sa voix qui transmet le discours narratif, mais le message est au préalable dicté par Autrui, un autrui tout à fait indéterminé et étrange, processus qui entre dans le fonctionnement de la fantasticité. En transmettant le message d'autrui, sorti de « l'ombre », le narrateur joint sa voix à l'autre voix et lui donne forme et sens par le biais de commentaires métadiscursifs sur les genres du discours exploités dans l'échange, des mots aussi spécifiques que « fantastiques » surdéterminant le discours tout en étant associés cotextuellement à l'idée toute rationnelle de la vérification possible des faits :

---

26. Horace Walpole, dans *Le château d'Otrante* (1764), premier roman « gothique », n'utilise pas d'autre méthode.

27. C'est moi qui souligne.

> *Cette Voix, la Voix de l'Ombre,* me raconte *des histoires. Il y en a de* fantastiques, *il y en a d'horribles* [...] *et je n'oserais affirmer qu'elles ne sont qu'invention. Il est certain en tous cas qu'elles font souvent allusion à* des faits qu'on peut vérifier *en retournant aux journaux du siècle dernier* [28] (p. 8).

Pour rendre le message vraisemblable, véridique, voire vérifiable, la stratégie narrative s'appuie sur des effets de réel (maison, forêt, etc.), et sur l'existence d'une communauté historique, culturelle (référence au vieux pays du Québec du siècle dernier, à des archives journalistiques) et « intellectuelle » (le jeu de la raison et de la déraison) dans le but de rassurer le destinaire-narrataire. Dans le passage suivant, le narrateur s'adresse implicitement, à son narrataire intradiégétique, comme les vieux conteurs à leur audience :

> *Je ne* [vous] *cache pas que je fus apeuré, et même terrorisé quand je l'entendis pour la première fois. Mais, ma foi, on s'habitue à tout, même à l'inconnu, et bien que j'aie depuis longtemps* renoncé à expliquer ce phénomène, *c'est toujours dans une expectative plaisante que j'attends la Voix* [29] (p. 8).

Ce « vous » implicite sort finalement de *l'ombre* et s'inscrit explicitement dans le discours dans l'avant-dernière phrase du Prologue : « Souvent, la Voix *me* répète une histoire qu'elle m'a déjà racontée [...] c'est ainsi que j'en suis venu à en connaître quelques-unes assez bien pour *vous* les raconter à mon tour[30] » (p. 8).

Le récit de « La maison de l'éternelle vieillesse » en tant que tel, à l'instar du récit de Carpentier, pose quant à lui un problème de relations internes entre les acteurs qui entretiennent un rapport de narrateur-narrataire. De plus, si le récit est vocalisé par un narrateur extradiégétique – celui du prologue –, tout passe – comme dans les récits de Carpentier et de Mathieu – par la perception de l'acteur principal. Il faut donc encore lire le texte comme s'il était écrit au « je », c'est-à-dire en focalisation interne par Beaumarchais lui-même.

---

28. C'est moi qui souligne.
29. C'est moi qui souligne.
30. C'est moi qui souligne.

Dès la phase d'orientation, l'acteur principal est en position de narrataire intradiégétique : Beaumarchais rencontre le concierge Sevestre, qui lui raconte une série de faits étranges touchant une mystérieuse maison. Rapporté en style indirect libre, le discours du concierge soulève un certain nombre d'hypothèses, qui piquent la curiosité de son narrataire : « Si *on* éliminait la magie et la sorcellerie [souligne le concierge], il ne restait qu'à *envisager l'hypothèse farfelue* d'un passage secret par où ces gens s'approvisionnaient, *comme des assiégés au temps des châteaux forts* [31] » (Sernine, 1978b : 23).

Dans ce « passage » aux sens multiples, les signaux lancés au narrataire intradiégétique – par le truchement du pronom personnel indéfini « on » et de la comparaison avec une époque très ancienne – permettent à l'acteur/narrataire Beaumarchais de se poser à son tour des questions – les mêmes que (se) pose le narrataire extradiégétique présent aussi par ricochet dans le récit – et, surtout, de tenter d'y répondre. Le narrateur du microrécit dans le récit qu'est le concierge propose ainsi un ensemble de pistes au narrataire/acteur et lui trace bien malgré lui un véritable programme : dévoiler le mystère, faire la lumière, résoudre le problème et apporter une sanction à cet état de fait mystérieux. Détails révélateurs, afin d'assurer la vraisemblance du discours du narrateur intradiégétique, le magique est exclu et une hypothèse réaliste est même qualifiée de « farfelue ».

Après cette mise en situation, le rapport narrateur/narrataire se rétablit expressément au niveau extradiégétique, le narrateur extradiégétique, s'appuyant toutefois sur les données du récit du concierge dans le récit, raconte comment Beaumarchais vérifie le fait que « Sevestre n'avait [...] pas menti sur ce sujet » et cherche « à savoir si, comme il le prétendait, cette scène se reproduisait exactement chaque jour » (p. 25). Le premier signal envoyé au narrataire extradiégétique concerne le temps. Le narrateur note l'incongruité de l'habillement des gens observés par Beaumarchais. Sans qu'il précise de quel siècle il s'agit, on devine que c'est du XXe ou du XIXe, grâce à l'introduction de détails (chandelle, huile) qui font référence à une époque antérieure à l'usage généralisé non pas de l'électricité mais du gaz ; une

31. C'est moi qui souligne.

double comparaison (le musée et le rêve) permet aussi au narrataire de jauger le déphasage du réel par rapport à cet univers « démodé » :

> *Tout cela n'avait rien de bien extraordinaire. À* un détail *près,* un détail insolite *: tous ces gens étaient vêtus* comme au début du siècle *; seul le jeune homme roux était vêtu de façon un peu moins démodée. Et toute la maison semblait meublée et décorée presque* comme un musée *; on n'éclairait qu'à* la chandelle *et à* l'huile, *comme si l'usage du gaz n'avait pas encore été inventé.* [...] *Tout cela, Beaumarchais le vit* comme dans un rêve[32] (p. 27).

Dans la continuité de cette problématique de déphasage temporel, les deux narrataires, l'interne (qu'était l'acteur Beaumarchais alors qu'il écoutait le concierge) et l'externe (qui s'apparente ici au lecteur abstrait), se retrouvent dans une même résolution narrative (temporaire) lorsque le récit opère un retour du discours 1. sur la relation interne entre le concierge narrateur et Beaumarchais narrataire : « [V]ous voyez bien [dit le concierge] que *je ne vous racontais pas des histoires* [33] » (p. 29) ; 2. du même souffle, sur le rapport externe en généralisant la situation actorielle de Beaumarchais, laquelle peut s'adresser à tous les narrataires possibles : « Thomas s'en alla, le front soucieux, *obsédé par ces mystères* qui défiaient son imagination et dépassaient son entendement de *pauvre mortel* [34] » (p. 29).

Comme pour assurer le fonctionnement référentiel ou celui de la vraisemblance, le récit redonne un moment à l'acteur principal la position de narrataire. En effet, Beaumarchais rencontre le notaire responsable de la maison, qui, sur le mode du discours rapporté en style indirect libre utilisé par le concierge, essaie de persuader Beaumarchais que la situation est normale, car les « résidents étaient des vieillards qui désiraient vivre complètement isolés du monde moderne » (p. 29). Cette référence au monde moderne touche autant le lecteur abstrait que le narrataire intradiégétique qu'est, à ce moment et à nouveau, Beaumarchais.

32. C'est moi qui souligne.
33. C'est moi qui souligne.
34. C'est moi qui souligne.

Après cette microséquence, le récit tourne encore sur son axe et revient à la situation narrateur/narrataire extradiégétique. Le narrateur introduit la carte de la raison, de la logique et du principe de réalité, présupposés communs à toutes les instances de la chaîne narrative : « Au risque de perdre la *raison* [...] Beaumarchais décida de retourner ce soir-là dans la demeure mystérieuse. Il lui fallait s'assurer que ce qui s'était passé était bien la *réalité* [35] » (p. 30). Ici, le texte présuppose une adresse au narrataire qui dirait : « Il lui fallait s'assurer, comme vous l'auriez fait si vous aviez été dans la même situation, que ce qui s'est passé était bien quelque chose de possible. »

Après avoir joué, dans un va-et-vient constant, sur les niveaux intra et extradiégétique, et après avoir interpellé implicitement le narrataire extradiégétique, le récit adopte la forme du journal intime : l'acteur Beaumarchais devient formellement le narrateur et, par le fait même, son propre narrataire[36], tout en demeurant l'acteur. Cette triple étiquette, loin de simplifier la situation narrative, la sursature de signaux à différents niveaux. De plus, ce qui se dit alors derrière le discours permet de faire le portrait de l'autre narrataire, déjà esquissé dans le prologue, et situé dans la zone extradiégétique.

On constate ici que l'analyse établit des niveaux que le processus de lecture et d'échange verbal (et surtout de construction de ces échanges verbaux) transgresse, afin que s'établisse le sens, du sens, à travers l'entrecroisement des différents discours. Ainsi, ce que dit, se dit et perçoit Beaumarchais, en tant que narrateur/narrataire, s'adresse autant à un narrataire extradiégétique qui serait l'image même du lecteur modèle du genre fantastique, dans toute sa transparence. Cela confirmerait le fait que Sernine est un écrivain voué spécifiquement à l'écriture fantastique (ce qui n'est un secret pour personne et qui était déjà formulé dans le « Prologue ») : « C'était *une situation fantastique,* hallucinante [dit Beaumarchais dans son journal intime] : c'était

35. C'est moi qui souligne.

36. « Parfois même, le narrataire d'un récit peut en être, en même temps, le narrateur. Il ne destine alors sa narration à personne d'autre qu'à lui-même. Dans *La nausée* par exemple, comme dans la plupart des romans en forme de journal intime, Roquentin compte bien être le seul lecteur de son journal » (Prince, 1973 : 188).

comme si j'assistais à une pièce de théâtre sur la scène même parmi les acteurs, sans pourtant que ceux-ci me voient, comme si je n'existais pas[37] » (p. 31).

Cette accentuation de la relation d'étrangeté et même de fantasticité, par la multiplication des rôles et fonctions, par leur mise entre parenthèses métaphorique (signifiant « tout se passe comme si je n'existais pas »), s'appuie sur l'incidence oxymoronique de la logique biscornue à l'œuvre dans tout récit fantastique (ce doit être vrai puisque je le vois, mais ce n'est pas possible). La relation d'étrangeté se trouve surdéterminée par le blocage anxiogène de l'acteur-narrateur-narrataire qui voit mais refuse d'admettre l'étrange. Toute cette opération s'inscrit de manière patente dans le processus de l'évaluation précédant la sanction de l'étrangeté en tant précisément qu'étrangeté fantastique :

> L'hypothèse *qui s'était fait jour dans mon esprit hier soir* s'est donc vérifiée *aujourd'hui. Le mystère se précise, mais il devient d'autant plus* fantastique et inexplicable. *Je ne suis pas encore en mesure de tirer des conclusions. On dirait que* l'anxiété ralentit ma faculté de raisonner *; aussi, tout ceci est tellement* démentiel *que tout* mortel *serait* dépassé *comme je le suis* [38] (p. 34-35).

Dans cette relation, le narrateur-narrataire est dépassé par les événements, comme « tout mortel » le serait, et il semble perdre le sens de la réalité parce que l'irréel semble se vérifier. Mais ce qui revient obstinément dans le récit, c'est le raccrochage à la logique commune à tous les hommes et un jugement sur la situation insensée, opinion que doivent en principe partager tous les types de narrataires et de destinataires possibles dont Beaumarchais représente la figure type : « J'entends mener cette enquête de façon rationnelle, malgré tout ce que cette situation a d'irrationnel » (p. 33).

Finalement, le résultat de l'enquête que mène l'acteur-narrateur-narrataire réside dans une question-réponse à l'adresse des possibles narrataires :

37. C'est moi qui souligne.
38. C'est moi qui souligne.

> *Mais pourquoi allais-je écrire tout cela à nouveau ?* [...] *Aujourd'hui,* j'ai enfin compris *le terrible mystère de cette maison* [...] *pour échapper à la mort* [...] *ces vieillards* [...] *se sont isolés du temps en figeant pour l'éternité une journée dans cette demeure* [...] *Par quel prodige, par quelle magie, par quelle science ces gens ont-ils défié et vaincu les lois inéluctables du Temps et du Destin ? Je ne puis entrevoir fût-ce l'ombre d'une explication* [39] (p. 36-37).

La découverte ou le dévoilement du mystère et la défaite apparente de la raison dans la dynamique du couple narrateur-narrataire ne parvient pas cependant à désamorcer l'étrangeté. Bien au contraire, le récit est clos par l'enfermement éternel de l'acteur-narrateur-narrataire dans la maison. C'est encore par le recours au concept de temporalité que le narrataire est interpellé ou s'interpelle dans le discours du narrateur, puisque des images du temps, de la répétition d'une seule journée, de l'installation de la routine, que toutes les instances narratives sont en mesure de partager, bouclent le récit, sanctionnant ainsi la fantasticité de l'étrange par le recours à la rhétorique (au sens premier de discours visant à susciter la conviction « idéologique ») : tout a été mis en œuvre pour démontrer au narrataire – et lui faire partager – le fait que le narrateur/acteur n'a rien ménagé pour comprendre une situation invraisemblable qui s'est imposée à lui, malgré tout. Le discours a continuellement proliféré en balayant à peu près tous les jeux de position possibles à l'interne comme à l'externe.

LE NARRATEUR-NARRATAIRE SPÉCULAIRE

Le narrateur intradiégétique de « Miroir-miroir-dis-moi-qui-est-le-plus-beau » de Michel Bélil paraît être son propre narrataire tout au long du récit. Dès la première phrase, il choisit de se distinguer et de se définir de la même manière que Beaumarchais par rapport au reste de l'humanité, à cette exception qu'il ne se voit pas du tout comme « un simple mortel » (« ces goûts *bizarres* qui *m*'ont très tôt séparé du *commun des mortels* [40] », p. 131). Le rapport narrateur/narrataire s'établit aussi sur un fond

39. C'est moi qui souligne.
40. À part « bizarres », les mots soulignés sont de moi.

de culture commune, spécifique non pas à la grande culture mais plutôt, comme chez Sernine, à la culture reliée à l'étrange et au bizarre. Toutefois, elle est jugée négativement chez Bélil, comme si le narrataire visé était le lecteur de *mainstream* [41]. Par exemple, le décor est comparé à ce « qu'on voit dans ces *stupides* films d'horreur[42] » (p. 132). Le narrataire visé est encore la personne au gros bon sens qui ne prend pas au sérieux les événements étranges et bizarres.

Élément particulier à cette nouvelle, il n'y a vraiment qu'un seul acteur, qui est à la fois le narrateur de sa propre histoire et son propre narrataire. Cette stratégie n'a rien de neuf, puisque maints récits fantastiques l'exploitent, mais elle est ici exemplaire, d'autant plus que le sujet de l'énonciation est simultanément le seul et unique objet de son discours : texte narcissique qui joue sur la littéralité et la configuration de la *réflexion,* et dont l'autoréférentialité paraît totale et incontournable. Pour aller au delà de l'intradiégèse, le discours se métaphorise (« visage de cauchemar ») et, naturellement, comme le ferait quiconque dans cette situation, examine la nature des transformations que l'acteur subit dans le miroir maléfique, la forme interrogative étant souvent dirigée vers le narrataire : « Que pouvait bien avoir [pouvez-vous bien me dire ?] ce miroir-miroir que les autres n'avaient pas ? Pourquoi lui seul projetait-il ce visage de cauchemar ? » (p. 135).

Le narrataire extradiégétique visé est donc en mesure d'imaginer le narrateur par ce qui se reflète dans un miroir et par le discours, y compris dans le non-dit, dans l'implicite. Si cela tend à rapprocher les instances du discours, en même temps, des éléments concourent à les séparer. En ce sens, le maître étalon permettant de mesurer la distance qui sépare l'acteur-narrateur et le narrataire (en l'occurrence lui-même et le lecteur abstrait) est ici le corps, humain et animal, son hybridation monstrueuse dans la description qui en est faite par le locuteur-acteur-victime, qui tient lui-même tous les rôles et fonctions :

---

41. Le livre est d'ailleurs paru chez un éditeur de littérature générale *(mainstream)* sans qu'aucun paratexte ne qualifie l'ouvrage de fantastique.

42. C'est moi qui souligne.

> *Cette* chose *dans la glace s'enlaidissait* [...] *à une vitesse* défiant l'imagination. *Ensuite, son* visage, *ses* mains *et son* corps *(je m'étais* déshabillé *complètement afin de pousser l'expérience jusqu'au bout) devenaient infects,* bestiaux, *dignes des pires horreuritudes* [43] (p. 135).

Dans la dernière séquence, le narrateur est pressé de terminer son récit et semble s'adresser directement à un narrataire intradiégétique, dont le statut demeure imprécis, sauf si l'on considère qu'il s'agit de quelqu'un qui possède comme la plupart des narrataires des récits fantastiques étudiés, cette composante rationnelle, car c'est finalement toujours la raison humaine, qu'elle soit la sienne propre ou celle d'un autrui généralisé, que le narrateur vise dans le récit fantastique : « Mais venons-en [vous et moi] tout de suite au dénouement pendant que *je* conserve encore *un semblant de raison* [44] » (p. 135).

En clair, la relation narrateur-narrataire passe chez Bélil par une fluctuation constante entre le rapprochement et la distanciation, semblable aux jeux de miroir qui sont représentés dans la nouvelle : le beau moi, « je », se transforme en « il », une « chose », une horrible bête.

LE NARRATEUR-NARRATAIRE SCRIPTURAIRE

Au contraire de la simplicité et du rythme rapide du texte de Bélil, celui de Claudette Charbonneau-Tissot affiche sa complexité sous la fausse transparence d'un discours spéculaire du « je » qui cache des relations très complexes entre les instances narratives. Sans doute cette complexité est-elle due au fait que, si le sujet de l'énonciation est aussi comme chez Bélil son propre objet de discours, le « je » de « La contrainte » charrie en creux – comme on dit d'un fleuve qu'il charrie des alluvions – des séries de questionnement qui vont autrement plus loin qu'une relation à soi devant un miroir maléfique. Sans doute est-ce parce que la narratrice protagoniste tient elle-même le rôle d'écrivaine possédée par le désir d'écrire. Elle analyse elle-même les relations

---

43. À part « chose », les mots soulignés sont de moi.
44. C'est moi qui souligne.

qui s'établissent entre ses divers rôles et fonctions, afin de s'expliquer à elle-même en tant que narrataire et par ricochet au narrataire extradiégétique[45] l'incongruité de sa situation d'énonciation ; elle n'est pas pressée de conclure, car elle n'en a jamais fini avec sa problématique ; elle ne *se défait* pas de l'extérieur comme le narrateur-acteur du « Miroir-miroir-dis-moi-qui-est-le-plus-beau », mais elle se fait et se défait scripturairement, *s'écrit* dans un perpétuel devenir de l'intérieur : « [S]itôt un texte entamé, je subissais automatiquement un dédoublement et une métempsycose suivant lesquels, chaque fois, je devenais non seulement l'auteur et le narrateur de ce texte mais aussi son personnage central » (1976b : 13). Et la narrataire, aurait-elle pu dire, si elle avait été portée sur la théorie, car, dans cette nouvelle, une frontière est franchie, deux niveaux de réalité sont à ce point (con)fondus que la narratrice peut difficilement les distinguer parfois. Elle passe ainsi de son univers « normal » à son univers fictionnel au second degré, celui qu'elle crée par l'écriture dans l'écriture et dans lequel elle affirme entrer réellement. Là est tout le jeu de l'étrangeté. Comme le phénomène est posé d'entrée de jeu, dans une séquence où elle a des démêlés avec un « homme » indécidablement réel ou fictif, la narratrice inscrit dans son texte, de manière obsessionnelle, une série interrogative à travers laquelle les narrataires intradiégétique (elle-même) et extradiégétique (le destinataire ou le lecteur abstrait) peuvent *se* représenter la complexité et le caractère étrange de la situation narrative, qui joue à la fois sur le plan du « réel » et sur celui de la fiction écrite dans le processus d'écriture même de l'histoire :

> *Depuis trois semaines,* l'histoire *qui* me *venait, sans pour autant arriver à* se *fixer définitivement en un texte clair et suivi,* me *ramenait toujours à une maison isolée à l'intérieur de laquelle* un homme *exigeait de* moi *des explications au sujet des termes de ce pacte que j'avais dû conclure un jour avec* quelqu'un [...] *Certains jours, tout en parlant,* je *sentais le besoin de marcher, de*

45. Je ne peux m'empêcher de franchir les barrières internes et externes dans la construction du texte. Et, bien que Genette ait peut-être raison d'interdire le franchissement des niveaux dans l'analyse, dans la pratique analytique, surtout du texte fantastique, c'est presque inévitable, à la condition de savoir où se trouve la frontière.

> *gesticuler et presque de me débattre* comme si *les filées de* mots [...] *retombaient sur* moi, *tel un filet. Et* l'homme, *croyant peut-être que c'était là le prix que* je *devais payer pour avoir laissé* se mêler les fils de la réalité *à ceux de la* fiction, *ne faisait rien pour m'en tirer*[46] (p. 13, 15).

Cette ambiguïté, cette duplicité, voire cette multiplicité, indéfinie de la représentation (moi, l'homme, quelqu'un, les mots, réalité, filet, fiction, etc.) génère presque naturellement la série interrogative où « l'homme » veut connaître la nature du pacte qui est au cœur de la problématique de sa relation au « je » et au cœur de celle du récit. Le discours atteint parfois exactement le niveau de questionnement et de confusion où narrateur et narrataire en viennent mutuellement à se confondre, car une histoire ne peut être racontée en jouant constamment sur l'ambiguïté sans que le narrataire ne soit interpellé par le questionnement même du narrateur intradiégétique. Le comparatif (« comme si »), d'ordinaire éclairant, explicatif, est à l'occasion utilisé dans le but de produire l'effet de confusion généralisé :

> [I]*l me sembla que* cet homme *n'avait jamais été autre chose que* cet interrogateur [...] *en réalité, je ne me souvenais pas des* réponses *aux* questions *que l'homme me posait et il m'arrivait parfois de ne plus même savoir de quoi il était au juste* question *et à quoi les* questions *de l'homme référaient puisque peu à peu,* comme si *l'homme avait été pris dans un mouvement similaire à celui qui m'entraînait, ses* questions *devenaient de plus en plus générales et vagues,* comme s'il *avait lui aussi oublié de quoi il était* question, *ne retenant que les formules*[47] (p. 16-17).

Dans un autre passage, le processus se répète et se complète, comme dans tous les autres récits du corpus, par des références à la logique, à une raison active et défaillante qui, sans expliquer le comportement de l'homme réel ou fictif et le processus de création dans la création, entretiennent la confusion entre deux « réalités » :

---

46. C'est moi qui souligne.
47. C'est moi qui souligne.

> [S]*i au début de cet* interrogatoire *l'homme me posait des* questions *relatives au pacte infernal qui me liait,* questions *auxquelles je n'arrivais à* répondre *que* d'une façon obscure et embrouillée, *il en vint très vite à me* questionner *de façon beaucoup plus personnelle* [...] *Mais* je ne comprenais pas *quel intérêt il avait à me forcer à créer périodiquement* ces histoires qu'il ne lisait ou écoutait *que d'un œil ou d'une oreille distraite* [48] (p. 19-20).

Notons que, dans ce passage, l'homme est un narrataire intradiégétique des histoires écrites par la narratrice des deux niveaux fictionnels, celle qui narre l'histoire où elle raconte à nouveau qu'elle crée des histoires dans lesquelles elle pénètre. Toutefois, le statut de ce narrataire demeure problématique, car la narratrice ne résout jamais clairement le dilemme de sa « réalité », bien qu'elle (se) suggère que cet homme, après qu'il eut disparu dans un embrasement spectaculaire sous ses yeux, « n'était donc, *probablement,* qu'une création de plus de [s]on esprit, que le personnage d'une nouvelle histoire [qu'elle] avai[t] dû créer sous le joug oppresseur de ce dieu qui était encore là et qui n'était donc pas, *comme* [elle] *l'avai*[t] *cru,* l'homme[49] » (p. 22).

Se référant à ses opinions, à ses croyances – son système idéologique personnel –, la narratrice renvoie donc toujours son discours à elle-même et son analyse de sa situation laisse forcément le narrataire intra autant qu'extradiégétique dans un état de suspense, puisque le texte ne donne jamais de point d'appui autre que celui de l'interrogation généralisée sur tout ce qui est raconté : procédé peut-être « normal » dans un univers fondé presque uniquement sur la littérarité ou le processus scripturaire. Le narrataire est présent à tout moment dans la relation avec le narrateur et dans le processus du questionnement. Il n'a donc pas d'image précise du statut de réalité de ce qui est raconté – pas plus que la narratrice elle-même puisqu'elle n'envoie au narrataire que des signes de sa propre confusion –, tant qu'une sanction n'est pas apportée à ce texte construit comme une évaluation incomplète d'une situation insituable dans l'espace de la matérialité et

48. C'est moi qui souligne.
49. C'est moi qui souligne.

de l'intelligibilité. Dans un discours problématique généralisé, le narrataire est aussi problématisé que l'énoncé et que l'énonciation qui le produit.

Toutefois, le processus de fixation du « réel » cherche à se faire après les séquences de l'« homme » réel-fictif, et cette opération aide à éclairer la relation narrateur-narrataire. Ainsi, la narratrice songe à « sortir de cet univers désespérant pour revenir au *monde normal des vivants* [50] » (p. 22). Ce dernier monde normé/normal, le narrataire, tant intra qu'extradiégétique, pourrait facilement s'y (re)trouver. Des signaux (le bois, l'automne, les travaux d'aiguille, etc.) en sont d'ailleurs donnés :

> *Je rentrai le* bois *pour* l'automne *qui venait et je mis des* bougies *neuves aux* chandeliers. *Puis je m'adonnai à des* travaux d'aiguille *qui m'apaisaient et me vidaient de toutes pensées. Je lavai les* lustres *et les* globes, *je cirai les* parquets, *j'astiquai* l'argenterie. *Rien ni personne ne me pressait et il m'arrivait de* croire, *certains jours, que* toute ma vie passée n'avait été qu'un mauvais rêve inventé par mon esprit oisif[51] (p. 23).

C'est sans doute ce genre de discours rassurant que la narratrice cherche à faire entendre au narrataire après son discours de l'ambiguïté qui précède. Cela signale une narratrice capable de raison et dotée de la faculté de juger ses actes durement et lucidement : « Mon discours n'était peut-être que le délire d'une personne désemparée, mais voyez, je suis normale, comme vous, je peux vous dire que je trouvais anormal ce qui m'arrivait. » Cette stratégie narrative, qui survient à la charnière du récit, permet évidemment d'articuler la suite, de ramener l'étrangeté et cette fois de produire non pas seulement un effet d'ambiguïté, mais l'effet de fantasticité qui caractérise l'ensemble de la configuration discursive. La double articulation de la raison et du délire apparent permet la production de cet effet de sens.

C'est que dans le discours de la narratrice (tout comme dans l'ensemble de l'œuvre de Charbonneau-Tissot), la quotidienneté engendre l'ennui que seule l'entrée dans le monde de l'étrange corrige. Après avoir envoyé au narrataire des détails signalant le

50. C'est moi qui souligne.
51. C'est moi qui souligne.

fait qu'elle est saine d'esprit – qu'elle peut vivre dans la quotidienneté, mais que celle-ci est insatisfaisante, frustrante, comme elle l'est pour de nombreux narrataires potentiels qui partagent ce sentiment –, la narratrice revient à la charge :

> *Puis un soir, le besoin d'écrire fut si fort que je me suis mise à chercher, dans le secrétaire* [...] *cette plume que j'avais tant de fois remplie de ce liquide noir qui me servait à écrire ces histoires qui, bien qu'étant souvent pénibles et cruelles, me faisaient* accéder à ces mondes insolites où je ne connaissais pas l'ennui[52] (p. 24-25).

La narratrice dit bien, sans doute pour le bénéfice du narrataire, qu'elle est consciente que son entreprise semble cruelle ou masochiste, mais elle laisse entendre subrepticement, par-delà cette communication, qu'elle accède vraiment à des mondes insolites créés par sa plume ou par son pouvoir créateur. Sa stratégie vise ainsi à accréditer aux yeux du narrataire le processus de la création fantastique, de la fantasticité, de la réification de son univers fictionnel. Et comme pour garantir encore plus sa stratégie, elle dresse des embûches sur son chemin, pour bien montrer qu'il ne s'agit pas de simple mirabilisme :

> *Mais jour après jour, toutes les tentatives pour que s'opère mon transfert dans une vie fictive échouèrent.* [...] *Je me retrouvai seule, désertée par ce dieu que j'avais moi-même chassé, croyant me libérer alors qu'en fait je m'étais claustrée dans l'exiguïté de ma propre vie. Je passai plusieurs jours à gémir sur mon sort* (p. 26-27).

Renforcé par cette situation qui semble conforme à ce qu'un narrataire peut concevoir comme réel, le récit reprend le processus du début, en l'explicitant par le menu dans une mise en situation rendue de manière fantastique grâce à la mise en discours d'un ensemble d'éléments étranges. L'apparition du double de la narratrice est dès lors probable et improbable, et légitime la résolution explicative : un pacte oublié avait été conclu avec une autre elle-même qui exigeait qu'elle raconte des histoires dans lesquelles elle était catapultée.

---

52. C'est moi qui souligne.

DES STRATÉGIES DE COMMUNICATION OU DE CONFUSION

Ce type de relation narrateur/narrataire s'établit donc dans un but de communication à la fois interne et externe par l'établissement de *topoï* reliés au sens commun et à des savoirs communs, mais surtout à une manière commune d'appréhender la réalité, c'est-à-dire les outils de la logique. Dans certains récits, des stratégies peuvent se développer, qui tentent d'épuiser les combinatoires possibles entre les positions de narration, les acteurs devenant tour à tour narrateurs, s'adressant à des spectateurs ou à des acteurs internes ou à eux-mêmes par le procédé du journal intime, de la narration spéculaire au « je » ou de l'autocréation dans la création. Le message est clair plus souvent qu'autrement, mais la confusion des instances et des destinations du message font partie des stratégies du jeu entre le narrateur et ses narrataires.

CHAPITRE III

L'ÉNONCIATION ACTORIELLE OU LES RAPPORTS ENTRE LES DISCOURS DES ACTEURS

Dans la mise en relation des autres instances narratives, en l'occurrence celle des acteurs secondaires avec l'acteur principal, la difficulté consiste à devoir revenir sur des questions que l'analyse de la relation narrateur/narrataire a pour ainsi dire réglées. En effet, dans la plupart des textes, le narrateur, adoptant le point de vue restreint du personnage en situation d'étrangeté, est finalement l'acteur principal même lorsque le récit est à la troisième personne : c'est là d'ailleurs une loi du récit fantastique, dont Jean Bellemin-Noël a montré l'importance[1]. Malgré cela, il reste que l'acteur principal n'est pas le seul acteur des récits de mon corpus. D'autres personnages, d'autres voix, accordées, discordantes, dissonantes, forment, autour de lui, des essaims. C'est ce

1. « Lorsque dans une œuvre fantastique se rencontrent d'un côté un rapporteur, de l'autre un acteur, les deux ne sont en réalité que des hypostases d'une seule et même figure, le narrateur-protagoniste. L'un et l'autre en savent exactement autant sur ce qui s'est passé (par un quelconque artifice de narration : compagnons, héritier des notes intimes, confident privilégié, etc., toutes variantes de l'*alter ego*) ; tous deux réagissent de la même façon dans la vie courante, ont la même culture, se ressemblent, se complètent. Le schéma d'organisation est ici celui d'un récit dédoublé : il y a *je* – le témoin lucide – qui s'interroge dans l'incertitude, et il y a *moi* – le héros – qui vit l'aventure avec passion (jusqu'à la mort ou la folie, dans la majorité des cas) » (Bellemin-Noël, 1971 : 109).

phénomène que je veux étudier ici, non pas seulement dans le but d'opposer des formes et des contenus discursifs, mais surtout dans le but de placer ces formes et ces contenus dans leurs lieux spécifiques d'ancrage énonciatif afin de voir se dessiner les oppositions et les accords. C'est dire que je tiens compte autant de la fonction sociale que de la fonction narrative des acteurs, et du type de discours qu'ils articulent les uns par rapport aux autres à partir du lieu complexe (narratif, physique, professionnel, intellectuel, etc.) d'où ils parlent. De cette manière, je devrais couvrir une autre partie du champ de la vocalité en cherchant à spécifier en quel sens le dialogisme fonctionne à ce niveau et parvient à déterminer à travers ces stratifications discursives la configuration discursive du texte fantastique, car le plurilinguisme est à l'œuvre à ce niveau et, là plus qu'ailleurs, le dialogisme produit l'effet d'hybridation qui, en retour, produit l'effet secondaire[2] ou conséquent de la fantasticité.

LA RELATION EUPHORIQUE ENTRE LES ACTEURS

« La Bouquinerie d'Outre-Temps » comporte en tout et pour tout sept acteurs, dont deux, Luc/Lucien Guindon, finissent par se fondre en un seul. Signalons, pour mémoire, que chacun des Guindon parle à partir d'un chronotope donné qui ne peut vraisemblablement pas rejoindre l'autre ; qu'écrivain tous deux, ils énoncent leur discours d'un lieu d'écriture spécifique : l'un est historien et romancier, l'autre est nouvelliste et écrivain d'anticipation. Quant aux acteurs avec qui Luc et Lucien Guindon entrent en contact, ce sont Hector Dumas, signataire de la lettre envoyée à Luc et fils d'Antoine Dumas, libraire de la Bouquinerie d'Outre-Temps ; un policier ; deux logeuses. Si les autres acteurs se partagent les rôles au XXe siècle (un policier et une logeuse) et au XIXe siècle (le libraire et une logeuse), seul Hector Dumas a vécu dans les deux époques de manière naturelle (c'est-à-dire avec le même corps dans la continuité temporelle normale du vieillissement) ; malheureusement, il meurt avant que Luc ait pu le

2. Secondaire au sens où les langages d'abord s'entrechoquent, s'hybrident dans le discours narratif, puis produisent un autre effet, qui peut être comique, tragique, fantastique, etc.

rencontrer, et la communication entre eux se limite à la voie épistolaire, du vieillard à Luc, lettre qui propulse Guindon dans le XIXe siècle. Le récit dit peu de choses de ce vieillard sauf qu'il est le fils du libraire de la Bouquinerie d'Outre-Temps et que son discours épistolaire est tout à fait sensé, suffisamment crédible pour susciter l'intérêt de l'historien très sérieux qu'est Luc Guindon. Cependant, l'échange va dans les deux sens, puisque Luc, dans l'impossibilité de répliquer directement au vieillard, en éprouve tout de même le désir au point de répondre à son invitation, action qui équivaut en quelque sorte à une réponse à cette lettre, qui devient le véritable enclencheur narratif, le déclencheur de l'appareil tant de la narrativité que de la fantasticité.

Le partage des rôles sociaux et des fonctions narratives laisse voir une symétrie – et de légères asymétries. L'acteur principal, Luc/Lucien Guindon, écrivain dans les deux univers, lit une lettre signée par un personnage, instruit, fils de commerçant instruit également, qui a vécu dans les deux chronotopes. Luc Guindon fait face à la résistance au XXe siècle d'un policier, représentant de la loi et de l'ordre, et d'une logeuse, gardienne d'un établissement, jouant de ce fait le même rôle social que le policier. En revanche, Lucien reçoit au XIXe siècle un accueil chaleureux de la part du libraire (lettré et plutôt artiste, car il dessine aussi) et d'une logeuse (moins gardienne que maternelle à l'égard de Guindon). Dans chaque situation, le *topos* du sens commun agit de manière patente, mais est compliqué par l'ajout de détails de comportement propres aux rôles sociaux assumés par les acteurs. Voyons en détail comment se « discursivisent » ou se modalisent les moments de contact.

D'abord – outre la « communication » avec l'épistolier, préparatoire de la rencontre avec son père, le libraire –, il est révélateur de constater que le premier contact avec un acteur « en chair et en os » se fait dans l'irréel, c'est-à-dire dans le Montréal du XIXe siècle, alors que Luc Guindon vient de découvrir la « bouquinerie inconnue » (Carpentier, 1978c : 133) par-delà l'espace-temps. La scène alors décrite a lieu sur le mode de la spontanéité, de la cordialité, de la « reconnaissance » et même de la « déférence », attitude que Luc trouve « étrange » :

> *Étrangement, l'homme roux qui vint lui ouvrir sembla* le reconnaître *à travers même la porte vitrée. Il reçut*

d'ailleurs Luc avec une telle déférence *que ce dernier le jugea tout de suite précieux et pompeux.*
—Quel honneur *pour moi, cher monsieur Guindon, que de vous recevoir dans mon humble boutique...* [3] (p. 133).

S'établit dans le dialogue un rapprochement et un écart, processus profondément oxymoronique que le dispositif du rapport entre l'acteur et le décor appuie : « Luc [...] ne se sentait *pas vraiment à l'aise* [...] comme un invité timide [...] comme l'invité timide [...] un profond sentiment de *confort*, mêlé d'étrange[4] » (p. 134). Mais si ce dispositif sert d'assise à cette scène, c'est la relation actorielle prise dans son ensemble – dans la totalité de la configuration narrative – qui éclaire la situation. Le principe de reconnaissance/écart joue sur le double fait que le libraire (re)connaît Lucien, sans savoir qu'il s'agit *réellement* de Luc, et que, inversement, Luc ne sait pas *encore* – par conséquent, il ne peut reconnaître le fait – qu'il est *en réalité* Lucien. C'est là que se situe le premier point de friction actorielle permettant d'articuler la fantasticité, entre les notions d'accueil (« déférence », « sentiment de confort ») et d'écart (« le jugea précieux et pompeux », « pas vraiment à l'aise ») entre les acteurs. Le texte oscille entre différents paliers de relations, entre différentes *hauteurs,* pourrait-on dire.

Un autre point de friction découle de la situation elle-même qui, cette fois, manifeste clairement un écart entre les acteurs. Luc fait office de client dans une bouquinerie où il ne connaît pas la valeur des objets ; mais, lors de sa première visite, comme il ignore où il se trouve exactement, son discours est celui d'un homme étonné par les bas prix des livres qu'il juge si précieux, par l'écart entre ce que le libraire exige et ce que lui pense qu'ils valent. Ici le discours du libraire est implicite dans le marquage préalable des prix, et ce marquage a valeur de discours économico-social. C'est entre Luc et ce « discours » commercial du libraire que le dialogisme s'instaure, dans le hiatus qui existe entre deux personnes qui, pour des raisons opposées, croient faire « une bonne affaire » :

3. C'est moi qui souligne.
4. C'est moi qui souligne.

> *Luc tombait des nues : ce livre* valait *bien plusieurs fois cette somme !* [...] *À n'en pas douter, les prix demandés par le libraire étaient bien trop bas ! À peine dix ou quinze pour cent de la* valeur véritable ! [...] *Luc résolut d'avertir le jeune bouquiniste du* manque de réalisme *de ses prix, mais non sans en avoir lui-même au préalable profité* [...] *les deux hommes* se séparèrent, certains tous deux *d'avoir fait* une bonne affaire[5] (p. 135-136).

Une fois Luc de retour dans l'univers de la normalité, la disjonction entre les acteurs et leurs chronotopes respectifs se poursuit, non pas sur la double systématisation de la valeur économique des objets, l'une ancienne et l'autre moderne, ni sur le principe de reconnaissance/écart, mais sur une question de comportement. En cherchant à retrouver la bouquinerie, Luc passe pour un dérangé, un alcoolique aux yeux d'une logeuse, gardienne, sinon de l'ordre établi, d'un certain ordre des choses. Ordre et désordre sont mis en relation de cotextualité :

> *N'ayant donc rien à perdre, il* [Luc] *entra s'informer auprès de la logeuse. Mais lorsqu'il fit mention de la bouquinerie, là où il était supposément venu la veille même, la grosse femme en profita pour lui conseiller de délaisser la boisson au profit d'une vie consacrée à la foi et à la prière* (p. 137).

À la suite de cette confrontation avec une représentante de l'ordre domestique, moral aussi, Luc échange quelques mots avec un policier, gardien de l'ordre public, qui a exactement la même réaction que la logeuse :

> [U]*n grand homme en uniforme vint lui demander, d'un air autoritaire, ce qu'il avait perdu.*
> *—La librairie ! La Bouquinerie d'Outre-Temps...*
> *Le policier sembla se rembrunir.*
> *—Vous êtes certain de ne pas vous tromper de rue ?*
> *—Sûr ! Elle était encore là hier soir...*
> *Et pour la seconde fois en quelques minutes,* on *conseilla à Luc de délaisser la bouteille* [...] *Le mot « drogué » aussi parvint à ses oreilles, et cela, au moins, le fit un peu rire* (p. 138).

5. C'est moi qui souligne.

Le « on », de par la généralisation propre à ce pronom personnel indéfini, traduit bien la figure doxologique incluse dans le discours du policier : pour la société, l'opinion commune, Luc est un anormal, un dérangé. Cette séquence illustre l'hétérologie (l'altérité des discours) qui sépare, disjoint Luc des acteurs de son temps, même si l'accent paraît mis sur des vétilles. Puis, une fois revenu « outre-temps », la disjonction sociale s'estompe et la conjonction homologique a lieu de nouveau entre Luc et le libraire : non seulement Luc n'eut-il pas à

> *demander confirmation de l'adresse de son commerce,* [mais] *il n'eut pas le temps de lancer le premier mot que le bouquiniste l'apostrophait en lui reprochant sévèrement son retard !* [...] *Il* [Luc] *n'arrivait pas à s'expliquer ;* l'autre *le submergeait de reproches et de rancune* [6] (p. 139-140).

En dépit de son caractère belliqueux, cette relation n'est pas autre chose qu'une manifestation d'accueil et d'admiration ; toutefois, cette conjonction des acteurs se complique d'un disjonctif spatio-temporel : Luc ne sait pas encore que celui qu'on accueille ainsi n'est pas celui qu'il pense être. Un des aspects essentiels de la fantasticité de ce récit se joue là, dans cette cristallisation du rapprochement/écartèlement des chronotopes, du lien qu'un personnage établit entre eux et du rapprochement/écart inscrit dans le discours entre les acteurs : « *Je vous* avais bien dit, hier, que *je vous attendrais* jusque vers sept heures [...] C'est bien parce que *j'ai* beaucoup d'*admiration pour vous* [...][7] » (p. 140). Or, pour Luc, il s'était écoulé des jours entiers depuis sa visite à la bouquinerie. La fantasticité commence par se nicher dans ce creux, ce point aveugle, cette non-concordance de la temporalité, dans cet écart entre le bref et le long temps vécu par deux acteurs dans le même temps du *récit,* mais non dans le même temps de *l'histoire* et de *l'Histoire.*

Je pourrais ajouter que le lecteur abstrait (ou réel) s'identifie dans cette nouvelle au discours de résistance énoncé par les acteurs dans chacun des univers antithétiques de « La Bouquinerie

---

6. C'est moi qui souligne. L'apparente disjonction cache ici une profonde familiarité entre les acteurs.

7. C'est moi qui souligne.

d'Outre-Temps » : dans le monde du XXe siècle, le policier et la logeuse – figures de l'actant collectif |l'opposition de la normalité à l'anormal| – représentent cette position discursive, alors que dans celui du XIXe, Luc Guindon joue ce rôle de résistance, jusqu'au moment où il doit rendre les armes : « [L]a preuve se faisait ainsi de plus en plus pressante, de plus en plus englobante ! Il considéra donc le fait comme acquis » (p. 141). Et pour appuyer cette « preuve », cet « acquis », les deux acteurs de l'univers étrange, le libraire et la logeuse, tout à fait accueillants, réduisent définitivement l'écart entre les acteurs. La logeuse de Lucien, l'appelant pour la première fois par son (autre) prénom, qui est aussi son vrai prénom, semble être préoccupée, à l'instar du libraire lors du retour de Luc au XIXe siècle, mais s'inquiète simplement de la santé de son protégé, comme le ferait une bonne mère. C'est d'ailleurs cette image de mère, de grosse femme, antithèse de l'autre grosse femme du XXe siècle au discours moralisateur, qui fait finalement figure d'accueil : « Voyons, monsieur Lucien, *vous* ne *vous* sentez pas bien ? *Venez donc vous sécher* un peu...[8] » (p. 144).

Ainsi, la relation Guindon/autrui montre que, tandis qu'il y a rejet dans le monde premier (XXe siècle), l'accueil personnel dans le monde second (XIXe siècle) est instantané et constant[9] malgré le malaise initial de la part de l'acteur principal – enjeu central de la discursivité fantastique –, puisqu'il s'agit pour lui d'un déphasage radical. En fait, l'aisance relative de Guindon dans son monde premier se transforme d'abord en malaise après la première manifestation de l'étrange, c'est-à-dire après le premier passage dans l'autre chronotope, le discours passant de l'homologie à l'hétérologie. La situation s'inverse donc dans l'autre monde, mais le malaise initial devient aisance, car Luc/Lucien est accueilli comme faisant partie de cet ailleurs. Le modèle tend donc vers l'euphorique dans l'ailleurs – dans le rapport avec Autrui et l'Étrange –, ce qui n'est certes pas le modèle dominant en régime

8. C'est moi qui souligne.

9. Il faudrait dire que la relation est radicalement différente en ce qui concerne l'accueil de la critique qui jugera (a jugé) sévèrement l'œuvre de Lucien Guindon, perçue en son temps comme risible et ridicule (voir p. 126).

fantastique, l'acteur passant d'ordinaire sur le mode dysphorique dans l'ailleurs. Sans doute avons-nous là un des modèles du fantastique de type réaliste magique !

Il n'en est pas exactement de même dans « Le pèlerin de Bithynie », même si le récit se termine aussi en régime euphorique d'accueil. Il faut se rappeler que chez Claude Mathieu, *la mort exquise* permet de renouer tantôt avec une nature, comme dans la nouvelle éponyme du recueil, tantôt avec une surnature extraordinaire, comme dans la nouvelle étudiée, aussi accueillante que cruelle.

L'acteur central, Black/Niger, qui se découvre Même et Autre dans un intervalle de deux millénaires, comme Guindon au cours de siècles différents (fins de siècle pour être plus précis), ne rencontre que deux autres acteurs, dont le premier, un vieux libraire, paraît étrange, quoique de façon latente, par déduction après le déchiffrage du récit dans son entier, tandis que l'autre, la déesse Cybèle, provient de manière patente de l'Ailleurs qui, en l'occurrence, rappelle l'Olympe. Par ailleurs, Black, le pèlerin du titre, n'est jamais vraiment campé dans un monde second, dans l'Ailleurs proprement dit, comme Guindon, mais il entre en relation avec des acteurs qui contaminent son monde à lui, le monde premier, y pénètrent et l'entraînent à leur suite dans l'Ailleurs. S'ajoutent dans le récit deux acteurs collectifs implicites, deux voix plutôt, qui signalent, d'une part, un savoir scientifique d'autorité et, d'autre part, un savoir en devenir : un érudit français avec qui Black « dialogue » et les étudiants du professeur Black. Ces deux dernières instances permettent de voir se dégager les différences entre Black, ses « collègues » et ses « contemporains ». Quant à l'auteur romain, « que la postérité a surnommé Rufus Itinerans » (Mathieu, 1965b : 48), s'il n'est pas un acteur à proprement parler, il est certainement une voix qui lance Black sur sa piste, comme la lettre adressée à Guindon l'envoie à la rencontre de Hector Dumas. L'ouvrage que Black déniche est sans nul doute l'objet central du récit à partir duquel le dialogisme fonctionne, même si sa voix est en creux, ne compte pas autant que la nébuleuse qui se crée autour du *Rufus* ainsi que les situations que cela provoque entre Black et les quatre acteurs ou voix du récit.

Reprenons. La première rencontre que fait Black est une rencontre avec un acteur tout à fait étrange qui, compte tenu d'une série de faits, semble provenir de l'Ailleurs :

1. sur une plaque commerciale, le libraire annonce « livre d'occasion, livre rare » (p. 41), livre d'ailleurs soigneusement placé au centre d'un carré rempli de livres aux pages blanches, disposition qui n'est pas sans rappeler l'insecte piégé au cœur de la toile d'araignée ; et, pratique commerciale pour le moins étrange, le libraire en fera cadeau à Black ;

2. dans un échange verbal, le libraire dit à Black : « [J]e *vous* attends ici depuis dix ans... » (p. 44) ;

3. lorsque Black veut retourner le livre, dont l'acquisition le tourmente, il s'aperçoit que la librairie a « déjà cédé la place à un atelier de couture dont la plaque, plus petite, laiss[e] voir le trou des vis de la précédente » (p. 53) ;

4. dans la finale, la déesse Cybèle dit à Mark Cecil Black, qui est (re)devenu Marcus Cécilius Niger : « Il y a longtemps que tu m'as élevé cet autel, Marcus. J'attendais en vain ton retour des pays barbares. *Il a fallu que j'aille te chercher* [10] » (p. 66).

Tous ces détails signalent la relation sinon la filiation possible, voire évidente, du personnage avec la déesse Cybèle et autorisent à faire du libraire une manifestation actorielle étrange dans l'univers de la quotidienneté de Black. Le temps (l'attente) et l'acteur sont étroitement liés, tissés pour créer l'effet de piège étrange.

C'est donc sur ce fond que se produit, entre les deux acteurs, le premier échange que je qualifierais de « verbal » parce que le discours met l'accent sur les problèmes de communication des deux personnages et sur la compréhension mutuelle malgré des déficiences linguistiques évidentes. Ainsi, le narrateur, adoptant généralement le point de vue de Black, note que le libraire étrange aborde son « client » par « quelques *mots* en une *langue inconnue* du professeur mais qui lui sembl[e] *d'origine*

10. C'est moi qui souligne.

latine [11] » (p. 43). Un syntagme « d'origine latine » renvoie ici le discours de l'acteur étrange au temps passé, comme si le libraire était un être foncièrement anachronique, une sorte de Romain de l'Antiquité... Ce libraire « prononça plusieurs phrases non plus compréhensibles que les autres, mais où, chose étrange, le professeur crut repérer cinq *mots* de sa langue *perdus* parmi les *mots étrangers* : — ... j'attends ici depuis dix ans... [12] » (p. 43). Dans ce fatras, dans ce babélisme, se glissent des mots qui permettent aux interlocuteurs de se comprendre malgré tout. Puis, le narrateur brisant la continuité de la focalisation interne, s'immisce dans le discours, sans doute afin de montrer l'importance des difficultés de la communication entre les interlocuteurs : « [Black] se convainquit vite d'avoir *mal entendu* [...] En fait, il avait *certes mal entendu,* mais pas ainsi qu'il le pensait, car le vieillard avait dit : —... je VOUS attends ici depuis dix ans... [13] » (p. 44). Pour le reste, le langage verbal ne suffisant plus, les deux acteurs recourent aux gestes : « Le libraire se tenait vraiment sur son chemin et *lui faisait signe* [...] de continuer à regarder les livres[14] » (p. 45).

En somme, dans cet échange, il ne s'agit plus d'accueillir l'acteur principal seulement ; en dépit des problèmes de communication, il s'agit de tendre, de tisser un piège autour de lui : « Pris au piège, il demanda la permission de jeter un coup d'œil sur les livres » (p. 43) ; « Il eut soudain la curieuse impression que le libraire ne se tenait derrière lui que pour lui barrer le chemin » (p. 45).

En revanche, Black est fortement attiré par l'auteur du livre : « Le professeur avait toujours conservé pour le magistrat romain la tendresse que ressent l'artisan pour une œuvre qui lui a demandé beaucoup d'effort » (p. 49) : une bonne partie de ses recherches portent sur les écrits de Rufus Itinerans et spécialement

11. C'est moi qui souligne.

12. C'est moi qui souligne.

13. L'auteur souligne en minuscules et en italique, j'ajoute les capitales. Je note aussi une légère incongruité : Black, spécialiste de l'Antiquité gréco-romaine, devrait normalement connaître la langue parlée par le libraire. Sans doute ce dernier parle-t-il un très bas latin ?

14. C'est moi qui souligne.

sur le manuscrit donné par le libraire. Par contre, Black entretient des relations conflictuelles avec un des commentateurs du *Rufus,* Bettencourt, « érudit français du dix-neuvième siècle, dont l'ironie et l'incrédulité, si propres aux gens de ce pays, l'irrit[ent] aujourd'hui » (p. 50). Black se place donc dans une double position de résistance et d'accueil envers ce qui lui arrive parce que les faits découverts tendent à prouver que l'impossible avance dans le temps de manière logique :

> *Le professeur ne pouvait croire, dans ses pires moments de lucidité, à une si longue succession de hasards : ceux-ci montraient en effet, organisée par une volonté anonyme, une logique si évidente qu'elle causait chez lui le* malaise *de celui qui se souvient d'avoir reçu un message important sans se rappeler lequel* [15] (p. 53).

Ce dialogisme de l'attraction et de la résistance, renforcé par le sentiment de *malaise* à la réception d'un *message,* implique la présence d'un manipulateur omnipotent, un acteur caché, et, corollairement, un dérangement dans le comportement de l'acteur principal, dérangement qui transparaît dans son discours « social ». Ainsi, après sa découverte, il commence à être distrait dans son rôle (social) de professeur et, pour cette raison, il provoque une réaction de la part de ses étudiants : « [P]our la première fois de sa vie, le professeur Mark Cecil Black décevait » (p. 54). Black se distancie lentement de sa propre époque.

Pourtant, cette mise en discours n'a qu'une fin dans le récit : préparer l'apparition de l'acteur caché, véritable responsable des agissements ordonnés/désordonnés et des réactions discursives de Black. Peu de récits fantastiques québécois mettent directement en présence l'acteur manipulé et le manipulateur occulte, et Mathieu ne fait pas autrement dans « Le pèlerin de Bithynie ». Par conséquent, le bref échange entre les deux personnages doit marquer la fin du récit, puisque toute la stratégie concourt à faire passer l'acteur d'un monde dans un autre (même si le récit s'arrête au seuil du passage vers l'ailleurs) par le truchement d'une apparition divine, olympienne, réactivée par une série d'opérations actorielles, descriptives et discursives.

---

15. C'est moi qui souligne.

Notons que, dans la séquence finale, la déesse est la seule à parler en discours direct, ce qui est tout à fait plausible étant donné qu'elle domine une situation qu'elle a elle-même provoqué de sa puissante hauteur divine (« Il a fallu que *j'*aille te chercher[16] », p. 66). Les réactions de Black/Niger, ni plus ni moins qu'écrasé et terrassé par le caractère incroyable de l'événement, sont transmises en style indirect libre, mais en focalisation interne : « Hagard, barbouillé de poussière et de sueur, écrasé sur le sol, le professeur eut pendant une fraction de seconde *le sentiment de son ridicule et celui du doute.* Mais à *la douce horreur qu'il en ressentait, il ne pouvait refuser de croire à cette présence qui le terrassait* [17] » (p. 66). De Black/Niger sur le point de franchir l'espace qui le coupe du réel et le fait entrer dans l'irréel à la suite de Cybèle, le narrateur dit : « Encore à genoux, la face contre terre, il protestait d'une main et de l'autre griffait le sol. *La voix lui manquait* pour crier son refus[18] » (p. 68). Mais pour ajouter de l'effet à la situation paradoxale, incroyable et irréelle (un mélange d'effet de réel – prise de parole – et d'irréel – une voix divine s'adresse à des animaux), la déesse parle calmement aux bêtes qui composent son cortège carnavalesque : « *Calmez-vous,* mes toutes bonnes, dit-elle doucement à ses bêtes fauves qui se couchèrent à ses pieds. *Calmez-vous,* Marcus est *notre ami,* ne le *reconnaissez-vous* pas ? [19] » (p. 66-67). Finalement, le piège originellement tendu, par celui que l'on peut considérer comme l'émissaire de l'acteur divin manipulateur, se change en discours d'accueil dans une autre dimension de la réalité, lorsque la déesse Cybèle interpelle Black/Niger : « Marcus, *viens* et suis-moi. [...] Courage, Marcus, ce ne sera pas long. *Souviens-toi,* c'est ainsi à *chaque retour* [20] » (p. 68). Le narrateur ajoute cette phrase où se trouve actualisée la figure même de l'accueil dans son sens le plus profond, le plus originel, le sein maternel et l'eau des origines ; l'acteur s'en trouve définitivement désarmé et livré pantois – d'où

16. C'est moi qui souligne.
17. C'est moi qui souligne.
18. C'est moi qui souligne.
19. C'est moi qui souligne.
20. C'est moi qui souligne.

son silence – au bonheur du silence primordial, comme s'il renaissait à nouveau : « La Grande Mère le reçut *sur son sein.* Même souillé, le visage du néophyte rayonna de lumière. [...] Marcus [...] entra dans la mer en chantant[21] » (p. 69).

Le récit de Mathieu, s'il n'offre pas le même type de symétrie dans la distribution des rôles sociaux que celui d'André Carpentier, présente tout de même des positions discursives ancrées dans le réel de la quotidienneté et dans un réel autre. Le discours de l'acteur principal, un professeur, érudit, scientifique et, en principe, toujours digne de foi, est à distinguer dans le réel ou dans le monde premier d'un autre discours savant, celui du Français Bettencourt, et de celui des étudiants à qui Black est censé transmettre son savoir (encore que ces derniers ne sont qu'en mesure de constater que le professeur est moins attentif que d'habitude : il est distrait, il est déjà (at)tiré vers l'Ailleurs). Cependant, je remarque que Mathieu n'insiste pas sur ces oppositions, plus marquées dans les relations entre Black et les personnages étranges, mais où l'hétérogénéité des discours finit par se résoudre dans une sorte d'homogénéité euphorisante semblable à l'harmonie musicale (« il entra dans la mer *en chantant* »), donc à une sorte de langage suprahumain qui permet en principe la relation avec toute forme de vie quelle qu'elle soit.

LA RELATION DYSPHORIQUE ENTRE LES ACTEURS

L'inversion de l'euphorie caractérise « La maison de l'éternelle vieillesse ». Dans cette nouvelle de Daniel Sernine, le premier échange verbal de l'acteur principal avec un acteur du monde premier ou « réel » permet d'amorcer le jeu de l'action en « structurant » l'accueil du peintre visiteur qu'est Beaumarchais par le concierge ; ce faisant, le concierge suscite le premier la parole de l'autre, tout en manifestant dès l'abord une position ambiguë d'accueil et de recul :

> *Un homme, petit, âgé, voûté, apparut sur la pelouse et, apercevant Beaumarchais, alla* vers lui *et lui demanda ce qu'il voulait. L'artiste répondit qu'il désirait peindre la maison. L'homme fit preuve de beaucoup de*

21. C'est moi qui souligne.

> réticences, *mais finit par* ouvrir *la grille*, *radouci par le charme sympathique de Thomas et par le demi-dollar que celui-ci déposa au creux de sa main. Car bien qu'artiste, Beaumarchais n'était pas absolument pauvre, ayant pour mécène une tante riche* [22] (p. 22).

L'échange verbal est donc subsumé ici par un échange vénal, celui qui existe entre maître et serviteur ; les acteurs sont ainsi confirmés dans leurs rôles sociaux : d'un côté, un artiste jouissant du mécénat d'une riche parente, de l'autre, un simple employé soudoyé. C'est d'ailleurs sur ce mode que l'artiste parvient à faire parler le concierge, à lui soutirer son secret, en le poussant dans un état d'euphorie éthylique :

> *L'ayant gratifié d'un nouveau pourboire pour sa courtoisie, Thomas* invita *le gardien à boire un coup à une auberge sise un peu plus haut sur la route. Le jeune homme* insista *tant et si bien* [...] *que le méfiant jardinier* accepta *l'invitation.* [...] *Beaumarchais lui paya quantité de spiritueux et l'émécha à point. L'ayant rendu plus* bavard, *il se mit à le* questionner *adroitement. Après un certain temps, il devint apparent que Sevestre envisageait de faire une* confidence *au jeune homme.* [...] *Enfin,* l'ivresse aidant, *le concierge* se décida et raconta *de façon* incohérente *le mystère de cette ancienne demeure* [23] (p. 23).

Cette stratégie discursive fondée sur la mise en relation euphorique de deux acteurs que tout disjoint normalement ne vise qu'un but : préparer le terrain de l'étrange par la mise en relation d'une troisième série d'acteurs, les gens de la maison, et transférer à l'artiste le jeu du questionnement amorcé puis interrompu brusquement dans le discours « incohérent » du concierge, reconstruit/rapporté par le narrateur (qui est en fait l'acteur principal) :

> [Q]*ui étaient-ils, les mystérieux habitants de cette résidence ? Jamais en vingt et un ans le concierge n'avait vu quelqu'un sortir de cette maison* [...] *Quand il eut terminé ces révélations, Sevestre s'enfonça dans un mutisme prolongé, duquel il ne sortit que pour supplier son confident de ne rien révéler à quiconque*

22. C'est moi qui souligne.
23. C'est moi qui souligne.

> *au sujet de cette demeure. Il regrettait manifestement d'avoir dévoilé ce secret.* [...] *Le gardien, faisant sa ronde, aperçut le jeune homme et le reconnut. Il lui cria de s'en aller et de ne plus revenir. Il semblait contrarié et même effrayé d'avoir fait tant de révélations à ce jeune inconnu* (p. 23-24).

Dans le monde premier, l'acteur principal n'est donc pas rejeté ou contesté par qui que ce soit, il est tout simplement à la fois accueilli, mis sur une piste – que sa curiosité innée le pousse à explorer –, prévenu de ne pas s'y risquer (une variante de la forme canonique de l'interdiction, que le héros transgresse forcément dans le conte traditionnel – dans le texte de Sernine aussi – avant d'être puni ou récompensé) : « Sa *curiosité* définitivement éveillée, Thomas Beaumarchais décida de s'introduire le soir même dans cette demeure où l'on vivait cloîtré » (p. 25). Dans le monde second, étrange, celui de la maison, les échanges verbaux entre l'acteur principal, Beaumarchais, et les acteurs de la maison étrange sont inexistants. Beaumarchais voit les vieillards claustrés pour l'éternité qui, eux, ignorent tout de sa présence. Sans le maillon nécessaire à la communication, il n'y a tout simplement pas de communication, pas d'interlocution : premier aspect de l'étrangeté dysphorique, l'acteur est réduit au silence, le champ de la communication « sociale » étant évacué. Beaumarchais est dès lors défini par cette négation, cette rupture radicale d'avec ses « semblables ». Dans cet univers étrange, la relation est une relation d'anachronie ; ceux que Beaumarchais observe semblent ancrés dans l'ancien temps (dans l'« Outre-Temps » ?) : « [U]n détail insolite : tous ces gens étaient vêtus comme au début du siècle [...] toute la maison semblait meublée et décorée presque *comme un musée* [24] » (p. 27). Ces éléments ressortissent un peu à la procédure de différenciation des acteurs que l'on trouve dans le texte de Carpentier alors que Guindon, dans la bouquinerie, constate l'anachronie du prix des livres. Il s'agit là sans doute de la particularité discursive de cette nouvelle qui permet à la fantasticité de se produire à ce niveau du récit. Se promenant comme dans un musée, où tout est figé dans le temps, où les personnages sont généralement de pierre, de bronze, de cire

24. C'est moi qui souligne.

ou sur toile, Beaumarchais est seul, forcé de ne dialoguer qu'avec lui-même, se demandant sans cesse s'il a perdu la raison, jusqu'au jour où il s'aperçoit qu'il est prisonnier de son propre discours répétitif et de la maison qui, semble-t-il, engendre le phénomène de la répétition éternelle. C'est le triomphe de la « muséification » du vivant et de son discours, de leur sortie du temps linéaire et de leur entrée dans un temps cyclique, mythique parfaitement étrange.

Dans la nouvelle de Sernine, une « structure » d'accueil met Beaumarchais, l'acteur principal, en contact avec un monde second (chez Carpentier, le rôle « accueillant » est tenu par l'épistolier, chez Mathieu par le libraire, chez Sernine par le concierge) et le pousse à explorer cet autre monde. Ce texte renferme aussi une forme d'appel incluse dans la conscience de l'acteur, de par sa nature curieuse, qui fait en sorte que, attiré par le mystère perçu chez autrui (ceux de la maison), l'acteur tombe dans un piège. Ce piège ne génère pas un discours euphorique comme chez Carpentier et chez Mathieu, pourtant, chez les trois, l'acteur, poussé par un profond besoin de l'Ailleurs ou du mystérieux, entre dans l'irréel, autant qu'il est (at)tiré vers l'étrange. C'est le phénomène de l'attraction fantastique qui jaillit de toutes parts.

Quant au discours dysphorique, il s'explique en partie par le mythe de Pandore : un acteur trop curieux ouvre une boîte qu'il n'aurait pas dû ouvrir. À ce propos, le lexème « curiosité » est remarquablement récurrent dans cette nouvelle ; il sous-tend d'ailleurs l'enjeu des conflits discursifs. En effet, par curiosité, à cause d'elle, Beaumarchais suscite le récit qui le met sur la piste de l'étrange et qui lui fait rencontrer des acteurs avec qui il ne peut plus parler et dont l'univers oblige à la répétition du même discours, de la même œuvre dans un espace équivalent au tombeau du mort-vivant, le musée.

En cela le discours serninien manifeste pour une part une conformité avec une certaine structure d'échanges verbaux canonique ; la rencontre avec le concierge est réglée sur le modèle du conte traditionnel : la révélation d'un secret, insuffisante, provoque le désir d'en savoir davantage, malgré (ou à cause précisément d') une forme d'interdit. Beaumarchais ne doit-il pas entrer par effraction dans la maison étrange ? Une fois tombé dans le piège, l'acteur est puni. Ces règles narratives se vérifient avec des modifications dans maints récits de Sernine (« La tour du silence », « La charogne », « Jalbert », « Le veilleur dans le tombeau », « La porte mystérieuse ») où les personnages sont toujours punis pour avoir été trop curieux, habituellement parce qu'ils ont pénétré dans un lieu étrange ou qu'ils ont ouvert une boîte magique.

Il y a lieu de s'interroger ici sur les raisons de cette différenciation entre l'univers de Sernine et ceux de Carpentier et de Mathieu. Mais y a-t-il vraiment différenciation ? Et si oui, est-ce qu'elle explique les raisons qui poussent les acteurs dans les deux derniers cas vers l'euphorique et dans le premier vers son contraire ? Peut-être une partie de la distinction réside-t-elle dans les lieux d'où parlent des acteurs : alors que, dans les récits de Carpentier et de Mathieu, des « scientifiques » (historien, philologue) « parlent » à des pairs, à des gens simples, quand ce n'est à des divinités, dans la nouvelle de Sernine, un artiste « dialogue » avec un concierge et des vieillards réduits au silence.

Or, Carpentier exploite aussi ces types d'opposition : des artistes ou des gens simples sont les acteurs principaux dans certains de ses récits et, presque à chaque fois, le récit devient dysphorique[25]. Sans doute la question est-elle beaucoup plus complexe, et il est difficile d'en tirer une conclusion satisfaisante et englobante ici, car, dans certains de ces récits dysphoriques de Carpentier, l'acteur principal occupe une fonction sociale qui n'est pas si « simple » (professeur de cégep dans « Le coffret de la Corriveau », détective dans « Le Fatala de Casius Sahbid »), tout en connaissant une fin dysphorique. Mais une vue

---

25. Dans son roman *L'aigle volera à travers le soleil* (1978a), l'acteur principal est un écrivain qui entre en relation conflictuelle avec une sorcière et des policiers, et cette relation débouche sur une tragédie dysphorique. Dans « La cloche du Bi », « Le coffret de la Corriveau », « Le Fatala de Casius Sahbid », « Aux fleurs de Victorine » (du recueil *Rue Saint-Denis,* 1978b), de même que dans certains textes de *Du pain des oiseaux* (1982), comme « Jorge ou Le miroir du mage », « La nuit du conquérant », « Le vol de Ti-Oiseau », la plupart des acteurs principaux sont des gens simples qui connaissent une destinée dysphorique.

d'ensemble des œuvres de ces auteurs révèle que les relations et les résolutions sont euphoriques et dysphoriques chez Carpentier, que les relations sont toujours dysphoriques chez Sernine. Mathieu a tendance de son côté à se cantonner dans l'euphorie généralisée.

« Miroir-miroir-dis-moi-qui-est-le-plus-beau », de Michel Bélil, est aussi dysphorique, quoique le texte soit fondé sur une relation des plus simples : le désir de vengeance. On n'imagine pas coupure plus radicale entre deux acteurs dans le récit fantastique, lorsque l'un, voulant la mort de l'autre, est appuyé par des moyens magico-maléfiques. Dans cette nouvelle, un homme lègue sa fortune à un neveu, qu'il déteste, dans l'intention de le mettre *en contact* avec un miroir maléfique qui le transforme en monstre. À son tour, le neveu transmettra la même « fortune » à une femme qu'il déteste. Acteur potentiel, la femme est incluse dans le processus dysphorique et, implicitement, elle participe à cette répétition possible *ad nauseam* de l'idée de vengeance par-delà la mort par testament et miroir maléfique interposés. En clair, la relation entre les acteurs (le donateur et le légataire universel) n'est pas directe, contrairement à ces situations, qui abondent en fantastique, où les morts apparaissent aux vivants. Chez Bélil, le légataire doit, à distance forcément, se « soumettre aux conditions de l'oncle » (1978b : 132). Ce sont là les seules occurrences de relations entre acteurs dans ce récit. En outre, il y a là une incongruité dans la forme, car la victime ne transgresse pas du tout l'interdiction imposée par son bourreau. Bref, la véritable relation dialogique dans « Miroir-miroir-dis-moi-qui-est-le-plus-beau » se déroule dans la conscience même du narrateur-protagoniste et décrit le caractère dysphorique de la transformation de son corps en chose monstrueuse par le truchement du miroir maléfique, objet apparemment manipulé à distance par un sorcier ou autre entité du *genre.*

Détail significatif dans le discours, le narrateur a la volonté ferme de laisser une image de bonté dans l'esprit des gens. En effet, en léguant sa fortune à une jeune fille, le narrateur cherche à faire le mal, certes, mais surtout à faire bonne impression par un geste hautement machiavélique par ailleurs : « Ce qui compte c'est de faire le plus de malheur possible [...] tout en se faisant passer pour philanthrope » (p. 137).

Pour le reste, la fin étant tragique, le discours est aussi dysphorique que dans le texte de Sernine : le personnage, laissé à lui-même, se décompose littéralement – alors que chez Sernine il est plutôt momifié vivant – et il n'a d'autre choix que de se tuer le plus rapidement possible. Il s'enfoncera dans un marécage. On est très loin de l'immersion de Black/Niger chantant, accompagné d'un cortège carnavalesque et divin. La solitude paraît fatale en régime fantastique.

LE DISCOURS EUPHORIQUE/DYSPHORIQUE

Chez Claudette Charbonneau-Tissot, la relation actorielle conjugue l'euphorique et le dysphorique sur un mode constant de va-et-vient entre l'homogénéité et l'hétérogénéité du sujet face à lui-même et aux autres, tant dans la réalité de la fiction (où la créatrice entre) que dans la quotidienneté. Sont problématisées, d'une part, la création de l'artiste dans la joie et la douleur, d'autre part, la platitude de la réalité et la difficulté du contact avec l'autre, qui n'est pas ici monstrueux – au sens traditionnel qu'il a dans le genre fantastique –, ni ne provient de l'Ailleurs. C'est bien là la problématique fantastique et fantasmatique fondamentale dans l'œuvre de Charbonneau-Tissot. En fait, chez cette écrivaine, le quotidien engendre un discours dysphorique, une hétérogénéité totale, alors que l'intrusion dans l'irréel s'établit surtout sur des bases euphorisantes, bien que non exemptes de conflits internes. Rien n'est simple dans le discours de Charbonneau-Tissot, tout y est mouvance, traversée des signes, des formes et des frontières de tous ordres.

D'entrée de jeu, la narratrice et protagoniste pose les fondements de son dialogisme en spécifiant implicitement son rôle social d'écrivaine et ses multiples fonctions dans la fiction qu'elle écrit : elle est auteur, narrateur, acteur. Tout se passe donc entre plusieurs « elles-mêmes », plusieurs « soi » ou plusieurs « moi » situés dans le réel et dans un irréel réifié, et ceux qu'elle rencontre dans ces univers possèdent un statut ambigu de personnages réels ou imaginés, tel cet homme avec qui elle entre en relation conflictuelle dans les premières séquences du récit.

Ce qui ressort de l'analyse globale du récit de Charbonneau-Tissot n'est pas tant l'importance des relations entre la protagoniste et autrui – en tant qu'acteur représenté dans la fiction – que toutes les oppositions illustrées dans le discours de la narratrice et qui sont des figures distanciées d'elle-même par rapport à une certaine doxa, à un autrui intériorisé de manière extrêmement conflictuelle. La « résolution » de l'énigme étrange du récit le montre bien : ce qui travaille la narratrice, ce qui la fait écrire et lui permet d'entrer dans ses fictions, c'est une figure du double, une autre elle-même. De sorte que la fantasticité de « La contrainte » ne provient pas tant de l'opposition de la voix d'un acteur avec d'autres voix, des voix d'autrui, comme dans la majorité des textes du corpus, mais de la mise en relief de plusieurs strates discursives incrustées de manière conflictuelle à l'intérieur d'une seule conscience, d'un seul discours. On pourrait ici parler de dialogisme intra-actoriel.

Ce phénomène de stratification autotextuelle explique peut-être le caractère foncièrement moderne et non conventionnel de ce type de fiction fantastique[26]. Sa forme est loin d'être canonique, mais elle cerne très exactement ce qui constitue peut-être la caractéristique la plus fondamentale du récit fantastique : le dialogisme dans le discours de pensée autour d'un objet problématique ou d'un phénomène improbable, incernable et qui se trouve en soi-même à la fois puissant et fuyant.

L'ACTEUR FACE À LUI-MÊME DEVANT LE PHÉNOMÈNE ÉTRANGE

L'acteur et son discours de pensée, c'est bien de cela qu'il s'agit ultimement. Or, ce rapport recoupe aussi la relation narrateur/narrataire, car, dans le récit fantastique, l'un est toujours

26. Le roman de Carpentier, *L'aigle volera à travers le soleil* (1978a), comporte cette caractéristique formelle, ce qui en fait une œuvre plus moderne que *Rue Saint-Denis* (1978b) : le discours exacerbé du « je », aux prises avec l'impossible est le véritable enjeu de ce type de fantastique, qui n'exclut pas du tout le recours au discours d'autrui, bien au contraire. Mais quand on sait que sous la troisième personne, la non-personne selon Benveniste, se camoufle presque toujours une première personne placée en situation directe ou indirecte d'étrangeté, on comprend le goût des romantiques et des postmodernes pour le fantastique.

un peu l'autre, et l'autre est toujours un peu le même. La conscience comporte la plupart du temps une partie du bagage commun à tous les autres à partir duquel les humains définissent les limites du possible et de l'impossible, du pensable et de l'impensable. Nous pourrions parler de l'institution doxologique qui nous façonne, nous forme ou nous déforme subrepticement. La relation de l'acteur face à lui-même a également été abordée dans la partie touchant l'acteur dans ses relations avec les autres, car, pour se situer par rapport à autrui et à l'objet du discours, le sujet doit fixer ses valeurs, ses positions idéologiques. Je voudrais m'y attarder une dernière fois, brièvement, afin de rappeler quels rapports l'acteur en situation d'étrangeté entretient avec son savoir à l'intérieur de sa propre conscience (dans son discours de pensée), et pour illustrer aussi l'importance du corps dans le processus de la fantasticité.

L'acteur se définit donc d'abord en relation ou en opposition avec les autres acteurs. Il se remet en question également dès qu'il a à affronter *un phénomène* qu'il juge irréductible à toute rationalité, à tout cadre de réalité « normale » ou normée. Un questionnement incessant tourne toujours, dans le texte, autour de la raison et de la déraison, jusqu'à ce que la raison, sans rendre les armes, se fasse littéralement une raison de son apparente déraison et se convainque de l'imposition réelle du phénomène improbable dans le monde de la normalité. Le questionnement, continu dans le processus discursif à partir de l'apparition de l'improbable, culmine habituellement dans les séquences où l'acteur se livre à une « évaluation » de la situation qui se résout dans la morale, sanctionnant le caractère à la fois improbable et irréfutable du phénomène étrange.

Ainsi, chez Carpentier, dans le discours de Guindon, le questionnement le plus total devient une acceptation la plus totale une fois que l'acteur a enregistré, expérimenté dans son esprit et dans son corps même – par la perception physique des *éléments naturels* –, l'état de fait à la fois improbable et indubitable :

> [I]*l fit mine de ne pas comprendre ; cela était impossible, voire impensable ! Comment aurait-il pu, en effet, reculer ainsi dans le temps, et cela jusqu'à l'époque de son cher ancêtre, le mystérieux mais si présent Lucien Guindon. Mais, en même temps qu'il*

> *luttait contre la perspective d'un retour en arrière, il ne fait pas de doute qu'intérieurement il souhaitait plus que tout que cela se produisît.* [...] Dehors, *Luc laissa* le vent et la pluie pénétrer les pores de son visage, *tirant profit de leur caractère vivifiant,* certain que les éléments ne pouvaient sciemment le tromper [...] il considéra donc le fait comme acquis[27] (1978c : 140-141).

Les éléments agissant sur le corps et l'esprit jouent également un rôle très important chez Mathieu dans une espèce de discours de réception, d'« encaissement » du coup – comme le boxeur encaisse les coups sur le ring – et le discours d'acceptation, car c'est toujours par la mise en place d'une forte impression de matérialité de l'irréel que l'acteur se rend à l'évidence : « Hagard, barbouillé de poussière et de sueur, écrasé sur le sol, le professeur eut pendant une fraction de seconde le sentiment de son ridicule et celui du doute. Mais, *à la douce horreur qu'il en ressentait, il ne pouvait refuser de croire à cette présence qui le terrassait* [28] » (1965b : 66).

Chez Sernine, Beaumarchais s'incorpore à la maison de l'éternelle vieillesse, figurée comme un musée, qui se mue finalement en tombeau dans lequel la victime est enterrée vivante, corps et biens ; mieux ou pire, elle est figée à jamais dans son corps, dans un état de quasi momification (le corps est comme conservé, mais dans un état létal). La victime constate qu'elle est prisonnière, de corps et d'esprit, puisqu'elle ne peut en aucune façon s'échapper de ce piège ni vivant ni mortel. L'acteur est donc en mesure de comprendre sans comprendre parce qu'il n'y a aucune explication à ce phénomène. Le corps, lui, enregistre la situation. L'explication n'est pas plus possible chez Carpentier ou chez Mathieu : l'acteur en est réduit à *constater,* là aussi dans son corps et son esprit, la réalité de l'invraisemblable. Le fantastique se marque alors par des déictiques verbaux constatifs ou interrogatifs qui renvoient à la personne piégée de toutes parts :

> [J]'*ai enfin compris le terrible mystère de cette maison. J'ai compris que, pour échapper à la mort qui les talonnait, ces vieillards se sont volontairement*

27. C'est moi qui souligne.
28. C'est moi qui souligne.

> *enfermés dans une routine absolue et éternelle.* [...] *Comment ? Par quel prodige, par quelle magie, par quelle science ces gens ont-ils défié et vaincu les lois inéluctables du Temps et du Destin ? Je ne puis entrevoir fût-ce l'ombre d'une explication.* [...] *C'est affreux !* Suis-je prisonnier ? Il me faut sortir au plus vite pour échapper à cette routine où je m'enlise[29] (1978b : 37-38).

Si le corps devenu conscience de soi se transporte par-delà le temps chez Carpentier et chez Mathieu, se momifie vivant chez Sernine, il pourrit, devient vision purulente de cauchemar chez Bélil. Le moi se scinde de manière monstrueuse, mais ce n'est que pour mieux renvoyer l'image de la déformation de la personne même :

> *Devant moi, se tenait un début de monstre, vert, violet et bavant le pus* [...] *Que pouvait bien avoir ce miroir-miroir que les autres n'avaient pas ? Pourquoi lui seul projetait-il ce visage de cauchemar ?* [...] son visage, ses mains et son corps [...] devenaient infects, bestiaux [...] *Mais venons-en au dénouement pendant que* je *conserve encore un semblant de raison* [30] (1978b : 135).

Chez Charbonneau-Tissot le questionnement se fait aussi autour du corps, puisque c'est lui qui est l'objet/le sujet de la possession d'un double de soi, qui se sent à l'étroit, prisonnier dans la réalité et qui cherche, à l'aide justement de son double, à sortir du réel pour créer des fictions, et s'y perdre corps et âme :

> *De la main,* je *fis voler la vitre en éclats. Derrière la vitre brisée,* mon reflet *ne bougea pas. Croyant être à nouveau la proie d'un délire halluciné,* je m'éloignai *vivement de la fenêtre et cherchai l'aiguille, le cerceau et la toile que je me mis à broder méticuleusement comme s'il s'était agi là d'un rituel susceptible de* chasser les fantasmes. [...] je vis mon double *entrer.* [...] *Je restai muette,* médusée *par son regard.* [...] *je me souvins alors du jour où,* esprit errant en quête d'un corps, elle *s'était présentée à* moi, *pour la première fois et m'avait parlé de mondes insolites dont*

29. C'est moi qui souligne.
30. C'est moi qui souligne.

> *elle seule connaissait les chemins balisés.* [...] *Soudain, il se produisit une minuscule explosion.* Elle *m'avait* rejointe. [...] *je me suis aussitôt mise à écrire une histoire dans laquelle, dès les premières phrases,* je fus catapultée[31] (1976b : 28-31).

Le moi retourne inévitablement au moi, même s'il doit pour cela passer par une troisième personne qui, encore ici, de manière spectaculaire, cache (fort peu) une première personne littéralement fantasmée de manière fantastique.

* * *

UNE NÉBULEUSE DIALOGIQUE

Dans cette partie, j'ai voulu montrer l'importance de la pragmatique dans la problématisation du récit fantastique par la mise en relation de différents niveaux de communication à l'œuvre dans l'énoncé narratif (énoncé –> 1. narrateur –> narrataire 2. acteur premier –> acteurs 3. acteur premier –> acteur premier). J'ai ainsi constaté que les séries relationnelles visent au premier niveau, dans la relation narrateur/narrataire, l'établissement d'un terrain d'entente, de lieux communs de communication, afin que le message passe. L'entente dépend alors de la référence au sens commun et à la science ou à un savoir partagé. En revanche, dans la relation entre les acteurs, bien mieux que la communication, ce sont le conflit et la résistance entre les parties qui créent le plus d'effet ; si l'hétérogénéité n'existait pas, le texte ne poserait pas de problème. Les acteurs s'opposent en échangeant sur les sujets qui les préoccupent, et même quand les acteurs secondaires ne savent pas de quoi il s'agit, car il leur suffit de constater le dérèglement de la conduite de la posture discursive de l'autre. J'ai finalement observé que, dans les textes du corpus, ces points de résistance sont ultimement le fait de l'acteur principal qui prend position en fonction de ses valeurs, de son savoir, mais aussi de ce que son corps enregistre pour lui signifier si l'irréel s'impose ou non. Ces réseaux de discours forment une sorte de nébuleuse discursive qui permet de voir se déployer un

31. C'est moi qui souligne.

sens fort complexe, qui crée en grande partie l'effet fantastique. Les voix, les sentiments, le corps, l'esprit sont toutes des composantes qui participent à l'échange dans le récit fantastique et leurs oppositions modalisent la fantasticité, c'est-à-dire le processus de formation de l'effet fantastique.

CONCLUSION

CONCLUSION

UNE VASTE MACHINERIE LOGIQUE

Mon analyse m'a conduit à identifier quelques-unes des formes propres au discours fantastique, du moins celui de cinq œuvres du corpus québécois des années 1960-1985. J'ai ainsi dégagé des liens qui unissent étroitement certains aspects du narratif dans une hiérarchie allant de l'hypergenre – le narratif et ses macropropositions générales, logiques et conséquentes (le système quinaire à contenu général et particulier) – à l'hypogenre – le fantastique et le contenu particulier spécifiquement étrange des macropropositions. J'ai également observé le fait que les séries macropropositionnelles se répètent, à part quelques exceptions qui confirment la règle, de manière logique et conséquente, par groupe de trois ou quatre. Habituellement sous forme de micropropositions insérées dans des macropropositions, elles reprennent la forme et le contenu des grandes macropropositions qui structurent le récit toujours à peu près logiquement, de telle sorte que l'étrange finit par s'imposer à force de répétition des complications et à force de régularité des enchaînements.

Selon cette stratégie narrative, la répétition de certains contenus macropropositionnels – dont surtout la complication par laquelle l'étrange est introduit – concourt grandement à forcer l'adhésion de l'acteur à l'idée de l'imposition de l'étrange, tandis que la macroproposition finale permet de trancher sur la question de l'étrange et ainsi de ranger ou non le texte dans la classe fantastique. Dans l'état final, le récit fantastique doit obligatoirement contenir, implicitement ou explicitement, une forme de « morale » (sanction) qui déplace le discours du niveau pratique (actionnel) au niveau cognitif dans la chaîne séquentielle de l'évaluation et de la sanction. Cette dernière, qui est de l'ordre du « verdictif » problématique[1], confère au phénomène qui se situe au cœur de la problématique narrative un caractère à la fois 1. résolument étrange, c'est-à-dire irréductible à l'entendement humain représenté par la conscience de l'acteur en acte ou exprimé par le discours du narrateur, et 2. parfaitement imposé dans l'univers de la représentation. C'est donc rappeler – à la suite des travaux de J. L. Austin ([1962] 1970) – que tout acte discursif est une forme d'action performative, tantôt d'ordre pratique, tantôt d'ordre cognitif et interprétatif, et que, à ce chapitre, chacune des macropropositions est justement une forme de « faire » (une action physique ou verbale) visant à reproduire les états de la transformation de l'acteur en situation d'étrangeté.

Par ailleurs, j'ai essayé de dégager la dominante de chacune des macropropositions transformationnelles : la phase d'orientation est surtout descriptive ou dialogique ; la complication et la résolution relèvent davantage de l'actionnel pratique ou du niveau de la performance de l'acteur ; la série évaluation/morale fait partie du discours éminemment constatif, interrogatif, et aussi cognitif, interprétatif et verdictif. Chacune de ces unités sérielles suffit à mettre en lumière un aspect ou l'autre de l'étrangeté dans le récit fantastique, quoiqu'elles apparaissent, dans la plupart des récits, comme non détachables – sauf pour l'analyse – des autres unités avec lesquelles elles forment un système de représentation complexe où se joue la fantasticité, c'est-à-dire le processus de la polémique narrativo-discursive qui produit l'effet fantastique :

1. Dans le récit fantastique, le discours porteur d'une sanction est problématique en ce sens qu'il est proféré par un narrateur proche du point de vue de l'acteur ou par un acteur qui est juge et partie de la « chose » dont il a à trancher la vérité ou la fausseté : il rend du dedans un *verdict* sur une « chose » du dehors, sur l'étrangeté, l'irréalité d'un phénomène dont il assume déjà le poids de réalité ; il avoue, s'avoue à lui-même, être obligé d'admettre qu'il y a eu, qu'il y a imposition d'une « chose » apparemment irréelle qui le dépasse, mais qui s'affirme dans toute sa force. C'est là une partie de l'ambiguïté du discours fantastique.

l'enchaînement des « actions » prend forme, dans l'horizontalité syntagmatique, par le narratif, auquel se greffe deux autres processus : le descriptif, situé dans l'axe paradigmatique, mais comportant aussi son processus transformationnel, qui sert à nommer, surnommer, placer, déplacer, former, déformer et surdéterminer prédicativement le chronotope et l'*ethos* des acteurs ; le questionnement dialogique polémique qui lui aussi joue sur les deux axes en prenant appui sur le fonctionnement des acteurs par rapport à eux-mêmes et aux autres.

En définitive, à chaque niveau, le transformationnel, qu'il soit actionnel, descriptif ou vocalique/polémique, est presque toujours *in progress,* les données s'arc-boutant les unes sur les autres, étant indispensables les unes aux autres. Cependant, un texte peut dissimuler ou accentuer une série ou l'autre, comme « La contrainte » qui, contrairement aux apparences, insiste sur le descriptif sous une forme non conventionnelle toutefois, et « La maison de l'éternelle vieillesse » qui y recourt beaucoup.

LE PROCESSUS DESCRIPTIF : LE GLISSEMENT DU RÉEL VERS L'IRRÉEL

Parce qu'il met en branle le processus de la focalisation, le récit fantastique est un genre de mise en *vision* autant que de mise en *discours*. C'est par la mise au point continuelle de la vision de l'acteur-narrateur-descripteur que la représentation se transforme, glisse, bouge, fait jouer les éléments de l'écart irrémédiable entre deux ou plusieurs perceptions de la « réalité » représentée. Il n'est donc pas étonnant de constater que le processus du descriptif est un des ancrages les plus forts de la fantasticité. C'est que, paradoxalement, l'entreprise de focalisation sur l'objet phénoménal colle tout à fait aux procédés mis en œuvre dans le récit réaliste, à cette exception près que le focalisateur est toujours présent dans le processus descriptionnel. En règle générale, le descripteur est celui qui voit ce qui change ou qui constate ce qui a changé dans la réalité de l'univers où il agit (est plongé ou est agi). Comme tout passe par sa perception, immédiate (« je ») ou médiate, distanciée (« il »), c'est toujours lui le grand descripteur du monde en pleine transformation. Il se pare d'ailleurs très souvent des qualités éthologiques de l'homme de science, du savant (Carpentier, Mathieu) dont le métier l'amène à travailler sur des faits vérifiables, l'oblige à ne pas se tromper dans la notation des détails expérimentaux. Il se pare des atours de l'artiste (Carpentier, Sernine, Charbonneau-Tissot) qui a aussi pour fonction (sociale) de noter des faits, fictifs certes, mais toujours *organisés* : il travaille rarement dans l'à-peu-près, fait habituellement preuve, dans ses présupposés éthologiques, de sérieux et de minutie. Le discours fantastique s'ancre sur de telles assises socio-éthologiques. C'est de ce type de lieux d'abord relativement fixe et normalisé, banalisé, partagé, commun à l'ensemble de la communauté culturelle que les focalisateurs établissent leurs perceptions du monde et donc (se) représentent l'univers en mouvement.

Mais la formalisation est encore plus complexe, car le texte semble vouloir parfois camoufler le descripteur. Dans le récit de Carpentier, par exemple, l'acteur passe d'un « réel » à un autre dans une scène où le flou descriptif est de rigueur : à ce moment, il est difficile de savoir qui parle. Pourtant, il ne s'agit pas, dans ce cas du moins, de l'effacement de l'énonciation, du « il » impersonnel de l'historien (de l'énonciation historique dont parle Benveniste), il s'agit plutôt d'un jeu subtil entre le référent problématique en procès de description et le focalisateur-descripteur. L'instance focalisatrice interne reste centrale même dans ce cas extrême, puisque le discours se formalise en tant que texte fantastique à partir de ce que le protagoniste-focalisateur perçoit, à partir d'une *situation limite* de réel et d'étrangeté et donc de problématisation d'écart entre deux formes de réalité possibles. Le descripteur fantastique ressemble un peu à Orphée qui a toujours la possibilité de regarder en arrière, de voir Eurydice en enfer, sans que celle-ci disparaisse nécessairement.

Quant aux autres procédures descriptives, elles montrent à quel point elles peuvent concourir encore à l'élaboration de la forme fantastique. Dès le titre, le message s'inscrit dans une forme descriptive, établit une sorte de programme descriptif autant que narratif. Puis, le texte s'articule de manière homogène/hétérogène autour d'un thème-titre général, habituellement fondé sur l'isotopie d'une spatio-temporalité généralement problématisée par la traversée du réel vers l'irréel et *vice versa,* – donc encore par un *écart*. Le thème-titre se subdivise à son tour en une série limitée de sous-thèmes-titres qui définissent et qualifient, puis redéfinissent et surqualifient fonctionnellement et épithétiquement l'isotopie de la double chronotopie. Le processus scripturaire insiste tantôt sur le flou (Carpentier) ou le déformé (Bélil), tantôt sur le géométrisme (Mathieu), ou s'attache de façon acharnée et répétitive aux détails absolument étranges (Sernine). Souvent le « détail » occupe une fonction résolument nodale dans une double procédure narrative : en se rappelant en discours de pensée un ou des détails, l'acteur-focalisateur-descripteur opère une restriction de champ extrême sur un objet, une sorte de *zoom/flash-back* comme au cinéma, et est ainsi en mesure d'apporter une sanction fantastique aux événements étranges dans lesquels il est plongé. Ce procédé, fort récurrent dans le genre fantastique (trouver une preuve matérielle de la traversée de l'irréel), est utilisé dans « La Bouquinerie d'Outre-Temps » de Carpentier, lorsque Luc Guindon observe (fait le *zoom* sur) une facture datée du 18 août 1878. Ce « détail » de la nomenclature du chronotope irréel, marquant synecdochiquement tout l'espace irréel, prolonge et étaye le discours narratif, a une véritable fonction dans le récit et dans le processus de la production de la fantasticité. En ce sens, en régime fantastique, la description n'est jamais pure description, simple portrait détachable du récit, elle s'insère dans un processus transformationnel qui, dans le même temps, ne cesse de reprendre les procédures du genre réaliste : il s'agit d'accorder un statut de réel à *tous* les éléments qui servent de cadre au récit ou qui sortent du cadre premier par les procédés de nomination, de qualification, d'effets de liste, etc.

J'en suis venu à la conclusion que les contraintes réalistes, telles qu'elles ont été relevées par Philippe Hamon, sont presque toutes discernables dans le récit fantastique, mais insérées dans un processus transformationnel radical, c'est-à-dire une série d'opérations au terme de laquelle l'objet de la description se trouve fondamentalement métamorphosé. Il n'est donc pas surprenant de retrouver ce « "cahier des charges" du projet réaliste » (1982 : 132), dans un genre qui dépend des positions de « réel », de la double nécessité de fonder le récit sur ce que Irène Bessière appelle le thétique (poser le réel) et le non-thétique (poser l'irréel) en tentant, au surplus, de faire jouer au moins un acteur à ces deux *positions*. En régime fantastique, souvent plus que dans le récit réaliste, « le monde est riche, divers, foisonnant, discontinu » (Hamon, 1982 : 132), et le récit fantastique en fait ressortir de manière dramatique le caractère excessif (qui excède, qui déborde le cadre normal du vraisemblable), discontinu, dans sa double continuité disruptive. Néanmoins, il cherche à en rendre compte par la transmission d'une information descriptive dont la fonction est de représenter ce qui est perçu comme étant la réalité. Tout se fait dans le but de rendre le réel et l'irréel lisibles – mais sans y parvenir parfaitement à tout coup – par le processus d'un dépliement souvent complexe des différentes couches de « réalité » de l'objet décrit dans le processus de narration.

Dans ce sens et paradoxalement, car le récit fantastique ne cesse de s'articuler autour de figures contradictoires ou paradoxales, si les objets du processus descriptif varient d'un récit à l'autre, ils se rejoignent tous dans une isotopie conjointe à celle de l'espace-temps, l'idée de la duplication du monde : chacun des récits du corpus adopte généralement comme fondement polémique de son discours l'idée que l'univers repose sur les bases stables–instables d'un réel apparemment solide et d'un réel autre qui a le plus souvent aux yeux de l'acteur en situation d'étrangeté *valeur* sentimentale, essentielle ou primordiale – c'est le cas des personnages de Carpentier, Mathieu et Charbonneau-Tissot – et qui, tel un maelström, attire le réel premier. Finalement, l'image qui concrétiserait les procédures d'ensemble régissant les thèmes-titres serait celle du pèlerinage, de la traversée, du pont, de va-et-vient entre deux mondes, entre deux chronotopes irrémédiablement dissemblables, quoique discursivement soudés, dans la résolution extraordinaire de l'écart. Au niveau descriptif, le discours aurait pour fonction de créer des liens entre des chronotopes au départ perçus comme irréductiblement séparés.

Tout dans le descriptif fantastique parle, bouge, agit, se transforme, et les figures pour décrire le phénomène étrange sont aussi mouvantes que les transformations de contenu actionnel. En somme, il faut retenir des procédures du descriptif que j'ai mises en lumière que le récit fantastique a beau avoir ses règles, son code structurel fondé sur la dichotomie de la mise en place du réel et de l'irréel, l'entreprise de textualisation, elle, à laquelle se livre chaque auteur pour chaque texte consiste essentiellement à trouver ou à brouiller les codes, même si chaque texte est teinté de l'hégémonie du genre dans lequel il s'inscrit. Autrement, l'écrivain ne serait qu'un simple reproducteur de formes fixes, sans rien de nouveau à problématiser et à esthétiser. Chaque texte tend lui-même vers l'hétérogénéité auctoriale dans le champ littéraire.

DE L'HÉGÉMONIE DU GENRE À L'HÉTÉROGÉNÉITÉ DES VOIX

Il en est de même – mais de manière tout à fait différente – dans la mise en discours du jeu des voix aux différents niveaux de la communication verbale esthétisée. Un texte, pour être fantastique, doit contenir, ancré au cœur de son discours, une inscription vocalique marquant de la *résistance* externe (dialogue interactoriel) ou interne (dialogue avec soi, discours de pensée) à l'étrange, une forme de questionnement ou de polémique dans le rapport pragmatique entre les locuteurs, leurs paroles et les univers ou les phénomènes étranges représentés. J'utilise le mot « dialogisme », de Mikhaïl Bakhtine, pour définir cette forme de polémique, qui relève pour moi du questionnement systématique, du discours de remise en question de la représentation du monde, qui a moins trait à l'intertextualité qu'à l'intratextualité, aux relations entre les instances narratives et actorielles. Le couronnement, si je puis m'exprimer ainsi, de la problématique fantastique se trouve dans le jeu des voix à l'œuvre dans le récit.

Cependant, au strict niveau de l'énonciation, tout n'est pas polémique au même degré, le narrateur essayant d'abord de jeter des ponts entre son narrataire et lui : ces ponts sont les lieux communs les plus répandus, partagés grâce à des indices qui font signe au narrataire, des marques textuelles, des déictiques, renvoyant à la communauté de pensée, à l'hégémonie discursive (on, nous, ici, maintenant, etc.) ou au type de questionnement auquel tout acteur en situation d'étrangeté se livre. La relation s'établit parfois en terrain assez large, autour d'une science, d'un savoir communs. Voilà le fond sur lequel la véritable polémique homologique ou doxologique souvent hégémonique se détache. Autrement dit, dans la relation narrateur/narrataire, la communication est basée sur les lieux communs les plus répandus de la pensée populaire et même savante.

Cela sert de toile de fond aux écarts interactoriels et intra-actoriels. À ces niveaux du récit, les personnages prennent la parole, échangent apparemment librement (comme dans la vie quotidienne). Les acteurs se querellent à propos de l'étrange, certains, comme les acteurs secondaires dans « La Bouquinerie d'Outre-Temps », sans trop savoir quels sont les enjeux véritables de la polémique, jugeant de l'extérieur, à partir d'un comportement qu'ils jugent non conforme aux règles de la bonne conduite. Ces acteurs sont les interprètes de la doxa, les porteurs des lieux communs déjà partagés par les narrateurs et les narrataires, alors que l'acteur principal inscrit sa dissidence, sa marginalité, son hétérogénéité dans le jeu des voix.

S'il arrive qu'un récit fantastique fasse l'économie de cet aspect du texte sans que sa fantasticité soit remise en cause – un texte fantastique peut n'avoir qu'un acteur (les exemples abondent), qu'une seule voix –, jamais on n'échappe à la polémique intra-actorielle, où l'acteur fait état, en discours de pensée, des déchirements de sa conscience perturbée par le phénomène étrange survenu dans sa « vie ». Se rejoue alors, dans son propre discours, la problématique du discours commun, du discours des autres, du discours social opposé au discours de soi. L'hétérogénéité du discours de l'acteur en situation d'étrangeté par rapport à l'homogénéité doxologique est fondamentale dans la configuration discursive de l'hypogenre fantastique.

Je conserve cette dichotomie homonomie/hétéronomie, homogène/hétérogène, en dépit de Marc Angenot qui soutient que

> *le fait de l'hétéronomie et de l'hétéroglossie ne peut s'appréhender par une intuition locale, mais doit se connaître dans l'économie globale du discours social d'un temps. L'hétéronome n'est pas une qualité intemporelle de certains textes, mais un fait historique et « impur » qui se traduit dans l'affrontement et sous des contraintes qui le rendent fondamentalement ambigu et balbutiant* (1989 : 23).

Cela, parce qu'à la perspective de discours social au sens strict je préfère le discours esthétique propre à un hypogenre particulier où le social, l'hégémonique, le doxologique entre en relation avec le discours hétéronomique/hétéroglossique de l'acteur. Fréquemment l'un est dans l'autre, les deux se chevauchant presque totalement, la conscience humaine étant elle-même constituée de strates, de comportements/compartiments qui gèrent ou régissent les pensées, d'où l'expression du sentiment d'irrésolution, de balbutiements, d'où la présence constante des mécanismes d'évaluation et de réévaluation jusqu'à ce que survienne la sanction qui « règle » le caractère d'imposition de l'étrange.

Au terme du récit, là où s'entrecroisent les données des axes horizontaux et verticaux, une sanction est apportée, qui unit toutes les composantes du discours fantastique, qui fait en sorte que l'acteur n'hésite plus entre des interprétations (c'est là la fonction de l'évaluation qui mène à la sanction finale), qu'il admet l'imposition de l'étrange, d'un phénomène improbable, impossible dans son univers normé, bel et bien arrivé pourtant. Toute l'entreprise narrative, descriptive et discursive, passant par l'expérience actorielle, est là pour l'attester.

À ce titre, le récit fantastique pourrait bien se caractériser par le fait que des hétéronomies radicales se livrent un combat que la seule action de l'écriture peut conduire, mais sans jamais le faire cesser tout à fait. Il faut toujours, comme le suggère le titre d'un ouvrage posthume d'André Belleau (1986a), tenter de « surprendre les voix » pour en déceler les secrets.

BIBLIOGRAPHIE*

I. ŒUVRES DE FICTION CITÉES OU CONSULTÉES

AUBERT DE GASPÉ, Philippe (fils) (1837), *L'influence d'un livre. Roman historique,* Québec, William Cowan & Fils.

AUDE [pseudonyme de Claudette Charbonneau-Tissot] (1985), *L'assembleur. Roman,* Montréal, Pierre Tisseyre.

AUDE (1987), *Banc de brume ou les aventures de la petite fille que l'on croyait partie avec l'eau du bain,* Montréal, Éditions du Roseau. (Coll. « Garamond ».)

BARCELO, François (1980), *Agénor, Agénor, Agénor et Agénor. Roman,* Montréal, Quinze. (Coll. « Prose entière ».)

BARCELO, François (1981), *La tribu,* Montréal, Libre Expression.

BARCELO, François (1982), *Ville-Dieu,* Montréal, Libre Expression.

BARCELO, François (1988), *Agénor, Agénor, Agénor et Agénor. Roman,* Montréal, l'Hexagone. (Coll. « Typo. Roman », n° 23.)

BASILE, Jean (1983), *Le piano-trompette. Roman,* Montréal, VLB éditeur.

BEAUCHEMIN, Yves (1981), *Le Matou,* Montréal, Québec/Amérique. (Coll. « Littérature d'Amérique ».)

BEAULIEU, Victor-Lévy (1980), *Una. Romaman,* illustré par deux petites filles, Montréal, VLB éditeur.

* Les œuvres étudiées sont marquées d'un astérisque.

BEAUMIER, Jean-Paul (1988), *L'air libre. Nouvelles,* Québec, L'instant même.

BÉLIL, Michel (1978a), *Le mangeur de livres. (Contes terre-neuviens),* Montréal, Pierre Tisseyre.

BÉLIL, Michel (1978b), « Miroir-miroir-dis-moi-qui-est-le-plus-beau », dans Michel BÉLIL, *Le mangeur de livres. (Contes terre-neuviens),* Montréal, Pierre Tisseyre, p. 131-137.*

BÉLIL, Michel (1981a), *Déménagement,* Québec, Les éditions Chasse-galerie.

BÉLIL, Michel (1981b), *Greenwich,* Montréal, Leméac. (Coll. « Roman québécois », n° 51.)

BENOIT, Jacques (1967), *Jos Carbone. Roman,* Montréal, Éditions du Jour. (Coll. « Les romanciers du jour », n° R-25.)

BENOIT, Jacques (1973), *Les Princes. Récit,* Montréal, Éditions du Jour. (Coll. « Les romanciers du jour », n° R-104.)

BENOIT, Jacques (1980), *Jos Carbone,* Montréal, Stanké. (Coll. « Québec 10/10 », n° 21.)

BENOIT, Jacques (1981a), *Gisèle et le serpent. Roman,* Montréal, Libre Expression.

BENOIT, Jacques (1981b), *Les Princes. Récit,* Montréal/Paris, Stanké. (Coll. « Québec 10/10 », n° 25.)

BERGERON, Bertrand (1986), *Parcours improbables. Nouvelles,* Québec, L'instant même.

BERTHIAUME, André (1971), *Contretemps. Nouvelles,* Montréal, Le Cercle du livre de France.

BERTHIAUME, André (1978), *Le mot pour vivre,* Sainte-Foy/Montréal, Éditions Parallèles/Parti pris.

BERTHIAUME, André (1984), *Incidents de frontière,* Montréal, Leméac. (Coll. « Roman québécois », n° 82.)

BIBEAU, Paul-André (1974), *Fréquences interdites* suivi de *Le château d'ombre,* Montréal, L'Actuelle.

BIBEAU, Paul-André (1984), *La tour foudroyée,* Montréal, Parti pris.

BOISVERT, Claude (1978), *Parendoxe,* Hull, Éditions Asticou. (Coll. « Nouvelles Nouvelles ».)

BOISVERT, Claude (1980), *Tranches de néant. Nouvelles,* Montréal, Le Biocreux.

BOISVERT, Claude (1985), *Rocamadour* suivi de *Diogène. Récits humoristico-fantastiques,* Hull, Éditions Asticou.

BOIVIN, Aurélien (1987), *Le conte fantastique québécois au XIXe siècle,* Montréal, Fides. (Coll. « Bibliothèque québécoise ».)

BOURNEUF, Roland (1981), *Reconnaissances. Récits,* Sainte-Foy, Éditions Parallèles.

BRADLEY, Richard [s.d.], *Les nouveaux départs. Nouvelles,* Sainte-Anne-de-Bellevue, [s.é.].

BROSSARD, Jacques (1974), *Le métamorfaux. Nouvelles,* Montréal, HMH. (Coll. « L'arbre ».)

BROSSARD, Jacques (1976), *Le sang du souvenir. Roman,* Montréal, La Presse.

BROSSARD, Jacques (1987), *Le sang du souvenir. Roman,* Montréal, Leméac. (Coll. « Poche/Québec. Littérature », n° 17.)

BROSSARD, Jacques (1988), *Le métamorfaux. Nouvelles,* introduction de Michel Lord, Montréal, Bibliothèque québécoise. (Coll. « Littérature ».)

CARPENTIER, André (1978a), *L'aigle volera à travers le soleil. Roman,* Montréal, Hurtubise HMH. (Coll. « L'arbre ».)

CARPENTIER, André (1978b), *Rue Saint-Denis. Contes fantastiques,* Montréal, Hurtubise HMH. (Coll. « L'arbre ».)

CARPENTIER, André (1978c), « La Bouquinerie d'Outre-Temps », dans André CARPENTIER, *Rue Saint-Denis. Contes fantastiques,* Montréal, HMH, p. 123-144. (Coll. « L'arbre ».)*

CARPENTIER, André (1982), *Du pain des oiseaux. Récits,* Montréal, VLB éditeur.

CARPENTIER, André (1988a), *L'aigle volera à travers le soleil,* nouvelle édition revue par l'auteur, introduction de Michel Lord, Montréal, Bibliothèque québécoise. (Coll. « Littérature ».)

CARPENTIER, André (1988b), *Rue Saint-Denis. Contes fantastiques,* nouvelle édition, introduction de Michel Lord, Montréal, Bibliothèque québécoise. (Coll. « Littérature ».)

CARRIER, Roch (1964), *Jolis deuils. Petites tragédies (pour adultes),* Montréal, Éditions du Jour. (Coll. « Les romanciers du jour », n° R-12.)

CARRIER, Roch (1980), *Les fleurs vivent-elles ailleurs que sur la terre ?,* Montréal, Stanké.

CARRIER, Roch (1981), *La dame qui avait des chaînes aux chevilles. Roman,* Montréal/Paris, Stanké.

CARRIER, Roch (1982), *Jolis deuils. Petites tragédies (pour adultes),* Montréal/Paris, Stanké. (Coll. « Québec 10/10 », n° 56.)

CARRIER, Roch (1988), *La dame qui avait des chaînes aux chevilles. Roman,* Montréal, Stanké. (Coll. « Québec 10/10 », n° 76.)

CASGRAIN, Henri-Raymond (1861), « La Jongleuse », *Soirées canadiennes,* vol. I, p. 205-289.

CASGRAIN, Henri-Raymond (1875), « La Jongleuse », dans Henri-Raymond CASGRAIN, *Œuvres complètes,* t. 3 : *Légendes canadiennes et œuvres diverses,* Québec, Typographie de C. Darveau, p. 94-177.

CHABOT, Denys (1978), *L'Eldorado dans les glaces. Roman,* Montréal, HMH. (Coll. « L'arbre ».)

CHABOT, Denys (1981), *La province lunaire. Roman,* Montréal, HMH. (Coll. « L'arbre ».)

CHABOT, Denys (1989), *L'Eldorado dans les glaces. Roman,* nouvelle édition, introduction d'Élisabeth Vonarburg, Montréal, Bibliothèque québécoise. (Coll. « Littérature ».)

CHARBONNEAU-TISSOT, Claudette (1974), *Contes pour hydrocéphales adultes,* Montréal, Le Cercle du livre de France.

CHARBONNEAU-TISSOT, Claudette (1976a), *La contrainte. Nouvelles,* Montréal, Pierre Tisseyre.

CHARBONNEAU-TISSOT, Claudette (1976b), « La contrainte », dans Claudette CHARBONNEAU-TISSOT, *La contrainte. Nouvelles,* Montréal, Pierre Tisseyre, p. 11-32.*

CHATILLON, Pierre (1977), *L'île aux fantômes. Contes* précédés de *Le journal d'automne,* Montréal, Éditions du Jour. (Coll. « Les romanciers du jour », n° R-127.)

CHATILLON, Pierre (1978), *Philédor Beausoleil,* Montréal/Paris, Leméac/Robert Laffont.

CHATILLON, Pierre (1983), *La fille arc-en-ciel,* Montréal, Libre Expression.

CHATILLON, Pierre (1985), *Philédor Beausoleil. Roman,* édition remaniée, Montréal, Libre Expression.

CHATILLON, Pierre (1989), *L'île aux fantômes,* Montréal, Stanké. (Coll. « Québec 10/10 », n° 107.)

CORMIER, Jean-Marc (1984), *La symphonie déconcertante,* Rimouski, Éditeq.

DANDURAND, Anne (1987), *Voilà c'est moi : c'est rien j'angoisse. (Journal imaginaire),* Montréal, Triptyque.

DANDURAND, Anne, et Claire DÉ (1982), *La louve garou. Nouvelles,* Montréal, Les Éditions de la Pleine Lune.

DARIOS, Louise (1962), *Contes étranges du Canada,* illustrations par Claude Brousseau, Montréal, Éditions Beauchemin.

DARIOS, Louise (1982), *Le soleil des morts. Nouvelles,* Sherbrooke, Éditions Naaman. (Coll. « Création », n° 115.)

DÉ, Claire (1989), *Le désir comme catastrophe naturelle,* Montréal/Paris, L'Étincelle.

DUFRESNE, Michel (1971), *Histoires, contes et légendes,* Montréal, Éditions Cosmos.

ÉMOND, Maurice (1987), *Anthologie de la nouvelle et du conte fantastiques québécois au XXe siècle,* introduction et choix de textes par Maurice Émond, Montréal, Fides. (Coll. « Bibliothèque québécoise ».)

EN COLLABORATION (1983), *Dix contes et nouvelles fantastiques par dix auteurs québécois,* avant-propos d'André Carpentier, Montréal, Quinze.

EN COLLABORATION (1986), *Des nouvelles du Québec,* Montréal, Valmont éditeur.

EN COLLABORATION (1987), *Contes et récits d'aujourd'hui. Collectif,* Montréal/Québec, XYZ éditeur/Musée de la civilisation.

FERGUSON, Jean (1974), *Contes ardents du pays mauve,* Montréal, Leméac. (Coll. « Roman québécois », n° 8.)

FERRON, Jacques (1962), *Contes du pays incertain,* Montréal, Éditions d'Orphée.

FERRON, Jacques (1964), *Contes anglais et autres,* Montréal, Éditions d'Orphée.

FERRON, Jacques (1966), *Papa Boss,* Montréal, Éditions Parti pris. (Coll. « Paroles », n° 8.)

FERRON, Jacques (1968a), *La charrette. Roman,* Montréal, Éditions HMH. (Coll. « L'arbre », n° 14.)

FERRON, Jacques (1968b), *Contes. Édition intégrale. Contes anglais/Contes du pays incertain/Contes inédits,* Montréal, Éditions HMH. (Coll. « L'arbre », nº G-4.)

FERRON, Jacques (1970a), *L'amélanchier. Roman,* Montréal, Éditions du Jour. (Coll. « Les romanciers du jour », nº R-56.)

FERRON, Jacques (1970b), *Contes. Édition intégrale. Contes anglais/Contes du pays incertain/Contes inédits,* Montréal, Éditions HMH. (Coll. « L'arbre », nº G-4.)

FERRON, Jacques (1972a), *La chaise du maréchal-ferrant,* Montréal, Éditions du Jour. (Coll. « Les romanciers du jour », nº R-80.)

FERRON, Jacques (1972b), *Les confitures de coings et autres textes,* version corrigée et refondue, Montréal, Éditions Parti pris [v. p. 9-110]. (Coll. « Paroles », nº 21.)

FERRON, Jacques (1973a), *L'amélanchier. Roman,* Paris, Robert Laffont.

FERRON, Jacques (1973b), *Contes. Édition intégrale. Contes anglais/Contes du pays incertain/Contes inédits,* Montréal, Éditions HMH. (Coll. « L'arbre », nº G-4.)

FERRON, Jacques (1977a), *L'amélanchier. Roman,* Montréal, VLB éditeur.

FERRON, Jacques (1977b), *Les confitures de coings et autres textes* suivi de *Le journal des confitures de coings,* version corrigée et refondue, Montréal, Éditions Parti pris [v. p. 177-250].

FERRON, Jacques (1985), *Contes. Édition intégrale. Contes anglais/Contes du pays incertain/Contes inédits,* préface de Victor-Lévy Beaulieu, Montréal, HMH. (Coll. « L'arbre ».)

FERRON, Jacques (1986), *L'amélanchier,* préface de Gabrielle Poulin, édition préparée par Pierre Cantin, Marie Ferron et Paul Lewis, Montréal, VLB éditeur. (Coll. « Courant ».)

FRÉCHETTE, Louis (1974a), *Contes de Jos Violon,* Montréal, L'Aurore. (Coll. « Le goglu ».)

FRÉCHETTE, Louis (1974b), *Contes I. La Noël au Canada,* Montréal, Fides. (Coll. « du Nénuphar ».)

FRÉCHETTE, Louis (1976), *Contes II. Masques et fantômes et autres contes épars,* Montréal, Fides. (Coll. « du Nénuphar ».)

GAGNON, Alain (1970), *Le « pour » et le « contre ». Nouvelles,* Montréal, Le Cercle du livre de France.

GAGNON, Alain (1984), *Le gardien des glaces. Roman,* Montréal, Pierre Tisseyre.

GAGNON, Denys (1982), *Haute et profonde la nuit,* Verdun, Éditions Internationales Pilou. (Coll. « Recueils ».)

GAGNON, Jocelyn (1985), *Les petits cris. Nouvelles,* Montréal, Québec/Amérique. (Coll. « Littérature d'Amérique ».)

GÉRIN, Pierre (1970), *Dans les antichambres de Hadès,* Québec, Éditions Garneau.

GÉRIN, Pierre (1975), *De boue et de sang,* Québec, Éditions Garneau.

GODIN, Marcel (1976), *Confettis,* illustrations de Louisa Nicol, Montréal, Alain Stanké.

GOULET, Pierre (1985), *Contes de feu. Nouvelles,* Montréal, Québec/Amérique. (Coll. « Littérature d'Amérique ».)

GRAVEL, François (1985), *La note de passage. Roman,* Montréal, Boréal Express.

GUÉRIN, Michelle (1974), *Le ruban de Mœbius. Contes et nouvelles,* Montréal, Le Cercle du livre de France.

HAMEL, Jean-Claude (1974), *Quatre fois rien. Nouvelles,* Montréal, Le Cercle du livre de France.

HAMELIN, Jean (1964), *Nouvelles singulières,* Montréal, Éditions HMH. (Coll. « L'arbre », n° 4.)

HANCOCK, Geoff (dir.) (1987), *Invisible Fictions. Contemporary Stories from Quebec,* Toronto, Anansi.

HARVEY, Azade (1975), *Les contes d'Azade. Contes et légendes des Îles-de-la-Madeleine,* préface de Gilles Lefebvre, Montréal, L'Aurore.

HARVEY, Azade (1976), *Contes et légendes des Îles-de-la-Madeleine [2]. « Azade ! – Raconte-moi tes îles ! »,* Montréal, Intrinsèque.

HARVEY, Azade (1977), *Contes et légendes des Îles-de-la-Madeleine 3. « Azade nous ramène dans ses îles »,* Montréal, Intrinsèque.

HARVEY, Azade (1979), *Contes et légendes des Îles-de-la-Madeleine,* Montréal, Intrinsèque.

HARVEY, Azade (1983), *Contes et légendes des Îles-de-la-Madeleine,* t. IV, préface d'Auray Blain, Montréal, Éditions de la Marquise.

HÉBERT, Anne (1945), « L'ange de Dominique », *Gants du ciel,* automne, p. 15-40.

HÉBERT, Anne (1963), *Le torrent* suivi de deux nouvelles inédites, Montréal, Éditions HMH. (Coll. « L'arbre », n° 1.)

HÉBERT, Anne (1975), *Les enfants du sabbat,* Paris, Éditions du Seuil.

HÉBERT, Anne (1976), *Le torrent,* Montréal, HMH. (Coll. « L'arbre ».)

HÉBERT, Anne (1980), *Héloïse. Roman,* Paris, Éditions du Seuil.

HÉBERT, Anne (1983), *Les enfants du sabbat,* Paris, Éditions du Seuil. (Coll. « Points », n° 117.)

HÉBERT, Louis-Philippe (1971), *Le roi jaune. Récits,* Montréal, Éditions du Jour. (Coll. « Proses du jour ».)

HÉBERT, Louis-Philippe (1972), *Récits des temps ordinaires,* Montréal, Éditions du Jour. (Coll. « Les romanciers du jour », n° 86.)

HÉBERT, Louis-Philippe (1976), *La manufacture de machines,* Montréal, Quinze.

HÉBERT, Louis-Philippe (1979), *Manuscrit trouvé dans une valise. Cinéma,* illustrations de Martin Vaughn-James, Montréal, Quinze. (Coll. « Prose entière ».)

KARCH, Pierre Paul (1981), *Nuits blanches,* Sudbury, Prise de parole.

LACROIX, Pierre D. (1985), *La peur au ventre,* Hull, [s. é.]. (Coll. « Carfax-bis », n° 2.)

LACROIX, Pierre D. (1987), *Histoires simples,* Montréal, [s. é.].

LAFLEUR, Jacques (1981), *Décors à l'envers. Nouvelles,* Sherbrooke, Éditions Naaman. (Coll. « Création », n° 90.)

LAFLEUR, Jacques (1985), *Décors à l'envers. Nouvelles,* dessins par Pierre Chicoine, 2e édition, revue et corrigée, Sherbrooke, Éditions Naaman. (Coll. « Création », n° 90.)

LALONDE, Robert (1966), *Ailleurs est en ce monde. (Conte à l'ère nucléaire),* Montréal, Éditions de l'Arc.

LAMIRANDE, Claire de (1974), *Jeu de clefs. Roman,* Montréal, Éditions du Jour.

LAMIRANDE, Claire de (1978), *L'opération fabuleuse,* Montréal, Quinze.

LAMIRANDE, Claire de (1982), *L'occulteur,* Montréal, Québec/Amérique. (Coll. « Littérature d'Amérique ».)

LAMIRANDE, Claire de (1984), *La rose des temps. Roman,* Montréal, Québec/Amérique. (Coll. « Littérature d'Amérique ».)

LECLERC, Claude (1981), *Le maître des ténèbres. Nouvelles,* Westmount, Desclez. (Coll. « Nuits d'encre », n° 1.)

LEMAY, Pamphile (1973), *Contes vrais,* Montréal, Fides. (Coll. « du Nénuphar ».)

LÉVESQUE, Richard (1978), *Les yeux d'orage,* illustrations de Michel Caillouette, Rivière-du-Loup, Castelriand.

LOVECRAFT, Howard P. (1954), « Dans l'abîme du temps », dans Howard P. LOVECRAFT, *Dans l'abîme du temps,* Paris, Denoël, p. 9-74. (Coll. « Présence du futur », n° 5.)

LOVECRAFT, Howard P. (1975), « L'appel de Cthulhu », dans Howard P. LOVECRAFT et others, *Légendes du mythe de Cthulhu,* Paris, J'ai Lu, p. 15-60.

MAHEUX, Guy (1976), *Une sorcière dans mon grain de sable... Roman,* Montréal, La Société de belles-lettres Guy Maheux.

MAILLET, Andrée (1963), *Le lendemain n'est pas sans amour. Contes et récits,* Montréal, Librairie Beauchemin.

MAROIS, Carmen (1985), *L'amateur d'art,* Longueuil, Le Préambule. (Coll. « Chroniques de l'au-delà », n° 2.)

MATHIEU, Claude (1965a), *La mort exquise et autres nouvelles,* Montréal, Le Cercle du livre de France.

MATHIEU, Claude (1965b), « Le pèlerin de Bithynie », dans Claude MATHIEU, *La mort exquise et autres nouvelles,* Montréal, Le Cercle du livre de France, p. 37-69.*

MATHIEU, Claude (1989), *La mort exquise et autres nouvelles,* préface de Gilles Archambault, postface de Gilles Pellerin, Québec, L'instant même.

MÉTAYER, Philippe (1974), *L'orpailleur de Blood Alley,* Montréal, Le Cercle du livre de France.

NOËL, Bernard (1977), *Les fleurs noires. Nouvelles,* Montréal, Pierre Tisseyre.

NOËL, Bernard (1985), *Contes pour un autre œil,* Longueuil, Le Préambule (Coll. « Murmures du temps ».)

NOËL, Francine (1987), *Myriam première. Roman,* Montréal, VLB éditeur.

PAVEL, Thomas (1977), *Le miroir persan,* Montréal, Quinze. (Coll. « Prose entière ».)

PELLERIN, Gilles (1982), *Les sporadiques aventures de Guillaume Untel,* Hull, Asticou. (Coll. « Nouvelles Nouvelles ».)

PROULX, Monique (1983), *Sans cœur et sans reproche. Nouvelles,* Montréal, Québec/Amérique. (Coll. « Littérature d'Amérique ».)

RAJIC, Négovan (1978), *Les hommes-taupes. Récit,* Montréal, Pierre Tisseyre.

RAJIC, Négovan (1982), *Propos d'un vieux radoteur. Nouvelles,* Montréal, Pierre Tisseyre.

RAJIC, Négovan (1988), *Service pénitentiaire national. Nouvelles,* Beauport, Les Éditions du Beffroi.

ROUSSEAU, Normand (1981), *Le déluge blanc,* Montréal, Leméac. (Coll. « Roman québécois », n° 50.)

ROUSSEAU, Normand (1983), *Dans la démesure du possible. Nouvelles,* Montréal, Pierre Tisseyre.

SÉGUIN, Pierre (1976), *Les métamorphoses du choupardier. Roman,* Montréal, HMH. (Coll. « L'arbre ».)

SERNINE, Daniel (1978a), *Les contes de l'ombre,* Montréal, Presses Sélect. (N° « G-1052 ».)

SERNINE, Daniel (1978b), « La maison de l'éternelle vieillesse », dans Daniel SERNINE, *Les contes de l'ombre,* Montréal, Presses Sélect, p. 21-38. (N° « G-1052 ».)*

SERNINE, Daniel (1978c), « Prologue : la voix de l'ombre », dans Daniel SERNINE, *Les contes de l'ombre,* Montréal, Presses Sélect, p. 7-8. (N° « G-1052 ».)

SERNINE, Daniel (1979), *Légendes du vieux manoir,* Montréal, Presses Sélect. (N° « G-1105 ».)

SERNINE, Daniel (1983), *Quand vient la nuit. Contes fantastiques,* Longueuil, Le Préambule. (Coll. « Chroniques de l'au-delà », n° 1.)

SIMARD, Jean (1964), *13 récits,* Montréal, Éditions HMH. (Coll. « L'arbre », n° 3.)

SIMARD, Jean (1969) *Treize récits,* nouvelle édition, Montréal, Éditions HMH. (Coll. « L'arbre », nº 3.)

SOMCYNSKY, Jean-François (1981), *Peut-être à Tokyo. Nouvelles,* Sherbrooke, Éditions Naaman. (Coll. « Création », nº 86.)

SOMCYNSKY, Jean-François (1984), *J'ai entendu parler d'amour. Nouvelles,* Hull, Éditions Asticou. (Coll. « Nouvelles Nouvelles ».)

SOUCY, Jean-Yves (1981), *L'étranger au ballon rouge. Contes,* Montréal, La Presse.

SOUCY, Jean-Yves (1984), *Érica. Roman,* Montréal, Libre Expression.

SZUCSANY, Désirée (1984), *Les filets,* Montréal, Les Éditions de la Pleine Lune.

TACHÉ, Joseph-Charles (1946), *Forestiers et voyageurs,* Montréal, Fides. (Coll. « du Nénuphar ».)

TÉTREAU, Jean (1968), *Volupté de l'amour et de la mort. Histoires fantastiques,* Montréal, Éditions du Jour. (Coll. « Les romanciers du jour », nº R-30.)

TÉTREAU, Jean (1978), *Prémonitions. Roman,* Montréal, Pierre Tisseyre.

THÉRIAULT, Marie José (1978), *La cérémonie. Contes*, Montréal, La Presse.

THÉRIAULT, Marie José (1984), *Les demoiselles de Numidie,* Montréal, Boréal Express.

THÉRIAULT, Yves (1961), *Le vendeur d'étoiles et autres contes,* Montréal/Paris, Fides.

THÉRIAULT, Yves (1968), *L'île introuvable. Nouvelles,* Montréal, Éditions du Jour.

THÉRIAULT, Yves (1973), *Le haut-pays. Roman,* Montréal, René Ferron éditeur.

THÉRIAULT, Yves (1980), *L'île introuvable. Nouvelles,* Montréal, Libre Expression.

THÉRIAULT, Yves (1981a), *La femme Anna et autres contes,* préface de Victor-Lévy Beaulieu, Montréal, VLB éditeur.

THÉRIAULT, Yves (1981b), *Valère et le grand canot. Récits,* préface de Victor-Lévy Beaulieu, Montréal, VLB éditeur.

THÉRIO, Adrien (1975), *La tête en fête (et autres histoires étranges),* Montréal, Éditions Jumonville.

THÉRIO, Adrien (1978), *C'est ici que le monde a commencé. (Récit-reportage),* Montréal, Éditions Jumonville.

TOUFIK, El Hadj-Moussa (1980), *Le passage. Conte* suivi de *Errances. Nouvelles,* Sherbrooke, Éditions Naaman. (Coll. « Création », n° 84.)

TOUFIK, El Hadj-Moussa (1981) *Les collines de l'épouvante. Nouvelles,* Westmount, Desclez. (Coll. « Nuits d'encre », n° 2.)

TREMBLAY, Michel (1966), *Contes pour buveurs attardés,* Montréal, Éditions du Jour. (Coll. « Les romanciers du jour », n° R-18.)

TREMBLAY, Michel (1969), *La cité dans l'œuf. Roman*, Montréal, Éditions du Jour. (Coll. « Les romanciers du jour », n° R-38.)

TREMBLAY, Michel (1978), *La grosse femme d'à côté est enceinte,* Montréal, Leméac. (Coll. « Roman québécois », n° 28.)

TREMBLAY, Michel (1979), *Contes pour buveurs attardés,* Montréal, Éditions du Jour. (Coll. « Le Petit Jour », n° 84.)

TREMBLAY, Michel (1985a), *La cité dans l'œuf,* Montréal/Paris, Stanké. (Coll. « Québec 10/10 », n° 74.)

TREMBLAY, Michel (1985b), *Contes pour buveurs attardés,* Montréal, Stanké. (Coll. « Québec 10/10 », n° 75.)

VANASSE, André (1980), *La saga des Lagacé,* Montréal, Libre Expression.

VANASSE, André (1986), *La saga des Lagacé,* Montréal, Leméac. (Coll. « Poche/Québec », n° 11.)

VILLEMAIRE, Yolande (1985), *La constellation du cygne. Roman,* Montréal, Les Éditions de la Pleine Lune.

WALPOLE, Horace ([1764] 1981), *Le château d'Otrante, histoire gothique,* Paris, José Corti.

II. ARTICLES ET OUVRAGES CITÉS OU CONSULTÉS

ADAM, Jean-Michel (1984), *Le récit,* Paris, Presses universitaires de France. (Coll. « Que sais-je ? », n° 2149.)

ADAM, Jean-Michel (1985), *Le texte narratif. Traité d'analyse textuelle des récits,* Paris, Nathan. (Coll. « Nathan-Université ».)

ADAM, Jean-Michel (1992), *Les textes : types et prototypes. Récit, description, argumentation, explication et dialogue,* Paris, Nathan. (Coll. « Nathan-Université ».)

ADAM, Jean-Michel, et André PETITJEAN (1989), *Le texte descriptif. Poétique historique et linguistique textuelle,* Paris, Nathan. (Coll. « Nathan-Université ».) (Avec la collaboration de F. Revaz.)

ALMERAS, Diane (1983), « L'espace d'une empreinte », *Relations,* vol. XLIII, n° 489 (avril), p. 108-109. [Sur *Du pain des oiseaux,* d'André Carpentier.]

AMOSSY, Ruth, et Elisheva ROSEN (1982), *Les discours du cliché,* Paris, Société d'édition d'enseignement supérieur.

AMPRIMOZ, Alexandre L. (1979), « André Carpentier, *Rue Saint-Denis. Contes fantastiques* », *Quarry,* vol. XXVIII, n° 2 (Spring), p. 85-87.

ANGENOT, Marc (1978), « Le paradigme absent. Élément d'une sémiotique de la science-fiction », *Poétique,* n° 33 (février), p. 74-89.

ANGENOT, Marc (1979), *Glossaire pratique de la critique contemporaine,* Montréal, Hurtubise HMH.

ANGENOT, Marc (1989), « Hégémonie, dissidence et contre-discours. Réflexions sur les périphéries du discours social en 1889 », *Études littéraires,* vol. XXII, n° 2 (automne), p. 11-24.

ANGENOT, Marc, Jean BESSIÈRE, Douwe FOKKEMA et Eva KUSHNER (dir.) (1989), *Théorie littéraire. Problèmes et perspectives,* Paris, Presses universitaires de France. (Coll. « Fondamental ».)

APTER, T. E. (1982), *Fantasy Literature,* Bloomington, Indiana University Press.

ARCHAMBAULT, Claude (1985), « Une journée sans écrire, c'est une journée perdue », *La Presse*, vol. CI, n° 288 (10 août), p. B-3. [Sur l'œuvre de Daniel Sernine.]

ARCHAMBAULT, Gilles (1985-1986), « Hommage. Claude Mathieu, écrivain », *Lettres québécoises*, n° 40 (hiver), p. 9-10.

AUSTIN, J. L. ([1962] 1970), *Quand dire, c'est faire. How to Do Things with Words*, introduction, traduction et commentaire par Gilles Lane, Paris, Éditions du Seuil. (Coll. « Poétique ».)

BAKHTINE, Mikhaïl ([1963] 1970), *La poétique de Dostoïevski*, traduit du russe par Isabelle Kolitcheff, présentation de Julia Kristeva, Paris, Éditions du Seuil. (Coll. « Pierres vives ».)

BAKHTINE, Mikhaïl (1970), *L'œuvre de François Rabelais et la culture populaire au Moyen Âge et sous la Renaissance*, traduit du russe par Andrée Robel, Paris, Gallimard. (Coll. « Tel », n° 70.)

BAKHTINE, Mikhaïl ([1975] 1984), *Esthétique et théorie du roman*, traduit par Daria Olivier, préface de Michel Aucouturier, Paris, Gallimard. (Coll. « Tel », n° 120.)

BAKHTINE, Mikhaïl ([1979] 1984), *Esthétique de la création verbale*, traduit du russe par Alfreda Aucouturier, préface de Tzvetan Todorov, Paris, Gallimard. (Coll. « Bibliothèque des idées ».)

BAL, Mieke (1984), *Narratologie. Essais sur la signification narrative dans quatre romans modernes*, Utrecht, HES Publishers.

BALIBAR, Étienne, et Pierre MACHEREY (1974), « Sur la littérature comme forme idéologique. Quelques hypothèses marxistes », *Littérature*, n° 13 (février), p. 29-48.

BARONIAN, Jean-Baptiste (1975), *La Belgique fantastique avant et après Jean Ray*, Verviers, Gérard.

BARONIAN, Jean-Baptiste (1977), *Un nouveau fantastique*, Lausanne, L'Âge d'Homme. (Coll. « Bibliothèque fantastique ».)

BARONIAN, Jean-Baptiste (1978), *Panorama de la littérature fantastique de langue française*, Paris, Éditions Stock.

BARONIAN, Jean-Baptiste (1982), « Nouveau fantastique : tradition et mutation », dans Jeannine MONSIEUR et Jean-Baptiste BARONIAN (dir.), *Le fantastique d'aujourd'hui*, Rencontres internationales de l'abbaye de Forest, Forest, Centre international du fantastique, p. 13-21.

BARTHES, Roland (1964), « La réponse de Kafka », dans Roland BARTHES, *Essais critiques*, Paris, Éditions du Seuil, p. 138-142.

BARTHES, Roland (1968), « L'effet de réel », *Communications,* n° 11, p. 84-89.

BARTHES, Roland (1972), *S/Z,* Paris, Éditions du Seuil. (Coll. « Points », n° 70.)

BARTHES, Roland (1981), « Introduction à l'analyse structurale des récits », dans Roland BARTHES (dir.), *L'analyse structurale du récit,* Paris, Éditions du Seuil. (Coll. « Points », n° 129.)

BARTHES, Roland (1985), *L'aventure sémiologique,* Paris, Éditions du Seuil. (Coll. « Points », n° 219.)

BAUDIN, Henri, et Jean-Baptiste BARONIAN (1977), « Science-fiction et fantastique », *Europe,* nos 580-581 (août-septembre), p. 85-96.

BEAUDOIN, Réjean (1979), « André Carpentier, *Rue Saint-Denis* », *Livres et auteurs québécois 1978,* Québec, Les Presses de l'Université Laval, p. 38.

BEAULIEU, Benoît (1979), « Romans, récits, cartes et nouvelles. Michel Bélil, *Le mangeur de livres. Contes terre-neuviens.* », *Livres et auteurs québécois 1978,* Québec, Les Presses de l'Université Laval, p. 27-29.

BELEVAN, Harry (1980), *Théorie du fantastique,* Bruxelles, Éditions Recto-verso.

BÉLIL, Michel (1983a), « Autoportrait. Michel Bélil », *Québec français,* n° 50 (mai), p. 32-33.

BÉLIL, Michel (1983b), « Où est passé le fantastique ? », *Pour ta belle gueule d'ahuri,* n° 6 (vol. III, n° 2), p. 23-25. [Sur *Du pain des oiseaux,* d'André Carpentier.]

BELLEAU, André (1980a) *Le romancier fictif. Essai sur la représentation de l'écrivain dans le roman québécois,* Sillery, Les Presses de l'Université du Québec. (Coll. « Genres et Discours ».)

BELLEAU, André (1980b), « Préface », *La Nouvelle barre du jour,* n° 89 (avril), p. 5-6.

BELLEAU, André (1984a), *Y a-t-il un intellectuel dans la salle ? Essais,* Montréal, Primeur. (Coll. « L'Échiquier ».)

BELLEAU, André (1984b), « Fonction du fantastique », dans André BELLEAU, *Y a-t-il un intellectuel dans la salle ?,* Montréal, Primeur, p. 110-111. (Coll. « L'Échiquier ».)

BELLEAU, André (1986a), *Surprendre les voix. Essais,* Montréal, Boréal. (Coll. « Papiers collés ».)

BELLEAU, André (1986b), « Fonction du fantastique », dans André BELLEAU, *Surprendre les voix. Essais,* Montréal, Boréal, p. 69-71. (Coll. « Papiers collés ».)

BELLEAU, André (1988), « Du dialogisme bakhtinien à la narratologie », *Études françaises,* vol. XXIII, n° 3 (hiver), p. 9-17.

BELLEAU, André (1990), *Notre Rabelais,* Montréal, Boréal.

BELLEMIN-NOËL, Jean (1971), « Des formes fantastiques aux thèmes fantasmatiques », *Littérature,* n° 2 (mai), p. 103-118.

BELLEMIN-NOËL, Jean (1972), « Notes sur le fantastique (textes de Théophile Gautier) », *Littérature,* n° 8 (décembre), p. 3-23.

BERTRAND, André (1965), « Claude Mathieu ou la Science avec une grande scie. *La mort exquise* », *Le Quartier latin,* vol. XLVIII, n° 21 (9 décembre), p. 7.

BESSIÈRE, Irène (1974), *Le récit fantastique. La poétique de l'incertain,* Paris, Librairie Larousse. (Coll. « Thèmes et Textes ».)

BLANCO, Mercedes (1984), « Fantastique et topologie chez Cortázar », *Poétique,* n° 60 (novembre), p. 451-472.

BOIVIN, Aurélien (1983), « *Du pain des oiseaux.* André Carpentier », *Québec français,* n° 49 (mars), p. 5.

BOIVIN, Aurélien, Maurice ÉMOND et Michel LORD (dir.) (1992), *Bibliographie analytique de la science-fiction et du fantastique québécois (1960-1985),* Québec, Nuit blanche éditeur. (Coll. Les Cahiers du CRELIQ, série « Bibliographies ».)

BOIVIN, Aurélien, Maurice ÉMOND et Michel LORD (dir.) (1993), *Les ailleurs imaginaires. Les rapports entre le fantastique et la science-fiction,* Québec, Nuit blanche éditeur. (Coll. Les Cahiers du CRELIQ, série « Colloques ».)

BONENFANT, Yvon (1978), « *L'aigle volera à travers le soleil* », *Nos livres,* vol. IX, n° 278 (août-septembre), [n.p.].

BOSCO, Monique (1966), « La peur du roman », *Le Magazine Maclean,* vol. VI, n° 5 (mai), p. 73. [Sur *La mort exquise,* de Claude Mathieu.]

BOUCHARD, Guy (1993), *Les 42 210 univers de la science-fiction,* Sainte-Foy, Le Passeur.

BOURNEUF, Roland (1970), « L'organisation de l'espace dans le roman », *Études littéraires,* vol. III, n° 1 (avril), p. 77-94.

BOYEN, Robert H., et Kenneth J. ZAHORSKI (dir.), (1984), *Fantasists on Fantasy. A Collection of Critical Reflections by Eighteen Masters of the Art,* New York, Avon Books.

BOZZETTO, Roger (1980a), « Le pourquoi d'un pluriel », *Europe,* « Les fantastiques », vol. LVIII, n° 611 (mars), p. 3-5.

BOZZETTO, Roger (1980b), « Le fantastique moderne », *Europe,* « Les fantastiques », vol. LVIII, n° 611 (mars), p. 57-64.

BOZZETTO, Roger, A. CHAREYERE-MEJAN, R. et P. PUJADE (1980), « Penser le fantastique », *Europe,* « Les fantastiques », vol. LVIII, n° 611 (mars), p. 26-31.

BOZZETTO, Roger, A. CHAREYERE-MEJAN, R. et P. PUJADE (1982), « Fantastique et métonymie », *Solaris,* vol. VIII, n° 2 (mars-avril), p. 8-11.

BREMOND, Claude (1973), *Logique du récit,* Paris, Éditions du Seuil. (Coll. « Poétique ».)

BRULOTTE, Gaétan (1974), « Le sceptre et le spectre », *Études littéraires,* vol. VII, n° 1 (avril), p. 97-107.

CAILLOIS, Roger ([1962] [1965] [1973] 1976), *Cohérences aventureuses. Esthétique généralisée. Au cœur du fantastique. La dissymétrie,* Paris, Gallimard. (Coll. « Idées », n° 359.)

CAILLOIS, Roger (1966), *Images, images,* Paris, José Corti.

CAILLOIS, Roger (1968), « Fantastique », *Encyclopædia Universalis,* vol. 6, p. 916-930.

CAILLOIS, Roger (1971), *Anthologie du fantastique : Angleterre, Irlande, Amérique du Nord, Allemagne, Flandres,* Paris, Gallimard.

CAILLOIS, Roger (1974), *Approches de l'imaginaire,* Paris, Gallimard. (Coll. « Bibliothèque des sciences humaines ».)

CAILLOIS, Roger (1977), *Anthologie du fantastique : France, Espagne, Italie, Amérique latine, Haïti, Pologne, Russie, Finlande, Extrême-Orient,* Paris, Gallimard.

CARON, Évelyne (1972), « Structures et organisation de quelques thèmes dans les œuvres d'Arthur Machen », *Littérature,* n° 8 (décembre), p. 36-40.

CAROUTCH, Yvonne (1976), *Gustav Meyrink,* Paris, Éditions de l'Herne. (Coll. « Les Cahiers de l'Herne », n° 30.)

CASTEX, Pierre-Georges (1951), *Le conte fantastique en France de Nodier à Maupassant,* Paris, Librairie José Corti.

CASTEX, Pierre-Georges (1963), *Anthologie du conte fantastique français,* Paris, José Corti.

CHAMBERLAND, Roger (1985), « *L'assembleur.* AUDE (Claudette Charbonneau-Tissot) », *Québec français,* n° 59 (octobre), p. 9-10.

CHARBONNEAU, Claudette (1985), « L'écriture : ouverture ou repliement ? ». Thèse de doctorat, Québec, Université Laval.

CHARBONNEAU-TISSOT, Claudette (1975), « Un hasard contrôlé », *Chroniques,* vol. I, nos 6-7 (juin-juillet), p. 23-28. [Sur *Contes pour hydrocéphales adultes,* de Claudette Charbonneau-Tissot.]

CHARLAND, Jean-Paul (1974), « *Contes pour hydrocéphales* », *Le Médecin du Québec,* vol. IX, n° 9 (septembre), p. 74. [De Claudette Charbonneau-Tissot.]

CHATILLON, Pierre (1965), « *La mort exquise* (nouvelles) de Claude Mathieu », *Livres et auteurs canadiens 1965,* Montréal, Éditions Jumonville, p. 56-57.

CIXOUS, Hélène (1974), « La fiction et ses fantômes », dans Hélène CIXOUS, *Prénoms de personne,* Paris, Éditions du Seuil, p. 13-38.

CORRIVEAU, Hughes (1982), « Du pire et du meilleur », *Spirale,* n° 29 (novembre), p. 6. [Sur *Du pain des oiseaux,* d'André Carpentier.]

COSSETTE, Gilles (1981-1982), « Science-fiction et fantastique : des écrivains d'ici en savent long sur le sujet », *Lettres québécoises,* n° 24 (hiver), p. 28-35. [Sur *Greenwich,* de Michel Bélil, v. p. 30-31.]

COSSETTE, Gilles (1982-1983), « Signes et pistes. I. *Du pain des oiseaux* d'André Carpentier », *Lettres québécoises,* n° 28 (hiver), p. 29-31.

COUTY, Daniel (1989), *Le fantastique,* Paris, Bordas. (Coll. « Les thèmes littéraires ».)

CRÉPEAU, Jean-François (1981), « D'autres livres à offrir ou à recevoir (2) », *Le Canada français,* vol. CXXII, n° 31 (23 décembre), p. A-37. [Sur *Greenwich,* de Michel Bélil.]

CREVIER, Lyne (1980), « Les auteurs de chez nous. Auteur de bandes dessinées québécoises. André Carpentier entre le fantastique et l'insolite », *Le Journal de Montréal,* vol. XVII, n° 28 (12 juillet), p. 14.

DADOUIN, Roger (1972), « “King Kong” : du monstre comme démonstration », *Littérature,* n° 8 (décembre), p. 107-118.

DEBRAY-GENETTE, Raymonde (1980), « La pierre descriptive », *Poétique,* n° 43 (septembre), p. 293-304.

DEHENNIN, Elsa (1981), « Réalisme magique *versus* fantastique moderne. D'abord une question de terminologie », *Les Langues néolatines,* vol. LXXV, n° 236 (1er trimestre), p. 67-82.

DELCOURT, Christian (1973), « Quelques aspects de la science-fiction et du fantastique », *Écritures,* Cercle interuniversitaire de littérature de l'Université de Liège, p. 7-20.

DELCROIX, Maurice, et Fernand HALLYN (dir.) (1987), *Méthodes du texte. Introduction aux études littéraires,* Paris/Gembloux, Duculot.

DEMERS, Jeanne (1975), « *Contes pour hydrocéphales adultes* », *Livres et auteurs québécois 1974,* Québec, Les Presses de l'Université Laval, p. 98-101. [De Claudette Charbonneau-Tissot.]

DESBRUÈRES, Michel (1978), *La France fantastique 1900,* Paris, Phébus.

DESJARDINS, Normand (1982), « *Du pain des oiseaux* », *Nos livres,* vol. XIII, n° 248 (juin-juillet), [n.p.]. [D'André Carpentier.]

DOUCET, Lilianne, et Roseline CORMIER (1979), « Livres pour adultes », *L'Évangéline,* vol. XCII, n° 44 (2 mars), p. 22. [Sur *Le mangeur de livres,* de Michel Bélil.]

DUCHET, Claude (1973), « “La fille abandonnée” et “La bête humaine”. Éléments de titrologie romanesque », *Littérature,* n° 12 (décembre), p. 49-73.

DUCROT, Oswald, et Tzvetan TODOROV (1972), *Dictionnaire encyclopédique des sciences du langage,* Paris, Éditions du Seuil. (Coll. « Points », n° 110.)

DUPRIEZ, Bernard (1976), « Du fantastique au délire », *Lire. Soljénitsyne, Poe, Beckett. Théorie de la littérature. Revue d'esthétique,* nos 2-3, Paris, 10/18, p. 141-155.

ECO, Umberto (1985), *Lector in fabula ou La coopération interprétative dans les textes narratifs,* traduit de l'italien par Myriem Bouzaher, Paris, Bernard Grasset. (Coll. « Figures ».)

ECO, Umberto (1988), *Le signe. Histoire et analyse d'un concept,* adapté de l'italien par Jean-Marie Klinkenberg, Bruxelles, Éditions Labor. (Coll. « Média ».)

ÉMOND, Maurice (1979), « *Rue Saint-Denis*. André Carpentier », *Québec français,* n° 33 (mars), p. 8-10.

ÉMOND, Maurice (1983), « Le fantastique au Québec. Le XXe siècle », *Québec français,* n° 50 (mai), p. 27-31.

ÉMOND, Maurice (1990), « *La mort exquise* réanimée », *Lettres québécoises,* n° 57 (printemps), p. 30-31. [De Claude Mathieu.]

EN COLLABORATION (1973), « Le fantastique », *RANAM. Recherches anglaises et américaines,* Strasbourg, Association strasbourgeoise de périodiques de sciences humaines, n° VI.

EN COLLABORATION (1982), « Le fantastique belge. Rencontre avec Thomas Owen, Jean Muno, Gaston Compère, Jean-Baptiste Baronian, Jean-Pierre Bours, Guy Vaes animée par Jacques De Decker », dans Jeannine MONSIEUR, et Jean-Baptiste BARONIAN (dir.), *Le fantastique d'aujourd'hui,* Rencontres internationales de l'abbaye de Forest, Forest, Centre international du fantastique, p. 92-105.

ESCOMEL, Gloria (1975), « Notes sur le fantastique », *Requiem,* vol. I, n° 6 (septembre-octobre), p. 12-13.

ÉTHIER-BLAIS, Jean (1979), « Les carnets de Jean Éthier-Blais », *Le Devoir,* vol. LXX, n° 4 (6 janvier), Cahier « Culture et Société », p. 14. [Sur *L'aigle volera à travers le soleil* et *Rue Saint-Denis,* d'André Carpentier.]

ÉTUDES FRANÇAISES (1984), « Bakhtine mode d'emploi », vol. XX, n° 1 (printemps).

EUROPE (1980), « Les fantastiques », vol. LVIII, n° 611 (mars).

FABRE, Jean (1983), « Du fantastique... », *Québec français,* n° 50 (mai), p. 40-44.

FERRON, Jacques (1979), « *Rue Saint-Denis* ou le sorcier impuni », *Le Livre d'ici,* vol. IV, n° 27 (11 avril), [n.p.]. [D'André Carpentier.]

FIEROBE, Claude (1973), « L'univers fantastique de *Melmoth the Wanderer* », dans *La raison et l'imaginaire,* Actes du congrès de Rennes (1970), *Études anglaises,* n° 45, Paris, Librairie Marcel Didier, p. 105-116.

FINNÉ, Jacques (1980), *La littérature fantastique : essai sur l'organisation surnaturelle,* Bruxelles, Éditions de l'Université de Bruxelles.

FONTANIER, Pierre (1977), *Les figures du discours,* introduction de Gérard Genette, Paris, Flammarion. (Coll. « Champ linguistique », n° 15.)

FOSSION, André, et Jean-Paul LAURENT (1981), *Pour comprendre les lectures nouvelles. Linguistique et pratiques textuelles,* Bruxelles, A. De Boeck, Bruxelles/Paris-Gembloux, A. De Boeck/Duculot. (Série « Formation continuée ».)

FOUCAULT, Michel (1969), *L'archéologie du savoir,* Paris, Gallimard. (Coll. « Bibliothèque des sciences humaines ».)

FOUCAULT, Michel (1971), *L'ordre du discours,* leçon inaugurale au Collège de France prononcée le 2 décembre 1970, Paris, Gallimard.

FREUD, Sigmund (1933), « L'inquiétante étrangeté *(Das Unheimliche)* », dans Sigmund FREUD, *Essais de psychanalyse appliquée,* Paris, Gallimard, p. 163-210. (Coll. « Idées ».)

FREUD, Sigmund (1949), *Délire et rêves dans la « Gradiva » de Jensen,* Paris, Gallimard. (Coll. « Idées ».)

FRYE, Northrop (1969), *Anatomie de la critique,* traduit de l'anglais par Guy Durand, Paris, Gallimard. (Coll. « Bibliothèque des sciences humaines ».)

GATTEGNO, Jean (1972), « Folie, croyance et fantastique dans *Dracula* », *Littérature,* n° 8 (décembre), p. 72-83.

GAUVIN, Lise (1979), « Letters in Canada. Romans, récits et contes », *University of Toronto Quarterly,* vol. XLVIII, n° 4 (Summer), p. 330-339. [Sur *Rue Saint-Denis,* d'André Carpentier, v. p. 331-332.]

GEMME, Gilles (1979), « Activité littéraire. André Carpentier. Contes fantastiques, *Rue Saint-Denis* », *Le Canada français,* vol. CXIX, n° 34 (17 janvier), p. 46.

GENETTE, Gérard (1966), *Figures I,* Paris, Éditions du Seuil. (Coll. « Points », n° 74.)

GENETTE, Gérard (1969), *Figures II,* Paris, Éditions du Seuil. (Coll. « Points », n° 106.)

GENETTE, Gérard (1972), *Figures III,* Paris, Éditions du Seuil. (Coll. « Poétique ».)

GENETTE, Gérard (1982), *Palimpsestes. La littérature au second degré,* Paris, Éditions du Seuil. (Coll. « Poétique ».)

GENETTE, Gérard (1983), *Nouveau discours du récit,* Paris, Éditions du Seuil. (Coll. « Poétique ».)

GENETTE, Gérard (1986), « Introduction à l'architexte », dans Gérard GENETTE et Tzvetan TODOROV (dir.), *Théorie des genres,* Paris, Éditions du Seuil, p. 89-159. (Coll. « Points », n° 181.)

GENETTE, Gérard (1991), *Fiction et diction,* Paris, Éditions du Seuil. (Coll. « Poétique ».)

GENETTE, Gérard, et Tzvetan TODOROV (1982), *Littérature et réalité,* Paris, Éditions du Seuil. (Coll. « Points », n° 142.)

GENETTE, Gérard, et Tzvetan TODOROV (dir.) (1986), *Théorie des genres,* Paris, Éditions du Seuil. (Coll. « Points », n° 181.)

GERVAIS, Bertrand (1990), *Récit et actions. Pour une théorie de la lecture,* Longueuil, Le Préambule. (Coll. « L'Univers des discours ».)

GILBERT LEWIS, Paula (1984), « Creative works », *The French Review,* vol. LVVI, n° 6 (May), p. 905-906. [Sur *Du pain des oiseaux,* d'André Carpentier.]

GOIMARD, Jacques (1980), « Lovecraft entre l'en-deça et l'au-delà », *Europe,* « Les fantastiques », vol. LVIII, n° 611 (mars), p. 115-122.

GOORDEN, Anne-B. (1981), *Les origines du « réalisme magique » dans la littérature ibéro-américaine,* Bruxelles, Éditions Recto-verso.

GOORDEN, Anne, et Bernard GOORDEN (1982a), *Nouveau fantastique,* Bruxelles, Éditions Recto-verso.

GOORDEN, Anne, et Bernard GOORDEN (1982b), « De Kakfa à Borges ou Les paradoxes d'un fantastique venu d'Amérique latine », dans Jeannine MONSIEUR et Jean-Baptiste BARONIAN, *Le fantastique d'aujourd'hui,* Rencontres internationales de l'abbaye de Forest, Forest, Centre international du fantastique, p. 116-125.

GOORDEN, Bernard (1979), « La conspiration du silence fantastique : le fantastique d'Amérique latine », *Amérique latine fantastique,* Bruxelles, Éditions Recto-verso, p. 1-23.

GOUANVIC, Jean-Marc (1982), « "Qui suis-je qui me nourris du pain des oiseaux ?" », *Imagine...,* n° 12 (vol. III, n° 3) (printemps), p. 47-50. [Sur *Du pain des oiseaux,* d'André Carpentier.]

GREIMAS, Algirdas Julien (1970), *Du sens. Essais sémiotiques,* Paris, Éditions du Seuil. (Coll. « Poétique ».)

GREIMAS, Algirdas Julien (1976), *Maupassant. La sémiotique du texte. Exercices pratiques,* Paris, Éditions du Seuil. (Coll. « Poétique ».)

GREIMAS, Algirdas Julien (1983), *Du sens II. Essais sémiotiques,* Paris, Éditions du Seuil. (Coll. « Poétique ».)

GREIMAS, Algirdas Julien (1986), *Sémantique structurale. Recherche de méthode,* Paris, Presses universitaires de France. (Coll. « Formes sémiotiques ».)

GREIMAS, Algirdas Julien, et Joseph COURTÉS (1979), *Sémiotique. Dictionnaire raisonné de la théorie du langage,* Paris, Classiques Hachette. (Coll. « Langue. Linguistique. Communication ».)

GREIMAS, Algirdas Julien, et Joseph COURTÉS (1986), *Sémiotique. Dictionnaire raisonné de la théorie du langage II. (Compléments, débats, propositions),* Paris, Classiques Hachette. (Coll. « Langue. Linguistique. Communication ».)

GRIPARI, Pierre (1981), *Critique et autocritique,* Lausanne, L'Âge d'Homme.

GRIVEL, Charles (1983), *Le fantastique,* Mannheim, Mana-Mannheim Analytiques.

GRIVEL, Charles (1991), « Horreur et terreur : philosophie du fantastique », dans *Colloque de Cerisy. La littérature fantastique,* Paris, Albin Michel, p. 170-187. (Coll. « Cahiers de l'Hermétisme ».)

GRIVEL, Charles (1992), *Fantastique–fiction,* Paris, Presses universitaires de France. (Coll. « Écriture ».)

GRIVEL, Charles (1993-1994), « Fantastique, plus ou moins », *Études littéraires,* vol. 26, n° 3 (hiver), p. 146-148.

GUERRERO, Michel (1975), « “La Vénus d'Ille” ou le cryptogramme non déchiffré », *Europe,* n° 557 (septembre), p. 77-91.

HAECK, Philippe (1975), « La circulation des lettres. Des contes pour qui ? », *Chroniques,* vol. I, n° 5 (mai), p. 30-32. [Sur *Contes pour hydrocéphales adultes,* de Claudette Charbonneau-Tissot.]

HALTÉ, Jean-François, et André PETITJEAN (1977), *Pratiques du récit,* Paris, CEDIC. (Coll. « Textes et Non textes ».)

HAMBURGER, Käte ([1977] 1986), *Logique des genres littéraires,* traduit de l'allemand par Pierre Cadiot, préface de Gérard Genette, Paris, Éditions du Seuil. (Coll. « Poétique ».)

HAMELIN, Daniel (1984), « *Quand vient la nuit.* Daniel Sernine », *Québec français,* n° 53 (mars), p. 12.

HAMON, Philippe (1972), « Qu'est-ce qu'une description ? », *Poétique,* n° 12, p. 465-485.

HAMON, Philippe (1981), *Introduction à l'analyse du descriptif,* Paris, Classiques Hachette. (Coll. « Langue. Linguistique. Communication ».)

HAMON, Philippe (1982), « Un discours contraint », dans Gérard GENETTE et Tzvetan TODOROV (dir.), *Littérature et réalité,* Paris, Éditions du Seuil, p. 119-181. (Coll. « Points », n° 142.)

HAMON, Philippe (1983), *Le personnel du récit,* Genève, Droz.

HANCOCK, Geoff (1982), « From a certain country », *Books in Canada,* vol. XI, n° 2 (February), p. 3-8. [Sur *Rue Saint-Denis,* d'André Carpentier.]

HARTLAND, Reginald W. (1975), *Walter Scott et le roman « frénétique »,* Genève, Slatkine Reprints. (Coll. « Bibliothèque de la Revue de littérature comparée », n° 52.)

HÉBERT, François (1975), « Le noir et le blanc, le bleu et le rouge », *Études françaises,* vol. XI, n° 2 (mai), p. 112. [Sur *Contes pour hydrocéphales adultes,* de Claudette Charbonneau-Tissot.]

HÉBERT, Pierre (1983), « Postérité de *Figures III* », *Recherches Sémiotiques/Semiotic Inquiry*, vol. III, n° 3 (septembre), p. 309-331.

HELLENS, Franz (1967), *Le fantastique réel,* Bruxelles, Paris, Amiens, SODI. (Coll. « Style et Langage ».)

IMBERT, Patrick (1985), « Relectures. *La mort exquise* de Claude Mathieu et le découtrement du sujet », *Lettres québécoises,* n° 37 (printemps), p. 60-61.

IRWIN, W. R. (1976), *The Game of the Impossible : A Rhetoric of Fantasy,* Urbana/London, University of Illinois Press.

JACCARD, Marie-Claire (1975), « Erckmann-Chatrian et le fantastique », *Europe,* n°s 549-550, p. 80-98.

JACKSON, Rosemary (1981), *Fantasy : The Literature of Subversion,* London/New York, Methuen. (Coll. « New Accents ».)

JACQUEMIN, Georges (1974), *Littérature fantastique,* Paris/Bruxelles, Nathan/Éditions Labor.

JANELLE, Claude (1981a), « Le fantastique tapi dans le quotidien... », *Solaris,* n° 38 (vol. VII, n° 2) (avril), p. 7-8. [Sur *Déménagement,* de Michel Bélil.]

JANELLE, Claude (1981b), « Un roman hybride », *Solaris,* n° 91 (vol. VII, n° 5) (octobre), p. 23. [Sur *Greenwich,* de Michel Bélil.]

JANELLE, Claude (1982), « Science-fiction et fantastique au Québec », *Solaris,* n° 46 (vol. VIII, n° 4) (août), p. 35. [Sur *Du pain des oiseaux,* d'André Carpentier.]

JANELLE, Claude (1984), « Le Littéranaute. SF et fantastique au Québec. Sernine : un renouvellement attendu », *Solaris,* n° 57 (vol. X, n° 3) (septembre-octobre), p. 11-13. [Sur *Quand vient la nuit.*]

JANOËL, André (1984), « *Quand vient la nuit* », *Nos livres,* vol. XV, n° 5850 (août-septembre), p. 23. [De Daniel Sernine.]

JONES, Robert Kenneth (1975), *The Shudder Pulps : A History of Weird Menace Magazines of the 1930's,* Oregon, Fax.

JUIN, Hubert (1979), « Les fantastiqueurs argentins », *Magazine littéraire,* n°s 151-152 (septembre), p. 42-44.

KAGARLITSKI, Julius (1917), « Realism and fantasy », dans Thomas D. CLARESON (dir.), *SF : The Other Side of Realism. Essays on Modern Fantasy and Science Fiction,* Bowling Green (Ohio), Bowling Green University Popular Press, p. 29-52.

KERBRAT-ORECCHIONI, Catherine (1980), *L'énonciation de la subjectivité dans le langage,* Paris, Armand Colin.

KILLEN, Alice M. (1924), *Le roman « terrifiant » ou roman « noir », de Walpole à Ann Radcliffe, et son influence sur la littérature française jusqu'en 1840,* Paris, Édouard Champion.

KRISTEVA, Julia (1969), *Séméiôtiké. Recherches pour une sémanalyse,* Paris, Éditions du Seuil. (Coll. « Points », n° 96.)

LACASSIN, Francis (1972), « Jean Ray, un retraité de la quatrième dimension », *Magazine littéraire,* n° 66 (août), p. 28-31.

LACASSIN, Francis (1980), « Jean-Louis Bouquet ou le Fantastique de l'en-dedans », *Europe,* « Les fantastiques », vol. LVIII, n° 611 (mars), p. 80-90.

LACROIX, Pierre Djada (1984), « Interview avec Daniel Sernine », *Carfax,* n° 3 (automne), p. 16-19.

LAMARCHE, Jacques (1966), « Un vermouth de grand cru », *Cité libre,* vol. XVI, n° 85 (mars), p. 31. [Sur *La mort exquise,* de Claude Mathieu.]

LAMIRANDE, Claire de (1982), « Un recueil de nouvelles. *Du pain des oiseaux* », *Le Droit,* vol. LXX, n° 122 (21 août), p. 14. [D'André Carpentier.]

LAMIRANDE, Claire de (1984a), « *Dix contes et nouvelles fantastiques par dix auteurs québécois.* Je me tue à comprendre », *Le Droit,* vol. LXXI, n° 303 (24 mars), p. 34.

LAMIRANDE, Claire de (1984b), « *Dix contes et nouvelles fantastiques par dix auteurs québécois.* Je me tue à comprendre », *Le Droit,* vol. LXXI, n° 303 (24 mars), p. 34. [Sur « Ascenseur pour le sous-monde », de Michel Bélil.]

LAPRÉS, Raymond (1979), « *Rue Saint-Denis* », *Nos livres,* vol. X, n° 89 (mars), [n.p.]. [D'André Carpentier.]

LARIVAILLE, Paul (1974), « L'analyse morphologique du récit », *Poétique,* n° 19, p. 369-388.

LASNIER, Louis (1977), « *La contrainte* », *Nos livres,* vol. VIII, n° 367 (décembre), [n. p.]. [De Claudette Charbonneau-Tissot.]

LAURIN, Michel (1985), « *L'assembleur* », *Nos livres,* vol. XVI, n° 6281 (août-septembre), p. 20-21. [D'Aude.]

LAVERDIÈRE, Jean-Louis (1981), « *Greenwich.* Michel Bélil », *Québec français,* n° 44 (décembre), p. 10.

LEGRIS, Nadia (1982), « *Déménagement* », *Nos livres,* vol. XIII, n° 99 (mars), [n.p.].

LÉPINE, Stéphane (1981), « *Greenwich* », *Nos livres,* vol. XII, n° 464 (décembre), [n.p.].

LEROY, Claude (1980a), « Limites non-frontières entre humour et fantastique dans l'écriture surréaliste », *Europe,* « Les fantastiques », vol. LVIII, n° 611 (mars), p. 65-72.

LEVY, Maurice (1968), *Le roman gothique anglais 1764-1824,* Toulouse, Association des publications de la Facuté des lettres et sciences humaines de Toulouse, série A, t. 9.

LEVY, Maurice (1972), *Lovecraft ou du fantastique,* Paris, Union générale d'éditions.

LEVY, Maurice (1973), « De la spécificité du texte fantastique », *RANAM. Recherches anglaises et américaines,* Strasbourg, Association strasbourgeoise de périodiques de sciences humaines, n° VI, p. 3-13.

LEVY, Maurice (1980), « Gothique et fantastique », *Europe,* « Les fantastiques », vol. LVIII, n° 611 (mars), p. 41-48.

LITTÉRATURE (1972), « Le fantastique », n° 8 (décembre).

LORD, Michel (1983), « André Carpentier. *Du pain des oiseaux* », *Livres et auteurs québécois 1982,* Québec, Les Presses de l'Université Laval, p. 39-40.

LORD, Michel (1984), « Les pièges de la tradition fantastique. *Quand vient la nuit* de Daniel Sernine », *Lettres québécoises,* n° 35 (automne), p. 39.

LORD, Michel (1985), « Jalons pour une analyse du récit fantastique québécois (1960-1985) », *Actes du premier colloque des étudiants gradués du CRELIQ,* Québec, Centre de recherche en littérature québécoise (CRELIQ), Université Laval, p. 55-69.

LORD, Michel ([1985] 1994), *En quête du roman gothique québécois (1837-1860). Tradition littéraire et imaginaire romanesque,* Québec, Nuit blanche éditeur. (Coll. Les Cahiers du CRELIQ, série « Études ».)

LORD, Michel (1986a), « La focalisation comme principe de fonctionnement de la représentation fantastique en littérature et en BD. (Le cas Lovecraft-Breccia) », *Actes. Premier colloque de bande dessinée de Montréal,* Montréal, Analogon, p. 213-224.

LORD, Michel (1986b), « Le fantastique et la science-fiction au Québec : panorama de la production de l'année 1985 », *Voix et images,* n° 33 (vol. VI, n° 2) (printemps), p. 571-578. [Sur *L'assembleur,* d'Aude.]

LORD, Michel (1986c), « Entrevue avec Daniel Sernine », *Québec français,* n° 64 (décembre), p. 28-30.

LORD, Michel (1986d), « Entre l'espoir et le désespoir. Un univers de sensations », *Québec français,* n° 64 (décembre), p. 31-35. [Sur l'œuvre de Daniel Sernine.]

LORD, Michel (1987), « Les genres narratifs brefs. Fragments d'univers », *Québec français,* n° 66 (mai), p. 30-34.

LORD, Michel (1988a), « Entretien. Aude. L'écriture de la singularité », *XYZ. La revue de la nouvelle,* n° 13 (février), p. 65-72.

LORD, Michel (1988b), « Aude : de l'enfermement circulaire à l'ouverture scripturaire », *XYZ. La revue de la nouvelle,* n° 13 (février), p. 73-76.

LORD, Michel (1988c), « Introduction », dans André CARPENTIER, *L'aigle volera à travers le soleil,* nouvelle édition revue par l'auteur, Montréal, Bibiothèque québécoise, p. 7-15. (Coll. « Littérature ».)

LORD, Michel (1988d), « Introduction », dans André CARPENTIER, *Rue Saint-Denis,* nouvelle édition, Montréal, Bibliothèque québécoise, p. 7-15. (Coll. « Littérature ».)

LORD, Michel (1989), « Le *Surnaturel* est-il un genre du discours ? », *XYZ. La revue de la nouvelle,* n° 17 (février), p. 69-72.

LORD, Michel (1991), « La littérature fantastique québécoise depuis 1980 », *L'Action nationale,* vol. LXXXI, n° 3 (mars), p. 380-399.

LORD, Michel (1992), « Fantasmes étranges et figures épiques dans le récit fantastique bref », *Recherches sociographiques,* vol. XXXIII, n° 2 (mai-août), p. 299-321.

LORD, Michel (1993a), « Problématiques du fantastique et de la science-fiction : où sont les rapports ? », dans Aurélien BOIVIN, Maurice ÉMOND et Michel LORD (dir.), *Les ailleurs imaginaires. Les rapports entre le fantastique et la science-fiction,* Québec, Nuit blanche éditeur, p. 93-107. (Coll. Les cahiers du CRELIQ, série « Colloques ».)

LORD, Michel (1993b), « L'écriture fantastique au Québec depuis 1980 », *Présence francophone* (Université de Sherbrooke), n° 42, p. 159-178.

LORD, Michel (1993-1994), « Charles Grivel, Fantastique–fiction », *Études littéraires,* vol. 26, n° 3 (hiver), p. 143-145.

LORD, Michel (1994a), « *Les contes de l'ombre,* recueil de Daniel Sernine », dans Gilles DORION (dir.), *Dictionnaire des œuvres littéraires du Québec,* t. VI : *1976-1980,* Saint-Laurent, Fides, p. 171-172.

LORD, Michel (1994b), « *La contrainte,* recueil de nouvelles de Claudette Charbonneau-Tissot », dans Gilles DORION (dir.), *Dictionnaire des œuvres littéraires du Québec,* t. VI : *1976-1980,* Saint-Laurent, Fides, p. 173-175.

LORD, Michel (1994c), « *Rue Saint-Denis,* recueil de nouvelles d'André Carpentier », dans Gilles DORION (dir.), *Dictionnaire des œuvres littéraires du Québec,* t. VI : *1976-1980,* Saint-Laurent, Fides, p. 711-713.

LOVECRAFT, H. P. (1969), *Épouvante et surnaturel en littérature,* Paris, Union générale d'éditions.

MACHEREY, Pierre (1971), *Pour une théorie de la production littéraire,* Paris, François Maspero. (Coll. « Théorie ».)

MAHIEU, Robert (1987), « La sociocritique comme pratique de lecture », dans Maurice DELCROIX et Fernand HALLYN (dir.), *Introduction aux études littéraires. Méthodes du texte,* Paris/Gembloux, Duculot, p. 295-304.

MAJOR, André (1966), « Écrits du Canada français, tome vingt », *Le Petit journal,* vol. XL, n° 10 (2 janvier), p. 24. [Sur *La mort exquise,* de Claude Mathieu.]

MANGUEL, Alberto (1983), *Black Water. The Anthology of Fantastic Literature,* Toronto, Lester and Orphen Dennys.

MANLOVE, C. N. (1975), *Modern Fantasy : Five Studies,* New York/London, Cambridge University Press.

MARCOTTE, Gilles (1965), « Deux langages. Jean-Jules Richard d'une mare à l'autre. Le petit étang de Claude Mathieu », *La Presse* (supplément), vol. LXXXI, n° 287 (11 décembre), p. 4. [Sur *La mort exquise,* de Claude Mathieu.]

MARTEL, Réginald (1976), « Propos au-dessus du vide », *La Presse,* vol. XCII, n° 302 (18 décembre), p. C-3. [Sur *La contrainte,* de Claudette Charbonneau-Tissot.]

MARTEL, Réginald (1978), « Chro. Littér. demande bon livre québ. Urgent », *La Presse,* vol. XCIV, n° 106 (9 septembre), p. D-3. [Sur *Le mangeur de livres,* de Michel Bélil.]

MARTEL, Réginald (1979), « Le fantastique selon Carpentier », *La Presse,* vol. XCV, n° 11 (13 janvier), p. D-3.

MARTEL, Réginald (1981), « De nouveaux romanciers. Les premiers pas difficiles », *La Presse,* vol. XCVII, n° 251 (24 octobre), p. C-2. [Sur *Greenwich,* de Michel Bélil.]

MARTEL, Réginald (1982a), « Les récits d'André Carpentier. Une lumière qui assombrit la vision de la réalité », *La Presse*, vol. XCVIII, nº 107 (8 mai), p. C-3. [Sur *Du pain des oiseaux.*]

MARTIN, Jean-Guy (1982b), « Les auteurs de chez nous. *Du pain des oiseaux* : un bon recueil de nouvelles d'André Carpentier », *Le Journal de Montréal,* vol. XIX, nº 103 (25 septembre), p. 47.

MAURON, Alice (1980), « Les fauves domestiqués. Vers une psychocritique du genre fantastique », *Europe*, « Les fantastiques », vol. LVIII, nº 611 (mars), p. 73-79.

MERIGOT, Bernard (1972), « L'inquiétante étrangeté. Note sur l'*Unheimliche* », *Littérature,* nº 8 (décembre), p. 100-106.

MICHON, Jacques (1977), « Nouvelle voix. Claudette Charbonneau-Tissot. *La contrainte* », *Livres et auteurs québécois 1976,* Québec, Les Presses de l'Université Laval, p. 61-62.

MILNER, Max (1960), *Le Diable dans la littérature française de Cazotte à Baudelaire (1772-1861),* Paris, José Corti, 2 t.

MILNER, Max (1982), *La fantasmagorie : essai sur l'optique fantastique,* Paris, Presses universitaires de France. (Coll. « Écriture ».)

MISTLER, Jean (1950), *Hoffman le fantastique,* Paris, Albin Michel.

MIVILLE-DESCHÊNES, Jean (1966), « *La mort exquise* », *Le Soleil,* vol. LXIX, nº 64 (12 mars), p. 15. [De Claude Mathieu.]

MOLINO, Jean (1980a), « Trois modèles d'analyse du fantastique », *Europe,* « Les fantastiques », vol. LVIII, nº 611 (mars), p. 12-26.

MOLINO, Jean (1980b), « Le fantastique entre l'oral et l'écrit », *Europe,* « Les fantastiques », vol. LVIII, nº 611 (mars), p. 32-41.

MONARD, Jean, et Michel RECH (1974), *Le merveilleux et le fantastique,* Paris, Delagrave.

MONSIEUR, Jeannine, et Jean-Baptiste BARONIAN (1982), *Le fantastique d'aujourd'hui,* Rencontres internationales de l'abbaye de Forest, Forest, Centre international du Fantastique.

MOREUX, Colette (1978), *La conviction idéologique,* Montréal, Les Presses de l'Université du Québec.

NODIER, Charles (1973), « Du fantastique en littérature », *La France fantastique,* Verviers, Gérard, p. 17-31.

OSTROWSKI, Witold (1960), « Imaginary history », *Zagadniena Rodzatow Literackich,* vol. III, nº 5, p. 27-38.

OSTROWSKI, Witold (1966), « The fantastic and the realistic in literature. Suggestions on how to define and analyse fantastic fiction », *Zagadniena Rodzatow Literackich,* vol. IX, nº 1, p. 54-71.

OUELLETTE-MICHALSKA, Madeleine (1977), « Du rire à la nostalgie », *Châtelaine,* vol. XVIII, nº 11 (novembre), p. 12. [Sur *La contrainte,* de Claudette Charbonneau-Tissot.]

OUELLETTE-MICHALSKA, Madeleine (1978), « Entre les lignes, les deux solitudes », *Châtelaine,* vol. XIX, nº 8 (août), p. 16.

PAYRO, Robert J. (1982), *Le Diable en Belgique,* Bruxelles, Éditions Recto-verso.

PELLERIN, Gilles (1982), « Peurs de la nuit, angoisses de tous les jours. Le fantastique », *Nuit blanche,* nº 7 (automne), p. 22-29.

PELLERIN, Gilles (1984), « Quelques notes sur l'œuvre de Michel Bélil », *Imagine...,* nº 22 (vol. V, nº 5) (juin), p. 37-43.

PELLETIER, Denise (1983), « Le fantastique ouvre de nouvelles avenues », *Progrès-Dimanche,* 95e année, nº 40 (11 décembre), p. 69. [Sur « Ascenseur pour le sous-monde », de Michel Bélil.]

PELLETIER, Yves (1984a), « Échos du fantastique. *Quand vient la nuit* », *Carfax,* nº 1 (mars-mai), p. 11. [De Daniel Sernine.]

PELLETIER, Yves (1984b), « Nous », *Transit,* nº 4 (hiver), p. 53. [Sur *Rue Saint-Denis,* d'André Carpentier.]

PENZOLTD, Peter (1952), *The Supernatural in Fiction,* London, P. Nevill.

PERREAULT, Pascale (1978), « Lectures. 20 contes mystérieux qui ne manquent pas de saveur », *Journal de Montréal – Le supplément du samedi,* vol. XV, nº 31 (15 juillet), p. 9. [Sur *Le mangeur de livres,* de Michel Bélil.]

PETTIGREW, Jean (1981a), « Petit journal trouvé dans l'ailleurs », *Imagine...,* nºs 8-9 (vol. II, nº 4) (été), p. 121-123. [Sur *Déménagement,* de Michel Bélil.]

PETTIGREW, Jean (1981b), « Petit journal trouvé dans l'ailleurs », *Imagine...,* nº 11 (vol. III, nº 2) (hiver), p. 30-36. [Sur *Greenwich,* de Michel Bélil, v. p. 33-34.]

PIERROT, Jean (1977), *L'imaginaire décadent 1880-1900,* Paris, Presses universitaires de France.

POULIN, Gabrielle (1985a), « *L'assembleur* d'Aude. Une vengeance programmée », *Le Droit,* vol. LXXIII, n° 166 (12 octobre), p. 28.

POULIN, Gabrielle (1985b), « Les derniers soupirs romanesques de 1985 », *Le Droit,* vol. LXXIII, n° 230 (28 décembre), p. 31. [Sur *L'assembleur,* d'Aude.]

PRINCE, Gerald (1973), « Introduction à l'étude du narrataire », *Poétique,* n° 14, p. 178-196.

PROPP, Vladimir (1965), *Morphologie du conte* suivi de *Les transformations des contes merveilleux,* Paris, Éditions du Seuil. (Coll. « Points », n° 12.)

PUZIN, Claude (1984), *Le fantastique. Textes, commentaires et guides d'analyse,* Paris, Fernand Nathan. (Coll. « Intertextes – Les Formes ».)

QUINSAT, René (1980), « Réalisme et fantastique balzaciens », *Europe,* « Les fantastiques », vol. LVIII, n° 611 (mars), p. 49-56.

RABKIN, Eric S. (1976), « Genre criticism : science fiction and the fantastic », dans Mark ROSE (dir.), *Science Fiction : a Collection of Critical Essays,* Englewood Cliffs (N. J.), Prentice-Hall, p. 89-101.

RABKIN, Eric S. (1977), *The Fantastic in Literature,* Princeton (New Jersey), Princeton University Press. (Coll. « Princeton Paperbacks ».)

RABKIN, Eric S. (1979), *Fantastic Worlds. Myths, Tales, and Stories,* Oxford, New York, Toronto, Melbourne, Oxford University Press. (Coll. « A Galaxy Book ».)

RETTINGER, Joseph (1908), *Le conte fantastique dans le romantisme français,* Paris, Grasset.

RETTINGER, Joseph (1973), *Le conte fantastique dans le romantisme français,* Genève, Slatkine Reprints.

RICHARDS, Marie-France (1981), « *Greenwich,* de Michel Bélil. Un héros mal dans sa peau », *Le Droit,* vol. LXLIX, n° 181 (31 octobre), p. 16.

RICHTER, Anne (1977), *Le fantastique féminin d'Ann Radcliffe à nos jours,* Verviers, Marabout.

RICHTER, Anne (1984), *Le fantastique féminin. Un art sauvage,* Bruxelles, Éditions Jacques Antoine.

RIVARD, Yvon (1979), « André Carpentier. *L'aigle volera à travers le soleil* », *Livres et auteurs québécois 1978,* Québec, Les Presses de l'Université Laval, p. 37.

ROMAN (1985), « Le fantastique », n° 13 (décembre).

ROY, Michèle, et Claire CÔTÉ (1980), « Dix écrivains de la région de Québec. Une entrevue avec Claudette Charbonneau-Tissot », *Pantoute. Le Bulletin,* n° 3 (septembre-novembre), p. 28-29. [Sur *Contes pour hydrocéphales adultes.*]

SAINT-ONGE, Paule (1966), « Deux mondes fantastiques », *Châtelaine,* vol. VII, n° 2 (février), p. 44. [Sur *La mort exquise,* de Claude Mathieu.]

SARTRE, Jean-Paul (1947), « Aminadab ou Du fantastique considéré comme langage », dans Jean-Paul SARTRE, *Critiques littéraires. (Situations, I),* Paris, Gallimard. [V. p. 148-173.] (Coll. « Idées », n° 340.)

SCARBOROUGH, Dorothy ([1917] 1967), *The Supernatural in Modern English Fiction,* New York, Octagon Books.

SCHAEFFER, Jean-Marie (1989), *Qu'est-ce qu'un genre littéraire ?,* Paris, Éditions du Seuil. (Coll. « Poétique ».)

SCHNEIDER, Marcel (1964), *La littérature fantastique en France,* Paris, Fayard.

SCHNEIDER, Marcel (1965), *Histoires fantastiques d'aujourd'hui,* Tournai, Casterman.

SCHNEIDER, Marcel (1985), *Histoire de la littérature fantastique en France,* Paris, Fayard.

SCOTT, Walter (1929), « Du merveilleux dans le roman », *Revue de Paris,* n° 1, p. 25-33.

SERNINE, Daniel (1984), « Réponse de Daniel Sernine », *Imagine...,* n° 22 (vol. V, n° 5) (juin), p. 69-70.

SERNINE, Daniel (1986), « Rencontres du 3e type », *Québec français,* n° 63 (mai), p. 65-67.

SILHOL, R. (1973), « Le fantastique existe-t-il ? », *RANAM. Recherches anglaises et américaines,* n° VI, p. 14-21.

SORIANO, Marc (1968), *Les contes de Perrault,* Paris, Gallimard.

SPEHNER, Norbert (1978a), « Le fantastique au Québec », *Requiem,* n° 21 (vol. IV, n° 3) (mai), p. 12-13. [Sur *Le mangeur de livres,* de Michel Bélil.]

SPEHNER, Norbert (1978b), « Le fantastique au Québec », *Requiem,* n° 23, (vol. IV, n° 5) (octobre), p. 20-22. [Sur *L'aigle volera à travers le soleil,* d'André Carpentier.]

SPEHNER, Norbert (1979a), « Science-fiction et fantastique au Québec », *Requiem,* n° 26, (vol. V, n° 2) (avril), p. 14-16. [Sur *Les contes de l'ombre,* de Daniel Sernine, v. p. 14-15.]

SPEHNER, Norbert (1979b), « Science-fiction et fantastique au Québec », *Requiem,* n° 26, (vol. V, n° 2) (avril), p. 14-16. [Sur *Rue Saint-Denis,* d'André Carpentier, v. p. 15-16.]

SPEHNER, Norbert (1979c), « Trois voyages dans l'imaginaire. De la rue Saint-Denis à la Michikouagouk », *Lettres québécoises,* n° 15 (août-septembre), p. 47-50.

SPEHNER, Norbert (1986), *Écrits sur le fantastique,* Longueuil, Le Préambule.

SRÁMEK, Jirí (1983), « La vraisemblance dans le récit fantastique », *Études romanes de Brno* (Sborník prací filozofiché fakulty Brnenské Univerzity. Studia minora facultatis philosophicæ universitatis Brunensis), vol. XIV, L5, p. 71-83.

SRÁMEK, Jirí (1984), « Les fonctions narratives et les rôles des personnages dans le conte fantastique », *Études romanes de Brno* (Sborník prací filozofiché fakulty Brnenské Univerzity. Studia minora facultatis philosophicæ universitatis Brunensis), vol. XV, L6, p. 21-31.

SRÁMEK, Jirí (1987), « Sur la typologie des personnages du récit fantastique », *Études romanes de Brno* (Sborník prací filozofiché fakulty Brnenské Univerzity. Studia minora facultatis philosophicæ universitatis Brunensis), vol. XVIII, L9, p. 51-61.

STEIN, Gérard (1972), « *Dracula* ou la circulation du "sans" », *Littérature,* n° 8 (décembre), p. 84-99.

STEINMETZ, Jean-Luc (1978), *La France frénétique de 1830,* Paris, Phébus.

STERNBERG, Jacques (1958), *Une succursale du fantastique nommée science-fiction,* Paris, Le Terrain Vague.

SULLIVAN, Jack (dir.) (1986), *The Penguin Encyclopedia of Horror and the Supernatural,* introduction by Jacques Barzun, New York, Viking.

SUMMERS, Montague (1938), *The Gothic Quest. A History of the Gothic Novel,* Londres, The Fortune Press.

SUVIN, Darko (1977a), *Pour une poétique de la science-fiction,* Montréal, Les Presses de l'Université du Québec. (Coll. « Genres et Discours ».)

SUVIN, Darko (1977b), « La science-fiction et la jungle des genres », dans Darko SUVIN, *Pour une poétique de la science-fiction,* Montréal, Les Presses de l'Université du Québec [v. p. 23-43.] (Coll. « Genres et Discours ».)

THÉRIO, Adrien (1966), « *Contes pour buveurs attardés* de Michel Tremblay », *Livres et auteurs canadiens 1966,* Montréal, Éditions Jumonville, p. 54-55.

TODOROV, Tzvetan (1968), *Qu'est-ce que le structuralisme ? 2. Poétique,* Paris, Éditions du Seuil. (Coll. « Points », n° 45.)

TODOROV, Tzvetan (1970), *Introduction à la littérature fantastique,* Paris, Éditions du Seuil. (Coll. « Points », n° 73.)

TODOROV, Tzvetan (1971a), *Poétique de la prose,* Paris, Éditions du Seuil. (Coll. « Poétique ».)

TODOROV, Tzvetan (1971b), « Le secret du récit », dans Tzvetan TODOROV, *Poétique de la prose,* Paris, Éditions du Seuil, p. 151-185.

TODOROV, Tzvetan (1971c), « Les fantômes de Henry James », dans Tzvetan TODOROV, *Poétique de la prose,* Paris, Éditions du Seuil, p. 186-196.

TODOROV, Tzvetan (1978a), *Les genres du discours,* Paris, Éditions du Seuil. (Coll. « Poétique ».)

TODOROV, Tzvetan (1978b), « L'origine des genres », dans Tzvetan TODOROV, *Les genres du discours,* Paris, Éditions du Seuil, p. 44-60.

TODOROV, Tzvetan (1981), *Mikhaïl Bakhtine et le principe dialogique* suivi de *Écrits du cercle de Bakhtine,* Paris, Éditions du Seuil. (Coll. « Poétique ».)

TRUCHAUD, François ([1969] 1984), *H. P. Lovecraft,* Paris, Éditions de l'Herne. (Coll. « Les Cahiers de l'Herne », n° 12.)

TRUCHON, Michel (1978), « Les derniers frissons de l'été », *Le Soleil,* vol. LXXXII, n° 31 (12 août), p. F-5. [Sur *Le mangeur de livres,* de Michel Bélil.]

TRUCHON, Michel (1979), « Le fantastique québécois », *Le Soleil,* vol. LXXXIII, n° 62 (9 mars), p. B-4. [Sur *Rue Saint-Denis,* d'André Carpentier.]

TRUCHON, Michel (1981a), « Effervescence dans le petit monde québécois de la science-fiction », *Le Soleil,* vol. LXXXV, n° 60 (7 mars), p. E-12. [Sur *Déménagement,* de Michel Bélil.]

TRUCHON, Michel (1981b), « Science-fiction québécoise. Il est temps que la relève passe à l'action », *Le Soleil,* vol. LXXXV, n° 229 (26 septembre), p. D-10. [Sur *Greenwich,* de Michel Bélil.]

TRUCHON, Michel (1981c), « Bélil : la réalité est là pour être transformée », *Le Soleil,* vol. LXXXV, n° 264 (7 novembre), p. E-12. [Sur *Greenwich,* de Michel Bélil.]

TRUCHON, Michel (1981d), « Les rois de la fête de l'imaginaire », *Le Soleil,* vol. LXXXV, n° 294 (12 décembre), p. E-4. [Sur *Greenwich,* de Michel Bélil.]

TURCOTTE, Susy (1985), « Littérature québécoise. Commentaires. *L'assembleur.* Aude », *Nuit blanche,* n° 20 (octobre-novembre), p. 9-10.

TYMN, Marshall B. (1978), *Recent Critical Studies on Fantasy Literature : an Annotated Checklist,* Monticello (Illinois), Council of Planning Librarians.

V.-HAMEL, Doris (1983), « Recueil de dix nouvelles », *Le Nouvelliste (plus),* vol. LXIV, n° 5 (5 novembre), p. 24-A. [Sur « Ascenseur pour le sous-monde », de Michel Bélil.]

VAILLANCOURT, Pierre-Louis (1979), « Du côté de la rue Saint-Denis », *Le Droit,* vol. LXVI, n° 256 (27 janvier), p. 20.

VALIQUETTE, Bernard (1966a), « À la page. Deux recueils de nouvelles. *Histoires galantes,* nouvelles par Bertrand Vac et *La mort exquise,* nouvelles par Claude Mathieu », *Échos-Vedettes,* vol. III, n° 51 (8 janvier), p. 24.

VALIQUETTE, Bernard (1966b), « Écrits du Canada français, n° 20 », *Échos-Vedettes,* vol. IV, n° 1 (22 janvier), p. 28. [Sur *La mort exquise,* de Claude Mathieu.]

VAN HERP, Jacques (1974), *L'Angleterre fantastique, de Defoe à Wells,* Verviers, Gérard.

VAN HERP, Jacques (1982), « Mythologies modernes », dans Jeannine MONSIEUR et Jean-Baptiste BARONIAN (dir.), *Le fantastique d'aujourd'hui,* Rencontres internationales de l'abbaye de Forest, Forest, Centre international du fantastique, p. 53-63.

VAN HERP, Jacques (1985), *Fantastique et mythologies modernes,* Bruxelles, Éditions Recto-verso. (Coll. « Ides... et Autres », n°s 46-47.)

VARMA, Devendra P. (1957), *The Gothic Flame. Being a History of the Gothic Novel in England : its Origins, Efforescence, Desintegration, and Residuary Influences,* Londres, A. Barker.

VARMA, Devendra P. (1966), *The Gothic Flame. Being a History of the Gothic Novel in England : its Origins, Efforescence, Desintegration, and Residuary Influences,* New York, Russell et Russell.

VAX, Louis (1959), « L'art de faire peur (I) », *Critique,* n° 150 (novembre), p. 914-942.

VAX, Louis ([1960] 1974), *L'art et la littérature fantastiques,* Paris, Presses universitaires de France. (Coll. « Que sais-je ? », n° 907.)

VAX, Louis ([1965] 1987), *La séduction de l'étrange. Étude sur la littérature fantastique,* Paris, Presses universitaires de France. (Coll. « Quadrige », n° 90.)

VAX, Louis (1976), « Les rôles du réalisme dans la littérature fantastique », *Cahiers roumains d'études littéraires,* n° 3, p. 83-99.

VAX, Louis (1979), *Les chefs-d'œuvre de la littérature fantastique,* Paris, Presses universitaires de France. (Coll. « Littératures modernes », n° 21.)

VONARBURG, Élisabeth (1984a), « Daniel Sernine entre deux mondes », *Imagine...,* n° 22 (vol. V, n° 5) (juin), p. 53-70.

VONARBURG, Élisabeth (1984b), « Voyage au pays de Sernine. Suite et fin provisoires », *Solaris,* n° 57 (vol. X, n° 3) (septembre-octobre), p. 13-15. [Sur *Quand vient la nuit.*]

YEAGER, Jack (1984), « Creative works », *The French Review,* vol. LVII, n° 4 (March), p. 583-584. [Sur *Greenwich,* de Michel Bélil.]

INDEX DES NOMS

A

B

C

H

J

K

L

M

R

S

T

V

W

Z

INDEX DES ŒUVRES

A

B

C

D

I

J

L

M

N

O

P

Q

R

S

T

U

V

TABLE DES MATIÈRES

INTRODUCTION

PREMIÈRE PARTIE

LE SYSTÈME NARRATIF

LES DISPOSITIFS DE LA MISE EN RÉCIT DE L'ÉTRANGE : UNE ANALYSE DES FONCTIONS TRANSFORMATIONNELLES

DEUXIÈME PARTIE

LES PROCESSUS DU DESCRIPTIF DANS LE RÉCIT FANTASTIQUE

SÉRIE « ÉTUDES »

DES CAHIERS DU CENTRE DE RECHERCHE

EN LITTÉRATURE QUÉBÉCOISE (CRELIQ)

DE L'UNIVERSITÉ LAVAL

RICHARD DUCHAINE : *Écriture d'une naissance/Naissance d'une écriture.* La grosse femme d'à côté est enceinte, *de Michel Tremblay*

ALAIN FOURNIER : *Un best-seller de la Révolution tranquille :* Les insolences du Frère Untel

MICHEL LORD : *En quête du roman gothique québécois (1837-1860). Tradition littéraire et imaginaire romanesque*

MICHEL LORD : *La logique de l'impossible. Aspects du discours fantastique québécois*

JEAN MORENCY : *Un roman du regard :* La montagne secrète *de Gabrielle Roy*

FRANCE NAZAIR GARANT : *Ève et le cheval de grève. Contribution à l'étude de l'imaginaire d'Anne Hébert*

ESTHER PELLETIER : *Écrire pour le cinéma. Le scénario et l'industrie du cinéma québécois*

IRÈNE ROY : *Le Théâtre Repère. Du ludique au poétique dans le théâtre de recherche*

MAX ROY : *Parti pris et l'enjeu du récit*

JEANNE TURCOTTE : *Entre l'ondine et la vestale. Analyse des* Hauts Cris *de Suzanne Paradis*

ACHEVÉ D'IMPRIMER
AUX ATELIERS GRAPHIQUES MARC VEILLEUX INC.
CAP-SAINT-IGNACE (QUÉBEC)
EN OCTOBRE 1995
POUR LE COMPTE DE NUIT BLANCHE ÉDITEUR